그림으로 이해하는
정치사상

그림으로 이해하는 정치사상

2005년 12월 10일 초판 1쇄
2025년 7월 23일 초판 11쇄

지은이 | 김만권

편   집 | 이근영, 이즌호
제   작 | 영신사

펴낸이 | 장의덕
펴낸곳 | 도서출판 가마고원
등   록 | 1989년 9월 4일 제2-877호
주   소 | 강원특별자치도 원주시 로아노크로 15 105동 604호
전   화 | (033) 747-1012
팩   스 | 0303-3445-1044
이메일 | webmaster@kaema.co.kr

ISBN 89-5769-039-5 03340

ⓒ 김만권, 2005

*책값은 뒤표지에 표기되어 있습니다.
*파본은 구입하신 서점에서 교환해 드립니다.

그림으로 이해하는
정치사상

김만권 지음

개마고원

이 책을 펼쳐든
모든 분들에게

정치사상이란 무엇이고 왜 필요한 것일까?

 정치사상이란 무엇일까? 이게 왜 정치에 필요한 것일까? 하나의 정치체제가 생겨나면 대개의 경우 지속성을 갖는 정체는 자신의 정체성을 규정한다. 현실에서 정체성의 규정 없이 하나의 정치체제가 지속되는 일은 거의 없다. 그것은 정치체제가 발전하면 할수록 반드시 필요한 일이다.

 그렇다면, 왜 하나의 정치체제는 자신의 특정한 정체성을 규정하는 것일까? 아주 간단히 대답해본다면, 그것이 일관된 사회질서를 형성하는 데 기여하기 때문이다. 예를 들어 자유민주주의의 정체성은, 정치권력이 사회 구성원들 모두의 동의에서 비롯된 것이므로 모든 이들을 기본적으로 동등하고 자유로운 존재로 대우하는 것이라고 규정할 수 있다. 이런 규정은 정부 설립에서부터 영향을 미친다. 정부 형태, 법의 내용, 의회 설립 등 정치체제를 구성하는 모든 기관과 제도들이 모든 사람들을 동등하고 자유로운 존재로 대하겠다는 자유민주주의의 정체성에 부합해야 하기 때문이다. 만약 자유민주주의 사회에서 일부 세력만이 권력을 차지할 수 있게 된다거나, 실제 권력을 소수가 독점하게 된다면 정치체제의 정체성에 문제가 발생한 것이라고 보아도 좋다.

 이런 문제는 사회의 세세한 부분까지 일관되게 통제한다. 예를 들어 2005년 사회문제가 된 강정구 교수 사건을 보자. 이 사건이 문제가 된 이유를 간략히 요약하면, 자유민주주의 국가에서는 누구도 사회주의에 근거한 학문적 입장을 가질 수 없다는 것이다. 물론 이런 주장은 자유민주주의의 취지와 내용을 전혀 이해하지 못한 것이거나 애써 무시하는 것이다. 자유주의 사회에서 개인의 학문적 입장은 양심의 자유의 영역이므로 법적 처벌 사안이 될 수 없다. 오히려 그것을 억압하는 것이 자유에 대한 도전이 된다. 하지만 여기서 우리가 짚고자 하는 핵심은 무엇이 진정 자유의 영역이냐가 아니라 한 사회의 정체성의 규정이 사회의 세세한 부분까지 일관성을 이끌어낸다는 것이다. 이 사건을 통해서 사회 정체성의 규정이 개인의 학문적 입장까지도 통제할 수 있다는 것을 이해한다면, 정체성의 규정이 사회에 일관된 질서를 부여하는 데 기여한다는 의미도 이해할 수 있을 것이다. 이처럼 정치사상의 실천적 의미는 한 사회의 정체성을 규정하여 사회의 일관성을 유도해내는 데 있다.

이 책은 근대 국가 이후의 정치사상에 대해 다루고 있다. 소크라테스 이후 그리스 도시국가를 중심으로 이루어진 고대 정치사상은 정치사상이라기보다는 어떤 정치가 옳고 그른가를 가리는 정치철학에 가까운 것이었다. 그래서 이들의 정치에 대한 질문은 아렌트가 말하듯 정치란 무엇인가에서 시작된다. 플라톤의 대화편 『고르기아스』에서 소피스트를 비판하는 소크라테스의 주장은 일관되게 하나이다. 그들은 정치가 무엇인지도 모르면서 정치술을 가르치는 사기꾼이라는 것이다.

이렇듯 무엇이 바람직한 정치인가를 묻던 고대의 정치철학은 일정한 영토를 기반으로 절대적 주권을 행사하는 근대 국가가 탄생한 이후 정치에서 그 영향력을 잃어갔다. 이제 정치에 대한 질문은 "무엇이 바람직한 정치인가?"에서 "어떻게 효율적으로 통치할 것인가?"가 되었고, 그 질문의 시작이 바로 마키아벨리다. 드디어 정치와 도덕이 분리된 것이다. 이런 경향을 지켜보며 일부 사상가들은 수단의 옳음보다는 통치의 효율성을 추구하는 정치와 무엇이 옳고 그른 것인가를 가리는 철학은 양립할 수 없다고 말한다. 그들은 지배방식을 정당화시키는 데 주력하는 정치사상이 정치와 근본적으로 어울린다고 본다. 쉽게 말하자면 정치사상은 존재하는 권력의 시녀라는 의미이다. 그들에게 정치사상의 역할이란 기존의 체제를 정당화시키는 이데올로기의 역할과 크게 다르지 않다.

그러나 이렇게 주장하는 이들은 중요한 사실 하나를 보지 못하고 있는 것이다. 예를 들어 자유주의를 보자. 역사적으로, 고전적 자유주의는 능력 있는 중산계급의 자유로운 이윤 추구와 재산권을 보장하기 위해 생겨난 것이다. 하지만 자유주의 사상의 역사는 소수에게만 보장되는 자유가 옳은 것인가에 대해 치열하게 논쟁해온 역사다. 투표할 권리가 소수에게만 있다는 것에 대한 문제 제기를 통해 보통선거권이 확보되어 다수의 지배가 제도적으로 확립되었다는 것은 잘 알려진 사실이다. 그리고 다시 다수의 지배가 소수를 억압한다는 문제 제기를 통해, 어떻게 모든 사람들을 동등하게 정치체제 안으로 포용할 것인가를 두고 자유주의 논쟁은 시민권·다문화주의 등으로 확장되어왔다. 이런 자유주의의 역사는 중요한 두 가지 가르침을 준다. 첫째 정치사상이란 존재하는 정체를 정당화시키는 작업이기도

하지만, 기존 정치체제의 잘못된 점을 지적하고 고쳐 나가는 일도 한다는 것이다. 둘째 하나의 정치체제가 안정되게 장기간 질서를 유지하려면, 바람직한 통치의 내용이 무엇인가를 반드시 질문해야 한다는 것이다.

그러므로 정치사상은 여러분이 살고 있는 이 사회가 정당한가를 질문하고 대답하는 작업이며, 그 사이에 발견되는 정치체제의 오류를 수정하고 고쳐 나가는 것이다. 이런 일은 사회가 복잡해지면 복잡해질수록 더욱 필요한 일이므로, 우리가 살아가는 사회에 관심을 갖고 있는 사람들은 정치사상을 이해하고 공부할 필요가 있다.

이 책의 목적은 정치사상에 관심이 있는 독자들이 보다 쉽고 편안한 느낌으로 정치사상에 접근할 수 있는 기회를 주는 것으로, 대학 새내기들의 눈높이에 맞춰 썼다. 이 책에는 마키아벨리 이후 근대 정치사상의 주요 개념들이 사상가별로 정리되어 있다. 정치사상은 각 사상가들이 자기 시대의 문제를 고민한 흔적이므로, 개념과 함께 정치사상가들이 그것을 만들게 된 역사적 배경과 개인적 고민들을 조화롭게 소개하기 위해 노력했다. 그러므로 이 책을 읽는 독자는 각각의 개념을 한편으로는 개인적인 지적 맥락에서, 또 한편으로는 전체적인 사상과 역사적 맥락에서 읽어가는 편이 좋다. 전체적인 맥락은 각 장의 소개글에서 짚어낼 수 있도록 했으며, 개인의 지적 역사는 개념을 익히는 동안 알 수 있도록 지면이 허락하는 범위에서 최대한 배려했다.

정치사상을 공부하는 일은 어렵다고 믿으면 참으로 어려운 작업이다. 하지만 정치사상은 사상가들이 자신의 시대와 사람들을 바라 보았던 마음의 작업이다. 그들의 진실한 마음과 세상을 향한 따뜻한 시선을 느낄 수 있다면, 그들이 자신의 시대를 바라보며 겪었던 고민과 상처의 흔적을 들여다보는 일이 되며 동시에 그들의 환희와 기쁨을 같이 만끽하는 일이 된다. 그리고 상처를 어루만지고 기쁨을 함께 나누어가는 동안, 오늘날 현대 사회가 겪고 있는 정신의 공황상태를 볼 수 있으며 그 속에서 세계와 자신을 지탱할 수 있는 자신만의 의지와 영혼을 발견할 수 있을 것이다.

2005년 뉴욕에서
김만권

차례

- 정치사상이란 무엇이고 왜 필요한 것일까? 5

제1장 근대 정치의 시작과 사회계약론

마키아벨리
- **비르투** _ 정치는 도덕이 아니라 정치변동에 유연하게 대응하는 것이다 17
- **혼합정부** _ 정치체제 내에서 조직화된 사회갈등은 사회에 이롭다 21
- **공화적 자유** _ 자유로운 공화국이 자유로운 시민을 만든다 24

홉스
- **소극적 자유** _ 자유란 강제력의 부재에 달려 있다 28
- **만인 대 만인의 투쟁** _ 자연상태의 자유는 전쟁상태이다 32
- **절대국가주권** _ 자기 보존을 위해 사적 판단을 포기하라 36

로크
- **시민정부** _ 정부의 목적은 시민의 재산권을 보호하는 것이다 40
- **사유재산권** _ 노동만이 사유재산을 만든다 44
- **시민저항권** _ 인민이 정치사회의 주인이다 48

루소
- **문명** _ 문명과 예술의 발전이 인간을 타락시킨다 52
- **허영** _ 타자에게 인정받으려는 욕망이 인간 불평등의 기원이다 55
- **일반의지** _ 자유로운 시민은 공동체의 의지에 복종한다 59

제2장 독일 관념론–권리중심자유주의와 공동체주의의 기원

칸트
- **계몽/이성의 공적 사용** _ 이성을 사용할 용기를 갖는 것이 계몽이다 65
- **도덕적/정치적 자율성** _ 이성적 인간은 도덕률과 헌법에 복종한다 68
- **자유·평등·자립** _ 시민들은 자유롭고 평등하며 자립적이다 72
- **환대** _ 인간은 세계 어디서든 환대받을 보편적 권리가 있다 76

헤겔
- **자유의지** _ 자유의지는 그 자체로 자유롭고자 하는 의지이다 80
- **인륜** _ 이성은 윤리적 삶으로 사회에 현실화된다 84
- **시민사회** _ 시민사회는 근대인만을 위한 윤리적 삶의 원천이다 88
- **국가** _ 인간의 구체적 자유의 실체가 국가이다 92

contents

제3장 고전적 자유주의와 비판적 자유주의

스미스	**자연적 자유체제/도덕 감정** _ 도덕으로 통제되는 시장이 건강하다	**99**
벤담	**쾌락과 고통의 감성론** _ 효용이 모든 행위를 판단하는 포괄적 기준이다	**103**
밀	**자유의 원리** _ 자유는 타인의 자유를 해하지 않는다	**106**
	다수의 횡포 _ 좋은 사회는 토론과 대화에 열려 있다	**109**
	개별성 _ 개별성은 사회적 활력의 근원이다	**113**
토크빌	**시민적 평등** _ 권력의 분산은 시민들이 평등한 곳에서 가능하다	**116**
	개인주의 _ 시민적 평등이 사적 영역을 만들어낸다	**119**
홉하우스	**사회적 조화** _ 자아의 발전은 구성원들의 복지와 함께 한다	**122**
뒤르켐	**유기적 연대** _ 노동분업 속에서 교환은 도덕적 연대를 형성한다	**125**

제4장 반자유주의적 의지와 결단 – 자유주의와 자본주의 비판 I

니체	**원한** _ 나약한 자들의 음모가 선악의 이분법을 만들었다	**131**
	초인 _ 자신만의 기준과 법칙으로 허위의 세상에 맞서라	**134**
	문화의 결속력 _ 고귀한 문화를 가진 공동체가 새로운 변화를 수용한다	**138**
베버	**섹트** _ 종교적 윤리가 자본주의 정신의 근본이다	**141**
	관료화 _ 근대화된 국가는 필연적으로 관료화된다	**144**
	의회주의 _ 의회의 권력투쟁에서 승리한 자가 정치지도자가 된다	**147**
슈미트	**정치적인 것** _ 적과 동지의 구분이 민주주의 동질성을 만든다	**150**
	결단주의 _ 정치는 법에 우선한다	**154**
	전체국가 _ '정치적인 것의 사회화'에서 '사회적인 것의 정치화'로	**157**
하이데거	**현존재/사유** _ 효용과 휴머니즘의 정치이데올로기를 탈피하라	**161**

차례

제5장 마르크스주의-자유주의와 자본주의 비판 II

마르크스	**노동/소외** _ 자본주의 사회는 자기 창조의 근원인 노동을 소외시킨다	**167**
	계급투쟁 _ 사회의 모든 역사는 계급투쟁의 역사이다	**171**
	국가 _ 국가는 부르주아 이익의 대변기구이다	**175**
엥겔스	**물질** _ 명료한 행위 기준을 위해 마르크스주의의 과학화가 필요하다	**179**
베른슈타인	**수정주의** _ 사회주의는 자본주의 발전의 평화적 산물이다	**183**
룩셈부르크	**자발성** _ 혁명의 힘은 대중의 자발성에서 나온다	**186**
레닌	**민주집중제** _ 당내에선 자유롭게 토론하고 행동은 통일한다	**189**
루카치	**물화** _ 물질적 관계가 인간적 관계를 대체한다	**193**
그람시	**헤게모니** _ 지배적 이데올로기의 장악이 중요하다	**197**
	유기적 지식인 _ 대항헤게모니를 만드는 사람들이 필요하다	**201**
알튀세르	**이데올로기적 국가장치** _ 억압과 조작, 국가의 두 얼굴	**205**
	우발성의 유물론 _ 정치사회적 구조는 우연성의 산물이다	**209**

제6장 권리중심자유주의

벌린	**소극적 자유** _ 자유는 어떤 것도 강제하지 않는다	**215**
	다원주의 _ 상대적 가치를 받아들이는 자세가 필요하다	**219**
노직	**최소국가/소유권리** _ 정당한 국가는 개인의 배타적 소유권을 보장한다	**222**
롤스	**공정성** _ 현대 사회의 정의의 원칙은 절차의 공정성에 있다	**226**
	차등원칙 _ 불평등을 허용하여 평등을 개선한다	**230**
	정치적인 것 _ 정치란 다양한 신념 간에 공정한 협동조건을 만드는 것이다	**234**
	공적 이성 _ 공정한 협동을 원하는 민주시민의 정치적 자세	**238**
드워킨	**국가 중립성** _ 국가는 개인의 가치에 중립적이어야 한다	**241**
	복지역 평등 _ 정치는 모든 사람을 평등하게 대우해야 한다	**244**
센	**발전** _ 발전의 의미는 실질적 자유의 확장이다	**247**
킴리카	**문화적 멤버십** _ 개인은 문화공동체에 속할 정치적 권리가 있다	**250**

contents

제7장 완전주의·공동체주의·공화주의 — 권리중심자유주의 비판

스트라우스 참된 정치 _ 정치는 구성원들이 가치 있는 삶을 사는 데 기여해야 한다 **257**
아렌트 수용소 _ 전체주의는 인간의 자발성을 박탈한다 **261**
공적 영역 _ 정치적인 것이란 소통하는 것이다 **265**
권리를 가질 권리 _ 하나의 공동체에 속할 때 인간성이 보전된다 **269**
매킨타이어 덕의 실행 _ 좋은 삶은 가치를 공유한 공동체의 전통 속에서 완성된다 **273**
왈쩌 영역의 정의 _ 사회 영역마다 각각 정의의 원칙이 있다 **277**
테일러 상호 인정의 정치 _ 개인의 집단적 문화 정체성에 대한 인정이 필요하다 **281**
애국심 _ 사회적 연대의 핵심은 동포들에 대한 헌신이다 **285**
스키너 맥락주의 _ 정치사상은 자신의 시대적 고민에 참여하는 정치행위이다 **288**
종속 _ 자유의 반대 개념은 종속이다 **292**

제8장 비판이론 및 후기 근대 비판이론

아도르노·호르크하이머 계몽 _ 이성은 해방이 아니라 새로운 신화(억압)이다 **299**
벤야민 폭력 _ 법과 정의는 폭력을 내재하고 있다 **303**
하버마스 체계와 생활세계 _ 행위자는 소통을 통해 구조에 저항해야 한다 **307**
공론장 _ 민주주의 역동성은 토론적 정치참여에 있다 **311**
입헌적 애국주의 _ 헌법 아래 애국심을 갖는 시민이 필요하다 **315**
사적/공적 자율성 _ 인간의 권리의 근거는 법적 토대에 있다 **318**
푸코 지식/권력 _ 지식과 권력은 상호작용한다 **322**
계보학 _ 일상에 내재된 권력을 비판하는 새로운 방법론이 필요하다 **326**
판옵티콘 _ 권력의 가시성이 자율적 인간을 만든다 **329**
데리다 정의 _ 진정한 정의는 기존의 사회적 질서와 믿음의 해체이다 **332**
슈클라 공포 _ 공포에 대한 저항이 권리의 원천이다 **336**
로티 우리-의식 _ 고통과 굴욕에 대한 감수성이 자유주의 연대를 만든다 **340**

제1장

근대 정치의 시작과 사회계약론

비르투
혼합정부
공화적 자유
소극적 자유
만인 대 만인의 투쟁
절대국가주권
시민정부
사유재산권
시민저항권
문명
허영
일반의지

1 이 장에서는 근대 정치의 출발이라고 여겨지는 마키아벨리와 근대 이후 정치사회 형성의 정당성에 이론적 기반이 된 사회계약론을 체계적으로 성립시킨 홉스, 로크, 루소를 소개한다.

마키아벨리는 흔히 폭력과 속임수의 정치를 정당화시킨 사상가로 알려져 있다. 그러나 실제로는 도덕은 원칙대로 움직이는 것이고, 정치는 변화하는 환경에 대응하는 것이라는 근대적 정치관을 만들어낸 최초의 근대 정치사상가였다. 이 책에서 소개되는 비르투가 바로 이런 마키아벨리의 정치관을 대표하는 개념이다. 혼합정부, 공화적 자유의 개념은 마키아벨리가 말하는 건강한 정부 형태와 공동체의 자유를 자신의 자유로 여기는 시민상을 보여줄 것이다.

인민주권의 근거인 사회계약론의 기반을 간략하게 요약하면, 질서 있는 공동체적 삶을 원하는 이들이 자유의 일부를 포기하고 정치사회라는 새로운 권위 아래 살아가겠다고 정치적으로 약속하는 것이다. 계약은 하나의 약속이므로 반드시 지켜야 한다는 도덕적 의무를 지닌다. 이런 사회계약론은 다양한 방식으로 나타나는데, 홉스는 1인 절대주권을, 로크는 의회주의를, 루소는 공동체의 자유를 존중하는 공화주의 정체를 옹호했다. 사회계약론은 사회의 도덕적·종교적 가치다원주의를 어떻게 해결할 것인지, 자유란 무엇인지, 개인의 소유권이 어떻게 정당화되는지, 사회에 만연해가는 불평등 문제를 어떻게 해결할 것인지 같은 다양한 문제들에 대한 고민의 산물이다.

근대 정치를 성립시킨 이들의 공통점은 인간의 삶에서 발생하는 다양한 문제들을 법과 제도, 무력을 갖춘 체계적인 '국가'라는 틀 안에서 해결하려고 했다는 점을 기억하며 이 장을 읽어가보자.

마키아벨리
비르투 – 정치는 도덕이 아니라 정치변동에 유연하게 대응하는 것이다

마키아벨리가 근대 정치의 시작으로 여겨지는 까닭은 그가 최초로 정치를 도덕과 분리하여 사고한 근대 정치사상가이기 때문이다. 마키아벨리 이전에는 정치와 도덕이 분리되어 있지 않았는데, 예를 들어 아리스토텔레스는 좋은 정치체제란 인간 개인이 가진 최상의 덕을 실현시키는 정체라고 보았다.

반면 마키아벨리는 정치는 도덕과는 별개의 영역으로 한 국가를 잘 운영하고 유지하는 능력이라고 믿었다. 특히 마키아벨리는 갑작스런 정치변동에 대한 유연한 대응을 가장 훌륭한 정치적 능력이라고 믿었는데, 정치변동의 본질이 어떤 법칙 아래서 발생하는 것이 아니라 항상 우연한 사건들에서 비롯된다고 생각했기 때문이다. 이런 우연한 정치변동에 대한 능숙한 대처가 바로 마키아벨리가 강조하는 '비르투' 다.

마키아벨리가 정치에서 비르투가 중요하다고 믿었던 까닭은 이 능력이 인간에게 주어진 운명, 즉 포르투나를 극복할 수 있는 힘이기 때

마키아벨리 Niccolò Machiavelli 1469~1527
가난한 귀족 집안에서 태어나 피렌체의 제2서기관장직을 맡아 내정과 군사를 담당하였으며, 대사로도 활약했다. 정치의 본질을 예리하게 파헤친 『군주론』을 비롯하여 『로마사 논고』 『피렌체사』 『전술론』 등의 정치 서술과 정치를 희극의 일상과 풍자 속에 녹여낸 걸작 『만드라골라』와 같은 희곡, 그리고 다수의 시와 설화, 편지 등을 남겼다.

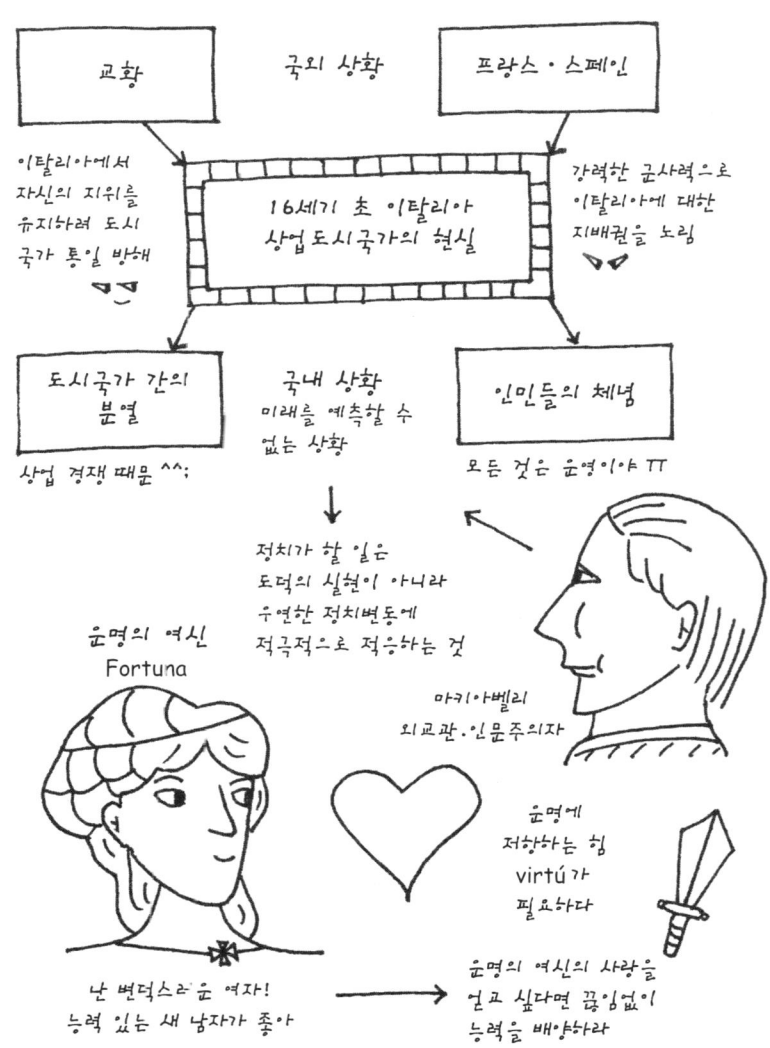

문이다. 마키아벨리 시대의 이탈리아 사람들은 기본적으로 인간에게 주어진 운명을 피할 수 없는 것으로 보았다. 하지만 마키아벨리는 주어진 나쁜 운명을 그대로 받아들이기보다는 그것을 최소화시켜야 하며, 그것을 최소화할 수 있는 방법이 바로 사람들이 비르투를 키우는 것이라고 보았다.

예를 들어, 홍수가 나서 강이 범람하는 경우를 가정해보자. 만약 인간이 운명을 그대로 받아들인다면 강이 범람하는 것을 그대로 지켜볼 것이다. 하지만 비르투를 가지고 있는 인간은 실패를 거듭하면서도 강에 둑을 쌓고 강이 범람하는 것을 막도록 노력할 것이다. 왜냐하면 그것만이 주어진 운명을 최소화할 수 있는 길이기 때문이다. 이런 입장에서 마키아벨리는 운명의 절반이 운명의 여신의 손에 있다면 나머지 절반은 인간이 비르투를 키움으로써 스스로 통제할 수 있다고 보았다.

마키아벨리가 운명에 대항하는 비르투를 중시했던 중요한 이유는 두 가지이다. 첫째 역사적으로 마키아벨리가 살았던 17세기 이탈리아 도시상업국가들이 주변국과 교황의 간섭 아래 항상 그 정체의 유지에 위협을 느끼고 있었기 때문이다. 둘째 이런 현실을 운명으로 받아들이는 피렌체와 이탈리아인들의 태도 때문이었다. 외교관으로서 이런 국내외 현실을 간파하고 있던 마키아벨리의 눈에는 변화하는 정치변동과 환경에 능숙하게 대처하며 시민들의 결속을 강화시키는 것이야말로 정치의 역할이었다.

마키아벨리는 당시의 유효한 정체는 군주정과 공화정이란 두 개의 정부밖에 없다고 믿었다. 그리고 자신이 살던 공화국 피렌체가 메디치가의 군주정으로 넘어가자, 군주가 권력을 유지하고 이탈리아 도시국가를 결집시킬 수 있는 방법을 『군주론 The Prince』에 담아 메디치가에 바쳤다. 이 책에서 가장 논쟁이 된 것은 군주가 필요에 따라 간계, 속임수, 폭력과 같은 사악한 수단을 사용할 필요가 있다는 조언이었다. 그러나 마키아벨리가 이런 수단을 강조한 것은 군주정 아래서 인민들은 자신들이 국가의 주인이 아니기 때문에, 국가보다는 자신의 이익을 추구하려는 성향을 강하게 보인다고 믿었기 때문이다. 이런 이익의 추구는 예측할 수 없는 정권의 정복이나 군주의 시해라는 우연한 정치변동으로까지 이어지기 대문에, 이런 사태를 미리 예견하여 방지하고 시민들을 단합시키기 위해서는 군주가 강력한 정치지도력으로 인민들의 자기 이익 추구 성향을 잠재울 필요가 있다.

하지만 마키아벨리는 사악한 수단으로 얻은 권력은 오래 지속되지 않는다고 보았으며, 사악한 수단을 사용하게 된다면 한꺼번에 몰아서 사용하라고 충고했다. 만약 군주가 도덕적으로 보여서 더 많은 지지를 얻을 수 있다면 군주는 도덕적으로 행동하는 것처럼 보일 필요가 있다고 보았다. 이처럼 마키아벨리에게 도덕은 정치를 운영하는 하나의 수단이지 정치가 지향하는 목적이 아니다.

포르투나(fortuna)
초자연적인 힘, 운, 호의. 도움, 상황 조건 등의 의미를 포함하지만 여기서는 우연한 정치변동을 상징한다.

마키아벨리
혼합정부 — 정치체제 내에서 조직화된 사회갈등은 사회에 이롭다

고대 그리스 이후 대부분의 사상가들이나 정치가들은 사회적 갈등은 좋은 것이 아니며 서로 조화를 이룰 때만 강건한 사회가 만들어진다고 믿었다. 마키아벨리의 독특한 점은 전통적 믿음과는 달리, 정치체제 내에서 힘의 균형을 유지하며 조직화된 사회적 갈등은 국가를 역동적으로 만들기 때문에 한 국가를 더욱 부강하게 유지할 수 있는 힘이 된다고 보았던 것이다. 특히 마키아벨리는 서로 다른 계급이 갈등하는 국가가 한 계급이 일방적으로 지배하는 국가보다 훨씬 덜 부패한다고 주장한다.

마키아벨리는 한 계급이 지배하는 정부의 형태로 군주정, 귀족정, 민주정을 제시한다. 이 형태는 근본적으로 좋은 정부 형태이지만, 아무도 견제할 세력이 없기 때문에 군주정은 참주정으로, 귀족정은 과두정으로, 민주정은 무정부상태로 쉽게 부패해버린다. 이런 점에서 한 계급이 지배하는 사회는 바람직하지 않다. 마키아벨리는 좋은 형태의 정부체제들이 서로 혼합된 체계에서 다양한 계급들이 서로가 서로를 견제할 때만이 사회는 역동적이 되며 부패하지 않는다고 본다.

예를 들어, 로마가 강성한 국가였던 것은 역사적으로 앞에서 언급한 세 체제가 모두 혼합되었기 때문이다. 로마가 세습군주정을 몰아내고 새로운 공화국을 형성했을 때, 왕들을 몰아낸 자들의 원래 의도는 공화

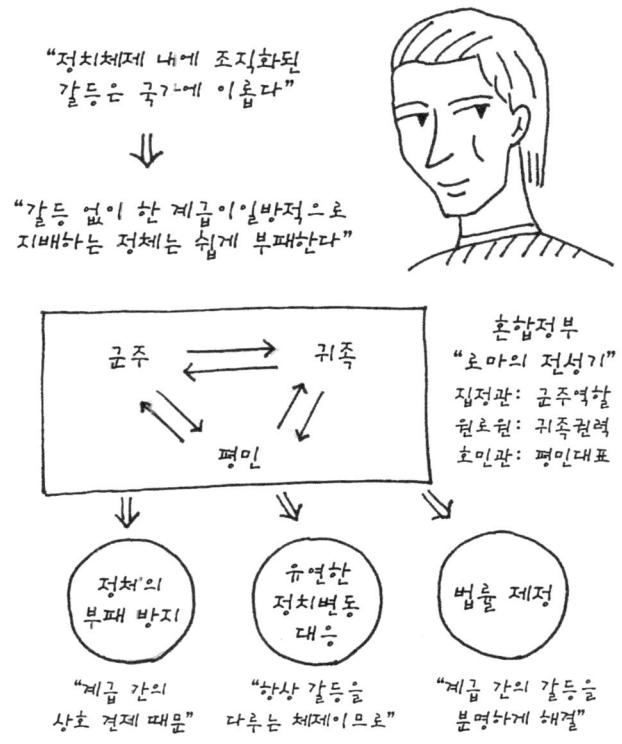

국이 아니라 왕국을 세우고자 했던 것이므로 왕의 자리를 대신하기 위해 두 명의 집정관을 두게 되었다. 이로써 로마는 집정관과 원로원이 있게 되어 군주정과 귀족정의 혼합정부가 세워졌다. 이후 귀족들의 부패로 인해 호민관이 창설됨으로써 평민들을 대표하게 되어 결국 로마는 민주정의 형태도 포함하게 된다. 결국 세 유형의 모든 정부를 혼합한 형태의 정부가 된 것이다.

마키아벨리는 로마의 평민들과 귀족들의 내부적 대립이 로마 공화국을 분열시켰다기보다는 더욱 자유롭고 강력하게 만들었다고 평가한다. 이들 간의 불화를 최소화시키기 위해서 자유를 향유할 수 있도록 보장하는 모든 법률이 제정되었기 때문이다. 그는 계급갈등이 로마 사회 내에서 정치적 역동성을 형성했고, 그 결과로 로마의 법률적 제도화가 크게 진전되었다고 말한다.

그러므로 정치체제 내로 사회적 갈등을 수용한 혼합정부는 세 가지 점에서 효과적이다. 첫째, 항상 서로 다른 계급의 갈등이라는 상황을 다루고 있기 때문에, 한 계급이 지배하고 있는 사회보다 갑작스럽게 발생하는 정치적 사건이나 위기 상황에 잘 대응할 수 있다. 둘째, 서로 다른 계급이 서로를 견제하고 있기 때문에 권력을 잡은 이들이 쉽사리 부패하지 않는다. 셋째, 갈등의 명확한 해결을 위해 글로 된 법을 만들어 낸다.

정치체제 내에서 조직화된 갈등이 나쁘지 않다는 것은 현대 자유민주주의 사회에서도 쉽사리 찾아볼 수 있다. 자유민주주의는 개인의 능력의 차이를 인정하는 수직적인 자유주의와 모든 개인들의 권리가 동등하다고 보는 수평적인 민주주의가 모순적으로 결합된 형태이다. 그러나 자유와 평등이란 갈등하는 두 개념이 서로를 견제하고 균형을 맞추고 있기 때문에 서로 간의 부패가 줄어들어 이 체제는 훨씬 강건하게 유지되고 있다.

마키아벨리
공화적 자유 — 자유로운 공화국이 자유로운 시민을 만든다

　마키아벨리가 『군주론』에서 제시한, 도덕에 무관심한 지도자상 때문에 많은 사상가들이 마키아벨리를 사악한 정치를 옹호한 정치사상가로 매도해왔다. 하지만 그것은 정치란 변화하는 환경에 대한 유연한 대응이라는 마키아벨리의 정치관을 이해 못한 비판이다. 마키아벨리는 군주가 주인인 군주정에는 군주에게 합당한 지배방식이, 시민이 주인인 공화정에는 그에 적합한 체제의 운영방식이 있다고 보았을 뿐이다.

　이탈리아 도시공화국인 피렌체에서 태어난 마키아벨리는 실제 공화주의를 지향하는 르네상스 시대의 인문주의자로, 공공선을 인정하는 평등한 시민들이 자신의 의지대로 살아갈 수 있는 자유로운 국가를 갈망했다. 당대의 공화주의자들은 자유로운 공화국에서만 시민들이 자유롭게 살아갈 수 있다고 믿었는데, 마키아벨리 역시 이런 신념을 공유하고 있었다.

　마키아벨리 시대의 공화적 자유의 개념은 '타자들에게 자신의 의지를 종속시키지 않는 것'이었다. 그 시대의 공화주의자들은 인간이 공동체를 이루고 살아갈 수밖에 없는 현실에서 사람들은 필연적으로 타자들에게 의존해 살 수밖에 없다고 보았다. 타자들에게 의존하는 것이 불가피한 상태에서 타자들에게 자신의 의지를 종속시키지 않고 자유

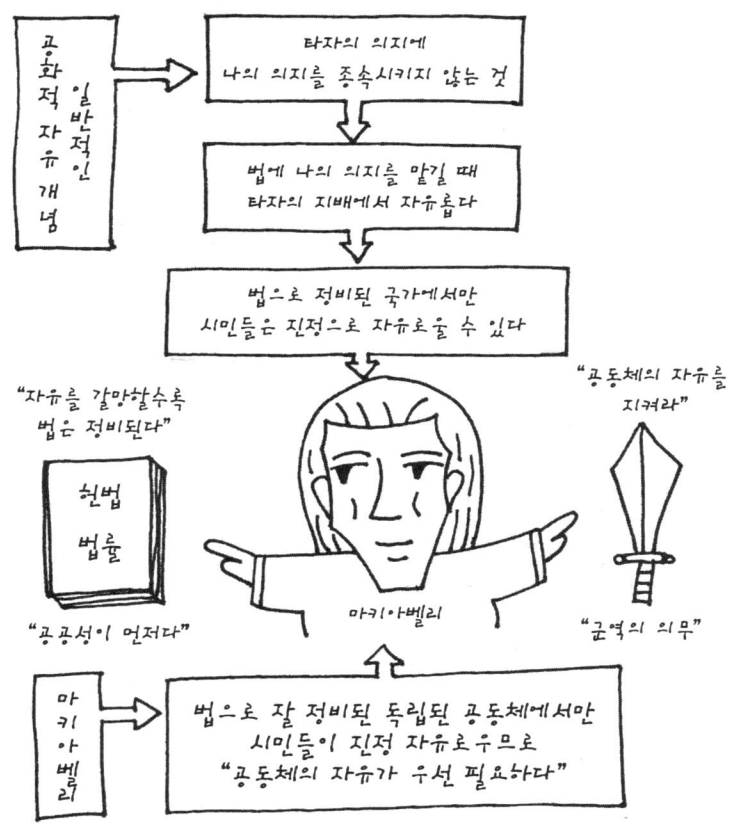

로울 수 있는 길은 법의 의지에 자신의 의지를 종속시키는 것이었다. 이런 까닭에 마키아벨리는 공화국이 법의 지배 아래 있어야 한다고 믿었다.

제1장 근대 정치의 시작과 사회계약론 **25**

마키아벨리는 시민들의 자유를 향한 갈망이 최종적으로는 법으로 표현된다고 생각하여, 시민들이 자유를 갈망할수록 공화국은 법률로 정비된다고 믿었다. 법의 권위는 법을 제정한 당사자들이 보다 엄격하게 법을 지킴으로써 세워진다. 이것이 법이 지배하는 공화국에서 정치 지도자의 역할이 중요한 이유이다. 마키아벨리가 제시하는 공화국을 지배하는 근본은 군주나 지도자들이 아니라 바로 '법'이다. 자유로운 공화국이란 법률로 잘 정비된 공화국이며 이런 공화국에서 시민들이 법률에 따라 살 때 진정으로 자유로울 수 있다고 마키아벨리는 믿었다.

 이런 공화적 자유는 시민으로서 책임과 의무를 다하는 자만이 누릴 수 있다. 예를 들어, 자유로운 공화국에서만 시민들은 자유로울 수 있으므로 국가가 위기에 처했을 때 시민들이 전쟁터에 나가는 것은 근본적으로 국가뿐만 아니라 자신의 자유를 지키는 것이다. 그래서 자유로운 시민이라면 당연히 군역의 의무를 져야 하며, 어떤 행위를 할 때 사회의 공공선이 무엇인가를 고려할 줄 알아야 한다. 결국 마키아벨리는 공화국의 시민들은 도덕적인 덕을 갖추어야 한다고 보았으며, 이렇게 인민들이 타락하지 않은 도시나 국가에서는 공공사가 쉽사리 처리된다고 믿었다.

 『로마사 논고』에서 마키아벨리는 이러한 시민들이 지배하는 정부가 군주가 지배하는 정부보다 훨씬 낫다는 자신의 믿음을 보여준다. 군주는 권력을 사랑하기 때문에 권력을 지키기 위해 훌륭한 이들을 항상 의심 섞인 두려움으로 바라보는 반면, 인민은 자유를 사랑하기 때문에 군주보다 덜 두려움을 느껴 국가적으로 훌륭한 인물에 대해 배은망덕한

짓을 훨씬 덜 한다. 또한 법의 규제 아래 있는 인민들은 잘 정비된 제도에 따라 결정을 내리기 때문에 법에서 상대적으로 자유로운 군주보다 훨씬 더 많이 옳은 결정을 하며, 관리의 선출에 있어서도 더 나은 선택을 한다.

마지막으로 권력적인 군주와 자유로운 인민의 속성에 관련된 마키아벨리의 이 말은 기억해둘 만하다.

"인민의 병폐를 치유하는 데는 말로 충분하지만, 군주의 병폐는 칼이 필요하다."

홉스
소극적 자유 – 자유란 강제력의 부재에 달려 있다

홉스의 사상적 기획은 우리가 흔히 이야기하듯 인간의 본성이 악하다는 패배주의적 발상에 근거해 있었던 것이 아니라 오히려 당시 과학과 윤리학에서 대두되고 있었던 회의주의에 대한 반박이었다. 그래서 홉스는 자연과학에 근거한 확실한 지식을 제공한다면, 회의주의를 극복하고 보다 명료한 지식으로 사회적 문제를 해결할 수 있을 것으로 여겼다. 실제 홉스는 뉴턴과 함께 당시에 유명한 자연과학자였다. 이런 까닭에 홉스의 『리바이어던』 1부는 자연상태에서 인간의 본성을 탐구하는 데서 시작하며, 2부는 이 연장선상에서 정치적 기획을 펼친다.

홉스의 과학적 지식이 확장되어 나타난 가장 주목할 만한 개념은 역시 '자유'이다. 홉스는 생각하는 활동을 독립적으로 할 수 있는 '자아(self)'란 없으며 스스로 움직일 수 있는 물체는 없다고 보았다. 물질의 운동(movement)은 공간의 이동을 의미하는데, 스스로 자신을 움직일 수 있는 것은 아무것도 없다. 어떤 물질이 움직이는 경우는 외부에 존

홉스 Thomas Hobbes 1588~1679
초기 자유주의와 절대주의의 중대한 이론적 전제가 되는 개인의 안전과 사회계약에 관한 저서로 유명하다. 형이상학의 대가였을 뿐 아니라 언어에 대한 생동하는 관심과 언어의 덫에 대한 예리한 시각을 가지고 있었으며, 스콜라 철학의 불합리성을 지적함으로써 근대 논리분석의 선구자가 되었다. 주요 저서에 『철학원리』 『리바이어던』 등이 있다.

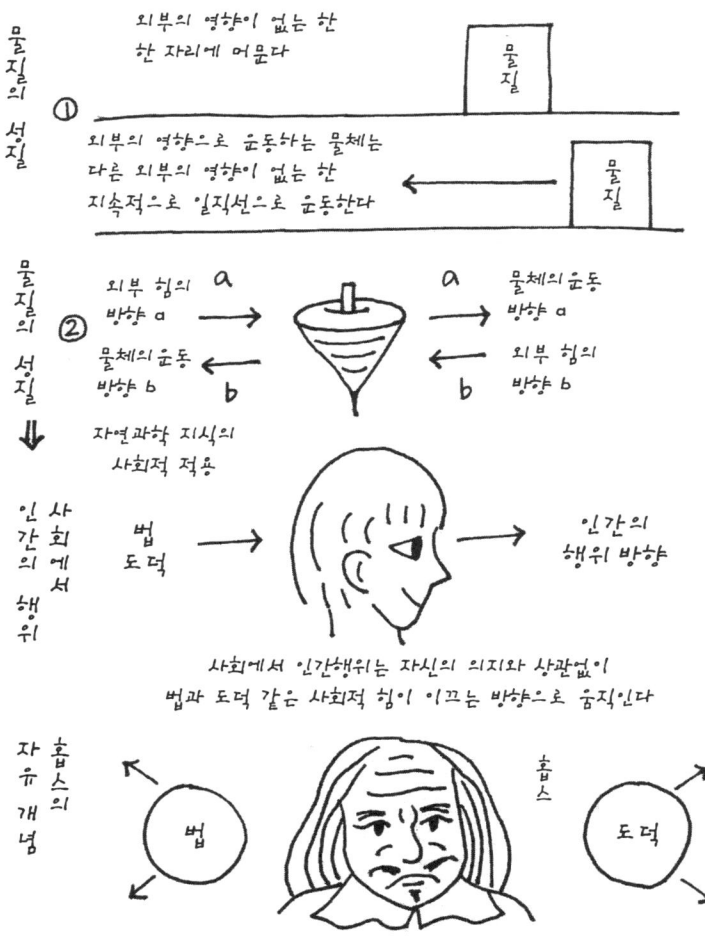

제1장 근대 정치의 시작과 사회계약론

재하는 인접한 사물이 영향을 주었을 경우이다. 홉스는 물질의 성질을 다음 두 가지로 정의했다. 첫째, 물질은 외부의 영향이 없는 한 한자리에 머무르는 성질을 가지고 있으며, 만약 외부의 영향으로 운동하는 물질이 있다면 끊임없이 움직이며, 또 다른 외부의 영향이 없는 한 계속해서 일직선으로 움직인다. 둘째, 물질은 운동반응에 있어 외부의 힘이 작용한 방향으로 움직인다. 예를 들어, 팽이가 하나 있다고 하자. 이때 팽이가 움직이기 위해서는 팽이를 돌리는 사람이 필요하고, 팽이가 움직이는 방향은 팽이를 채찍질하는 사람이 힘을 준 쪽이 된다. 결국 팽이는 자기 스스로 할 수 있는 일이 아무것도 없다.

  이런 인식이 사회에 적용된다고 해보자. 사회에서 인간은 항상 타자와의 관계 속에서 살아가며, 사회관계는 법과 도덕으로 규제된다. 법과 도덕은 한 사회의 구성원들이 움직일 방향을 일러주고, 구성원들은 법과 도덕이 의도하는 방향으로 움직인다. 만약 법과 도덕이 제약하는 방향으로 움직이지 않으면, 법은 위반자를 처벌하고 도덕은 위반자를 사회적으로 배제한다. 이런 까닭에 사회생활에서 누구도 외부의 영향으로부터 자유로울 수 없다. 홉스의 논리대로라면 인간이 자유의지를 가진다는 것은 환상에 지나지 않는 일일 것이다. 결국 인간의 자유는 자신이 갈망한다고 가질 수 있는 것이 아니며, 외부의 강제가 얼마나 존재하느냐에 따라 그 자유의 정도가 결정될 뿐이다. 이런 홉스의 소극적 자유 논리는 인간의 자유와 정치체제의 형태와는 아무런 상관이 없다고 주장한다는 점에서 정치적으로 매우 중요한 의미가 있다. 예를 들어 군주정이라 할지라도 군주가 인민에게 덜 간섭한다면 인민은 보다 자유로우며, 민주정이라 할지라도 법이 인민들을 다양한 방식으로 제약한다면 인민들은 덜 자유롭다는 것이다. 이처럼 홉스의 말대로 법도 외부적 제약의 일부이고 인간은 외부적 제약이 부재한 상태에서만 자유로울 수 있다면, 어떤 입헌적 체제 아래서만 자유가 보장된다는 주장은 그 자체로 의미가 없는 것이 된다.

실제 홉스가 제시한 정치체제는 절대국가주권으로 비자유적일 뿐만 아니라 오히려 전제적이기까지 하다. 그러나 홉스가 제시한 강제력의 부재가 진정한 자유라는 소극적 입장의 자유 개념은 고전적 자유주의자들의 자유 개념과 정확히 일치한다. 이런 소극적 자유 개념이 홉스를 자유주의적 자유관을 정초한 이로 평가하는 하나의 이유가 된다.

홉스
만인 대 만인의 투쟁 – 자연상태의 자유는 전쟁상태이다

　인간의 자연상태가 '만인 대 만인의 투쟁'이란 주장은 홉스의 사상에 접근하는 데 있어 훌륭한 단초다. 홉스의 사상적 기획은 사적 판단이 난립하는 도덕적 상대주의라는 윤리적 갈등을 공통의 권위를 만들어 해결하려는 정치적 시도라고 할 수 있다.

　홉스는 자연상태의 자연적 자유에 살고 있는 인간이 원천적으로 끊임없이 무엇인가를 욕구하는 존재라고 보았다. 홉스는 인간의 욕구(desire)는 끝이 없는 것이라 믿었는데, 예를 들어 욕구란 물을 마시는 행위와 같다. 인간은 갈증이 날 때마다 물을 마시게 되어 있는데, 이 물을 마시고자 하는 욕구는 인간이 죽음에 이를 때까지 지속된다. 게다가 인간의 욕구는 점점 더 좋은 것을 선호하는 쪽으로 증가하는데, 예를 들어 물을 마시던 사람이 홍차와 녹차, 혹은 커피, 주스와 같은 보다 고급품을 알게 되면 물보다는 이런 고급 음료를 마시고 싶어한다는 것이다. 이처럼 인간의 욕구는 인간이 죽음에 이를 때까지 지속될 뿐만 아니라 점차 보다 나은 것을 먹고, 마시고, 소유하고 싶어하는 쪽으로 발전하게 된다.

　이러한 인간의 끊임없는 욕구의 집합적 표현이 '자기 보존'이다. 자연상태의 인간은 항상 자기의 몸과 재산을 외부의 위협으로부터 보존하고자 하는 본능적 욕구를 가지고 있다. 이 본능적 욕구는 자연법의

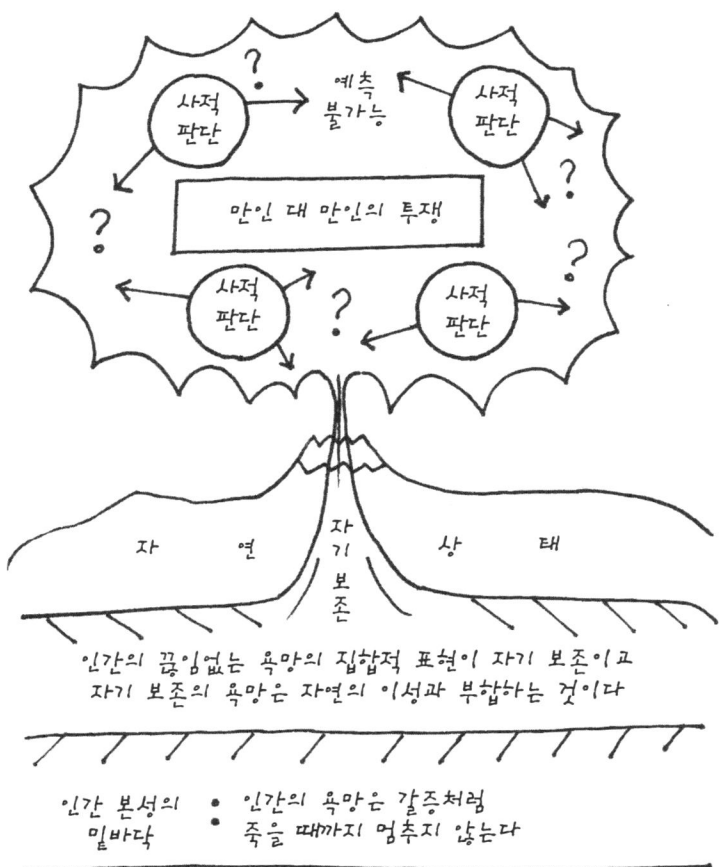

이성이 명령하는 것과 일치하는데, 자연법 역시 자연의 일부로서 인간이 자신을 보호하고자 하는 욕망이 당연하다고 규정하기 때문이다.

그렇다면, 자기 보존이란 자연법의 이성이 지배하는 자연상태에서 왜 '만인 대 만인의 투쟁'이 일어날까? 홉스는 적절한 정치조직이 결여된 자연상태에서 살아가고 있는 모든 사람들은 어떤 사건이나 사실, 사물에 적용할 수 있는 자기 자신만의 판단을 가지고 있는데, 그 판단의 차이들이 분쟁을 불러일으킨다고 본다. 쉽게 말하자면 무엇이 자기를 방어하는 최선의 수단이며 상황인지에 대한 판단 기준이 서로 상이하다는 것이다. 이 상태에서는 모두가 자신만의 옳음과 선, 미덕을 가지고 있기 때문에 정의로운 것도 정의롭지 않은 것도 없는 상태이다. 이런 자연상태에서 모든 사람들이 이의 없이 동의할 수 있는 단 하나의 사실은 타자의 공격으로부터 '자기를 보존할 일반적 권리(the general right of self-preservation)'가 있다는 것뿐이다. 이런 최초의 합의가 가능함에도 문제는 여전히 남아 있는데, 언제 어떻게 자신 자신을 방어할 것인가에 대한 판단이 사람들에 따라서 상이하기 때문이다.

예를 들어, 영희와 철수가 곡물을 수확했다고 하자. 수확이 끝난 뒤 영희는 철수와 함께 곡물을 생산했기 때문에 그를 믿을 수 있으므로 함께 곡물을 안전하게 지켜낼 수 있다고 생각한 반면, 철수는 영희가 자신을 배신하고 모든 곡물을 차지할 것이라는 두려움을 갖게 되었다고 하자. 이런 경우 철수는 방어할 권리를 즉시 행사하여 영희를 공격할 수 있을 것이고, 영희는 예기치 못한 철수의 공격에 목숨을 잃을 수도 있을 것이다. 이처럼 자연상태에서는 언제, 어떤 상황에서 자신을 방어할 권리가 생겨나는지는 사람들 한 사람 한 사람에 따라 다르게 판단

될 수 있다. 이와 같은 사적 판단의 난립으로 인해 사람들은 서로를 신뢰하지 못하게 되고, 이는 사람들을 만인 대 만인의 투쟁상태로 몰아넣게 된다.

결국 자연상태에서 인간들에게 주어진, 자기 스스로 판단하고 행위할 수 있는 자유란 결국 전쟁상태를 만드는 근원이 되는 것이다.

홉스
절대국가주권 – 자기 보존을 위해 사적 판단을 포기하라

홉스는 자연상태에서 사적 판단에 의지하는 개인들이 '자기 보존의 욕망'에 입각해 사적 판단들을 대신해줄 공적인 공통 권위인 국가를 만든다고 한다. 홉스는 이 대목에서 또 하나의 감정을 도입하는데, 그것이 바로 선(good)이다. 이 선은 즐거움(pleasure)이란 감정과 직접적으로 연결되어 있다. 홉스는 사람들이 자신에게 좋은 것을 추구하고, 자신을 해하는 것은 피하려는 자연적 감정을 가지고 있다고 보았다. 그러므로 사람들은 고통과 죽음을 피하고 자신의 몸을 안전하게 보존하려 한다. 홉스는 이런 감정이 이성과 상반되는 것이 아니며, 그것은 자연상태에서 인간이 가질 수 있는 권리(right of nature)라고 말한다. 이 때문에 인간은 자기 보호를 위해 모든 수단을 다 사용할 수 있다.

이런 감정을 따르는 사람들은 공정하게 갈등을 해결해줄 제3자가 없는 자연상태에서 단인 대 만인의 투쟁이라는 전쟁상태를 경험하는 동안 전쟁의 결과란 죽음밖에 없다는 것을 알게 된다. 그리하여 전쟁상태보다는 평화상태에서 자신을 더 잘 보존할 수 있다는 자연의 이성과 마주하게 되는데, 이것이 바로 자연법(the law of nature)이다. 홉스는 어떤 상황이 자신을 위협하는 상황인지를 결정할 수 있는 사적 판단과 자신을 지키기 위해 모든 수단을 사용할 수 있는 권리를 사람들이 포기하고, 그 판단을 대신해줄 판단의 공통적 권위를 인정할 것을 요구함과

동시에 그 권위의 판단에 자신들이 갖고 있는 모든 의지를 복종시킬 때 공통적 판단의 권위가 생겨날 수 있다고 본다. 이런 사적 개인들의 모든 판단의 의지를 흡수하여 탄생한 괴물(Leviathan)이 바로 국가이며, 공통적 권위는 주권(sovereign)이란 말로 표현된다. 그러므로 시민들과 주권이 우선적으로 지켜야 하는 책임은 자기 자신과 동료 시민들의 육체적 안전을 보장하는 일이다. 이런 공통적 권위에 대한 합의가 바로 근대 국가 형성에 기여한 이론인 사회계약론이며, 특히 홉스의 계약론은 주권이 모든 인민의 동의에서 생겨난다는 '인민주권'이란 발상의 시작이다.

그러나 인민이 동의를 통해 권력을 넘겨주면, 사적 판단을 넘겨받은 공통적 권위인 국가는 절대주권이 되는데, 그 까닭은 주권자만이 사회적 갈등 상황을 해결할 수 있는 유일한 판단 기구이기 때문이다. 홉스는 이런 판단이 왕 한 사람에게 독점되어야 한다고 보았는데, 판단의 엄격함과 명료성, 판단의 권위를 위해서는 주권이 분할되면 안 되기 때문이다. 예를 들어, 의회와 왕은 권력을 나누어 가질 수 없는데, 한 국가 안에 판단 기구가 둘이라는 것은 두 개의 상이한 욕망의 주체가 존재한다는 의미이기 때문이다. 역사적으로 왕과 의회가 권력투쟁을 벌이는 것에서 두 판단 주체가 인간 욕망의 반영임을 확인 할 수 있다. 그렇다면, 왜 의회가 아닌 한 사람의 왕에게 판단이 집중되어야 하는 것일까? 아주 간략하게 설명하자면, 의회는 시민들의 대표가 모이는 곳으로 대표의 수만큼 욕망의 수가 존재하므로 내부적 충돌을 막을 수 없기 때문이다.

홉스는 현실적인 입장에서 왕의 판단과 명령에 정치적으로 저항할 수 없다고 믿었는데, 그것은 인민들이 모두 동의하여 왕에게 권력을 넘겼으므로, 왕에 대한 도전은 자신의 판단에 대한 스스로의 도전과 다름없기 때문이다. 이처럼 홉스는 국가에 강력한 주권을 부여하는데, 스스로 국가를 '리바이어던'이란 바다괴물에 비유하는 것도 권력의 방대함을 명백히 알고 있었기 때문이다.

리바이어던
『구약성서』의 「욥기」에 나오는 거대한 수중동물을 가리킨다. 홉스는 교회권력으로부터 해방된 국가를 그것에 비유한 책 『리바이어던』에서 국가의 성립에 대해 논했다.

로크
시민정부 – 정부의 목적은 시민의 재산권을 보호하는 것이다

로크는 정치사회가 왜 성립되는가를 알기 위해선 인간의 자연상태에 대해서 알아야 한다고 말한다. 로크는 자연상태의 인간은 자연법의 테두리 안에서 자신과 소유물에 대해 완전히 자유로울 뿐만 아니라 타자와의 관계에 있어 정신적·육체적으로 평등하다고 본다. 그렇다면 자연법은 무엇일까? 로크는 자연법이란 이성의 목소리로 하나님의 목소리와 동일하다고 말한다. 자연법은 모든 인간을 평등하고 독립된 존재로 규정하고, 어느 누구도 다른 사람의 생명, 건강, 자유, 소유물에 위해를 가해선 안 된다고 가르친다. 또한 자연법은 인간에게 자신을 보존하고, 자신의 보존이 위태롭지 않다면 능력이 닿는 범위에서 다른 사람도 보존하라고 가르친다. 자연상태의 인간은 이런 자연법의 목소리를 들을 수 있을 만큼 합리적이며 이성적인 능력을 가지고 있다. 그러므로 자연상태는 합리적 인간들이 자신의 판단에 근거해 자연법을 준수하며 살아가는 평화로운 상황이다.

로크 John Locke 1632~1704
영국과 프랑스 계몽주의의 선구자로서 미국 헌법에 정신적 기초를 제공했다. 당시의 '새로운 과학' 곧 근대 과학을 포함한 인식의 문제를 다룬 『인간 오성론』의 저자로 유명하다. 지식의 힘을 신봉했다는 점에서 로크는 최초의 계몽주의 철학자였으며 더 넓게는 영국 경험론 학파와 미국 실용주의 학파의 사상적 전통을 기초했다. 주요 저서로 『통치이론』, 『관용론』 등이 있다.

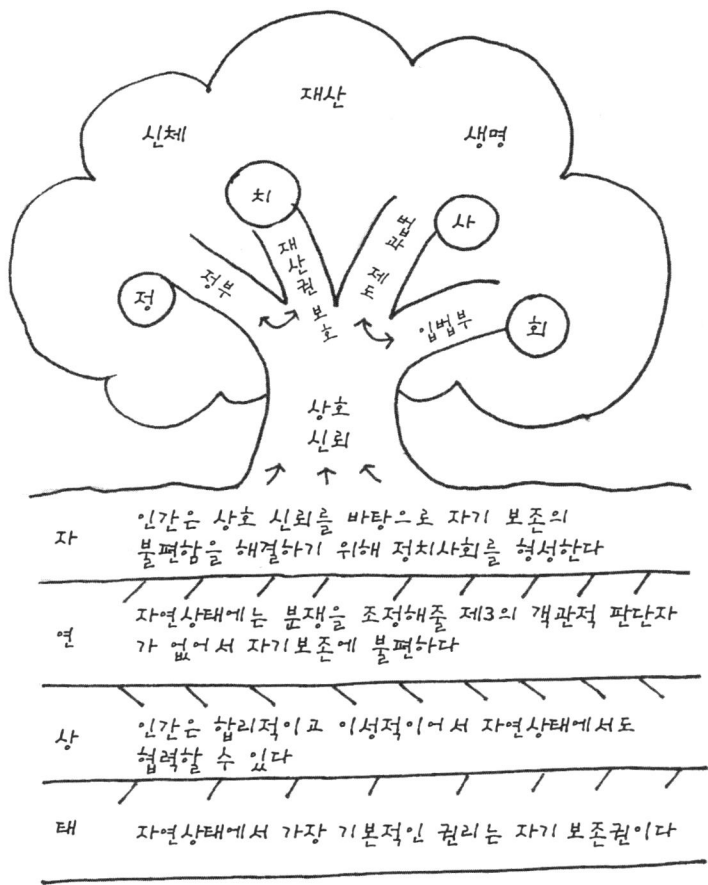

 그러나 인간은 때로 자연법을 위반하는 범죄를 짓게 되는 데, 이런 범죄는 인간에 대한 전쟁선포로서 인간이란 종(species) 자체에 대한 직접적 침해이다. 범죄를 저지른 자들은 이미 이성을 잃었으므로 인간이

아닌 난폭한 동물과 다름없다. 범죄는 이성적인 인간 본성이 타락한 결과이다. 이때 자연상태에는 누가 범죄를 저질렀는지, 혹은 어떻게 범죄를 저지른 자를 처벌할 것인지를 판단해줄 공정한 제3의 심판관이 없기 때문에, 모든 사람들이 위반자를 처벌할 수 있는 자연법의 집행자가 된다. 이성의 소리를 하나님의 목소리와 동일시한 로크는 다음의 「창세기」(9장6절) 구절을 인용한다. "남을 피 흘리게 하는 자 제 피도 흘리게 되리라."

로크의 말대로라견, 자연상태에서도 자연법에 근거해서 합리적 개인들 간에 나름대로 질서가 존재하는데 왜 굳이 정부가 필요한 것일까? 로크는 자연법은 완전하나 그것을 적용하는 인간에게 문제가 있다고 말한다. 인간이 스스로의 사건에 대해 재판관이 될 수 있는 곳에서 누군가 범죄를 저질렀을 때, 피해를 당한 사람에게 내재한 분노와 같은 지나친 정념과 복수심 등에 의해 과도한 처벌이 생기며, 그로 인해 혼란과 무질서가 초래될 수 있다. 인간은 이런 혼란과 무질서를 피하려고 하는 합리적 존재이므로 뜻을 같이하는 사람들이 모여 하나의 정치사회를 성립할 것이다. 이때 정치사회의 구성원들은 자연상태에서 자의적으로 사용하던 처벌권을 정치사회 내에 법의 통제가 닿는 범위에서 임의적으로 포기하고 공정한 심판자(입법부와 정부)를 선출하여 법에 처벌권의 수행을 맡긴다.

로크는 인간의 생명, 신체, 자산 등을 폭넓은 의미에서 재산이라고 규정했는데, 이 재산을 보호하는 것이 정부의 주목적이라고 말한다. 이를 위해 로크는 정치권력을 "사형 및 모든 처벌에 대한 법률을 제정하는 권리이며, 또한 재산을 규제하고 보존할 목적으로 법률을 집행하고, 외적의 침입으로부터 국가를 방어하기 위해서 공동체의 무력을 사용하는 권리이며, 이 모든 것을 오직 공공선을 위해서만 행사하는 권리"라고 규정한다. 이런 정부는 정치사회를 만들기로 합의한 사람들의 '상호 신뢰'의 결과물이다. 상호 신뢰는 정치사회를 형성하고자 하는 자들이 지녀야 할 자연적인 덕인데, 왜냐하면 공정한 심판자에 대한 신뢰 없이 권력을 넘겨주는 것은 불가능하기 때문이다. 로크는 상호 신뢰만이 법과 제도로 운영되는 체제를 지속시킬 수 있다고 생각했다.

로크
사유재산권 – 노동만이 사유재산을 만든다

 우리는 흔히 어떻게 사유재산이 생겨났을까 궁금해한다. 세상이 처음 생겨났을 때, 인간은 누구도 사적으로 소유한다는 것이 무엇인지 알지 못했으며 모든 것은 공동의 소유였다. 예를 들어 역사적으로 원시 공동체는 공동으로 생산하고 공동으로 분배하는 경제체제를 가지고 있었다. 그렇다면 재산의 사적 소유는 어떻게 생겨난 것일까? 로크는 노동이 사유재산을 정당하게 만들었다고 말한다.

 로크는 신이 이 세상을 만들었을 때, 지상의 모든 것을 모든 인간에게 공평하게 주셨다고 말한다. 만약 로크의 전제대로라면 모든 사물은 당연히 공동소유여야만 한다. 그런데 어떻게 개인이 소유할 수 있게 된 것일까? 로크는 자연의 대상에 노동을 부여했기 때문이라고 말한다. 그는 최초부터 나의 것이었던 것은 단지 나의 신체뿐이라고 말한다. 모든 개인은 자신의 신체에 손을 소유하고 있으며, 이 손이 가지고 있는 노동도 소유하고 있다. 그러므로 이 손에서 비롯된 노동이 부여된 대상 역시 개인의 것이라는 것이다. 즉 로크는 어떤 것을 소유하고 싶다면 노동하라고 말한 것이다.

 이것은 공동소유물을 사유화하고 싶으면 다른 이들의 양도나 동의가 필요하다는 상식을 뒤엎는 말이다. 로크는 '물주전자의 비유'를 들면서 샘에 흐르는 물은 모두의 것이지만, 주전자의 물은 그 물을 담은

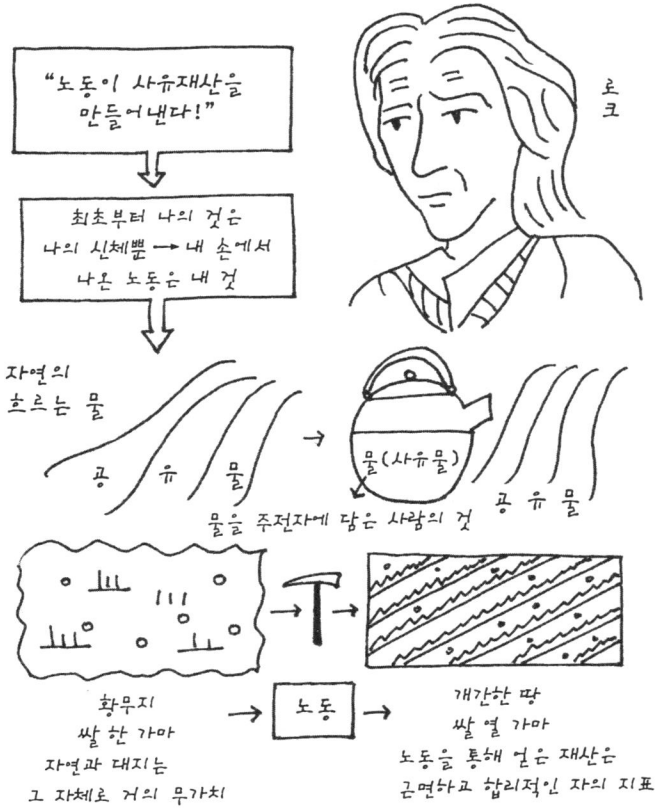

사람의 것이라고 말한다. 이것은 주전자를 들고 물을 담는 노동행위가 주전자의 물을 사유화시켰다는 의미다. 한편 '토끼를 쫓는 사냥꾼의 비유'를 통해 한 사냥꾼이 어떤 특정한 토끼를 쫓고 있으면 주위 사람들이 그 토끼를 사냥꾼의 것으로 잠정적으로 인정하는 이유는 사냥꾼이 토끼에게 노동을 투여하고 있다는 것을 다른 이들이 인정했기 때문이라고 말한다.

로크가 노동이 사유화의 근원이라고 본 것은 노동이 대상의 가치를 소비하는 것이 아니라 증진시킨다고 보았기 때문이다. 예를 들어 개간하지 않은 공우지 100평에서 10가마의 쌀이 나온다고 한다면, 이 땅에 노동을 더할 경우 그 열 배 이상의 곡물을 얻어낸다는 것이다. 로크는 자연과 대지는 그 자체로 거의 무가치한 재료일 뿐이라고 본다. 이렇게 본다면 재산군이란 누가 자연에 성실히 노동을 부여했는가를 판단할 수 있는 근면하고 합리적인 자들의 지표가 된다.

이 노동이 더욱 신비한 것은 투여된 노동만큼 사물이 가치를 지닌다는 것이다. 예를 들어 누구는 나비를 잡아 자신의 애완용으로 기르지만, 누구는 나비를 장식품으로 만들어 사용할 수 있으며, 이런 노동의 차이가 나비가 가지게 되는 가치를 결정한다. 나아가 노동은 독립적으로 분리된 활동이 아니라 사회 전반에 걸쳐 거미줄처럼 엮여 있는 상호의존적 활동으로 하나의 노동은 연쇄적인 노동을 낳아 사회적 이익도 연쇄적으로 증가한다. 예를 들어 빵, 포도주, 직물은 노동을 통해 가공된 것인데, 이것이 나오기까지는 빵을 만들기 위한 재료, 요리사들의 도구, 베 짜는 기계 등이 필요하다. 이 과정에서 철, 나무, 가죽, 나무껍데기, 목재, 돌, 벽돌, 석탄, 석회, 옷, 염색약, 역청, 타르 등 나열할 수 없을 만큼 수많은 재료들이 사용되었을 것이고 그것을 만들기 위해 노동이 사용되었다는 것이 로크의 주장이다.

로크
시민저항권 – 인민이 정치사회의 주인이다

　로크는 『통치론 2부』를 통해 오늘날 자유주의가 지향하는 제도 통치의 원형을 보여준다. 제도적으로 잘 정비되어 움직이는 이런 시민정부의 기초는 지배자와 피지배자 사이의 상호 신뢰이다. 이 신뢰는 지배자와 피지배자가 일방적으로 지배하고 지배당하는 관계가 아니라 서로 간의 의사소통이 가능하다는 것을 의미한다. 그렇다면 양자 간의 상호 신뢰가 잘 유지되고 있는지를 판단하는 이들은 누구일까? 로크는 지배자인 입법부나 정부가 아니라 피지배자들, 즉 정치사회의 형성에 동의한 자들이라고 말한다.

　만약 이들이 양자의 신뢰관계가 깨졌다고 판단하면, 피지배자는 언제든지 자신이 행사할 수 있었던 자연법을 행사할 수 있는 권리를 되찾게 된다는 점에서 궁극적인 권력의 힘은 항상 시민들에게 있다. 그렇다면 시민들은 어떤 기준을 통해 권력을 집행하는 자들이 자신들과의 신뢰를 깨뜨렸다고 판단하게 될까? 그것은 권력의 집행자들이 계약 이상의 권력을 행사할 때이다. 이들 양자 계약의 본질은 시민들의 사유재산권을 보호하는 것이다. 여기에는 물질적 재산뿐만 아니라 자신의 신체와 생명, 권리까지도 포함되어 있다. 그러므로 재산권을 보호하는 정부는 법의 근거 없이 권력을 행사하거나 임의적으로 권력을 행사할 수 없다. 모든 권력의 행사는 시민들의 동의를 얻은 것이어야 하며, 그

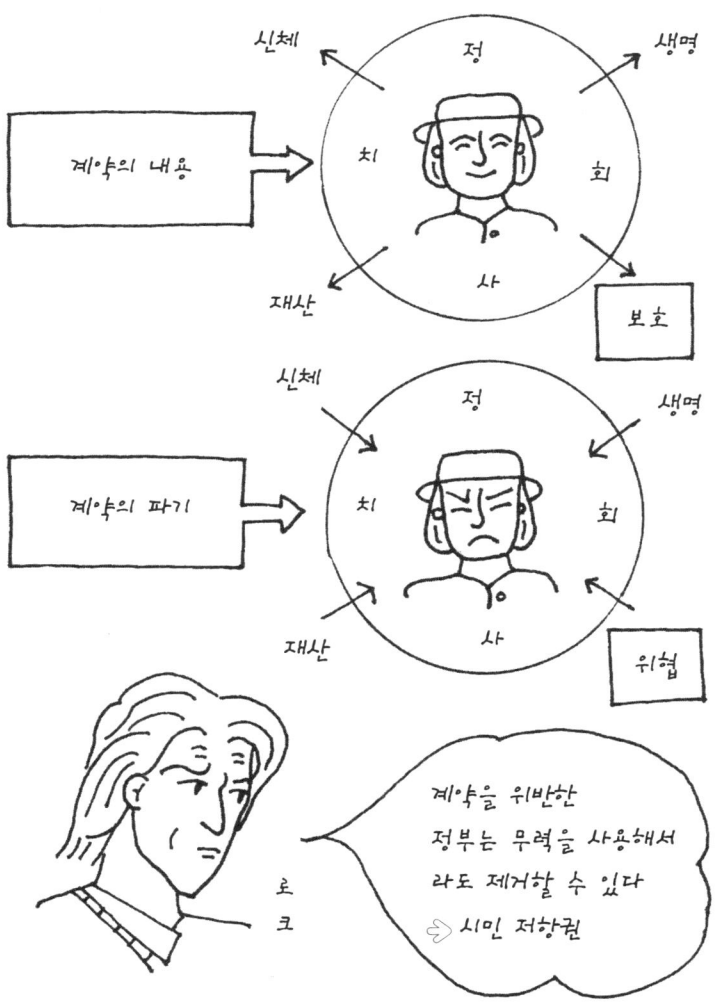

밖의 권력을 행사할 때 시민들은 신뢰관계가 깨졌다고 판단한다. 만약 동의 없이 권력을 행사한다면 인간의 권리와 신체, 생명, 재산은 예측할 수 없는 위험에 놓일 것이다. 이런 위험에 저항해 계약을 위반한 정부를 무력을 사용해서라도 제거할 수 있다는 로크의 주장이 바로 '시민저항권'이다.

　로크는 시민저항권이 정당한 네 가지 이유를 제시한다. 첫째, 자의적 권력을 남용하는 폭정은 반드시 반란을 낳는다. 잘못된 정부에 시민들이 저항하는 것은 당연한 반응이라는 것이다. 둘째, 혁명은 공공사 처리에 있어 사소한 잘못이 있을 때마다 일어나는 것이 아니다. 이것은 시민저항권이 시민 대부분의 동의가 있는 아주 드문 경우에 일어나기 때문에 사회를 안정적으로 유지하는 데 위험 요소가 아니라는 의미이다. 셋째, 권력을 가진 이들이 무력으로 법과 제도를 파괴하는 행위가 진정한 반란이다. 이것은 권력을 이양받은 자가 권력을 남용하는 것이 근본적인 잘못인지, 아니면 그것에 저항하는 것이 근본적인 잘못인지를 물어보면 저항행위가 정당하다는 것이 밝혀진다는 주장이다. 인민과 신의 의지에 반하는 행위에 대항해 새로운 입법부를 만들 수 있다는 논리 자체가 권력의 남용이 빚어낼 반란을 예방하는 최선의 방비책이라고 로크는 주장한다. 넷째, 정부의 목적은 인류의 복지이다. 복지에 힘써야 할 통치자가 목적과 상관없이 권력을 방만하게 사용해 인민이 항상 폭군의 무제한적 의지에 신음할 때, 또는 통치자가 시민의 동의를 위반하여 권력을 인민의 재산을 보존하기 위해서가 아니라 재산을 파괴하기 위해 사용할 때, 이런 형태의 지배에 저항하는 것이 진정 인류를 위한 것이라는 의미이다.

이처럼 모든 권력의 행사가 시민들의 동의를 필요로 한다는 점에서 로크는 한 사회가 철저히 제도적으로 정비되어야 한다고 믿었다. 그가 절대군주정(absolute monarchy)을 부정했던 까닭도 모든 이의 재산이 절대군주라는 한 사람의 의지 아래 놓이게 된다고 생각했기 때문이다. 이렇듯 로크는 한 사람이 타자의 의지에 놓이지 않게 되는 방법은 제도적으로 정비된 정치사회를 형성하는 것이며, 이런 제도의 준수가 정치적 관계의 신뢰를 지속시켜준다고 믿었다.

루소
문명 – 문명과 예술의 발전이 인간을 타락시킨다

 루소가 살던 18세기의 유럽은 계몽주의가 지속적으로 확장되고 있던 시기였다. 특히 볼테르를 중심으로 한 프랑스 계몽주의자들은 인간 이성의 힘을 진지하게 믿고 있었다. 인간 이성의 힘이 낳은 예술과 과학의 발전이 문명의 진보를 이룬다고 생각했고, 이런 문명의 발전이 인간의 가치를 향상시키는 근원이라고 믿었다.

 18세기 유럽의 지성들 사이에 퍼져 있던 이런 보편적인 믿음과 정반대의 입장에서 문명의 발전이 오히려 인류의 도덕적 타락을 낳는 독이란 주장을 한 철학자가 바로 루소이다. 루소의 이런 대답은 디종아카데미에서 제시했던 '예술과 과학의 재탄생이 인류의 정화에 기여하는가?'라는 논문 현상공모 질문에 대한 답이었다. 루소는 이 질문에 『학예론』이란 글을 썼는데, 이 글에서 명백히 과학과 예술의 발전이 인류를 정화시켰다기보다는 도덕적으로 타락시켰다고 대답한다.

 루소는 과학이 인간의 이성에서 기원한 것이 아니라 부적절한 성향

루소 Jean-Jacques Rousseau 1712~1778
지극히 광범위한 문제를 논했으나, 그의 일관된 주장은 '인간 회복'으로, 인간의 본성을 자연상태에서 파악하고자 했다. 이런 맥락에서 인간 본래의 모습을 손상시키고 있는 당대의 사회나 문화에 대하여 통렬한 비판을 가했다. 주요 저서에 『인간 불평등의 기원』, 『신엘로이즈』, 『사회계약론』, 『에밀』 등이 있으며, 그의 작품에 나오는 자아의 고백이나 아름다운 자연묘사는 19세기 프랑스 낭만주의 문학의 선구적 역할을 하였다.

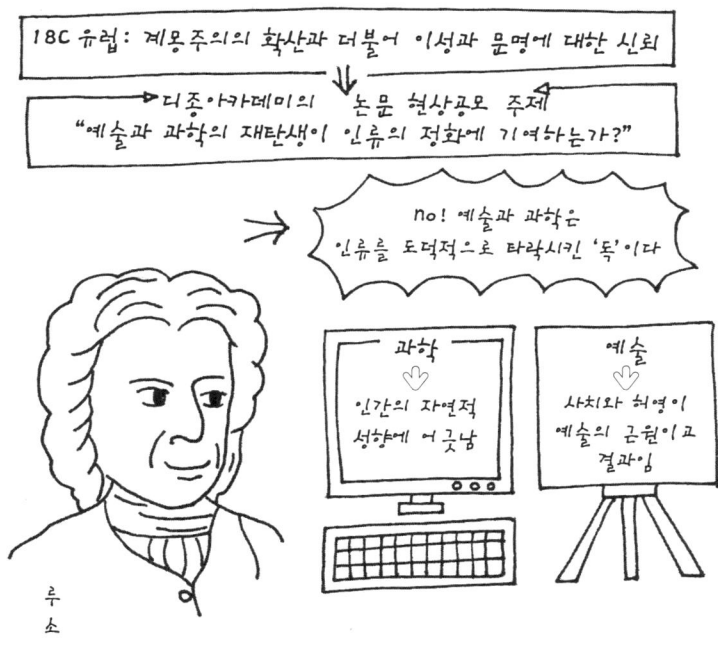

에서 시작되었다고 주장한다. 예를 들어 별의 특정한 움직임을 관찰해서 기후 등을 예측하는 천문학은 미신에서 출발했다고 말한다. 물리학은 과도한 호기심에서 시작되었고, 기하학은 명료한 산술이 필요했던 계산에 밝은 인간들의 탐욕에서 시작했다고 말한다.

루소의 입장에서 과학보다 더 심각한 인간의 도덕적 타락의 근원은 예술이다. 우리는 흔히 예술이 인간의 감정을 순화시켜주고 기쁨과 슬픔을 표현할 수 있게 해주는, 인간만이 할 수 있는 탁월한 재능의 산물이라고 믿는다. 그러나 루소는 예술이란 항상 생활에 여유가 있을 때에만 가능하다는 점에서 예술의 근원은 사치라고 말한다. 이런 사치는 인간의 나태와 허영심에서 비롯된 것이다.

특히 사치는 예술 및 과학과 상호 보완적인 관계에 있다. 예술과 과학은 사치가 널리 퍼져 있는 곳에서 발전하는 한편, 사치 역시 예술과 과학이 발전한 곳에서 더욱 심하게 나타날 수 있는 현상이기 때문이다. 인간의 사치스런 삶의 결과는 당연히 도덕적 타락이며 붕괴이다. 도덕이 붕괴된 곳에서는 인간이 타락하지 않을 수 없는 것이다.

루소는 공동체의 입장에서 봤을 때, 예술과 과학이 공동체의 이익에 전혀 도움이 되지 않는다고 보았다. 예술과 과학은 개인들이 공동체에 대한 사랑(애국심)을 갖는 데 전혀 도움이 되지 않을 뿐만 아니라 공동체의 방어에 필요한 용기를 형성하는 데도 기여하지 않기 때문이다. 오히려 예술은 인간을 나약하게 만들어 인간이 자연적으로 타고난 강인함을 점차 사라지게 할 뿐이다. 루소는 스파르타야말로 과학과 예술이 가져오는 문명의 발전이란 실속 없는 영향에서 벗어나 있는 도시국가였으며, 이로 인해 구성원들이 결속력을 갖는 강인한 공동체를 만들 수 있었다고 믿었다. 그는 자신이 태어난 제네바 역시 이런 문명의 영향에서 벗어나 소박한 삶을 살아가는 이상적인 공화국이라고 믿었다. 문명의 진보를 옹호하던 볼테르가 제네바에 들어와 대형 극장을 세우자 볼테르가 소박한 제네바 시민을 타락시킨다며 강력하게 비난했던 것도 문명의 발전이 인간의 도덕적 타락을 낳는다는 루소 자신의 신실한 믿음 때문이었다.

루소
허영 – 타자에게 인정받으려는 욕망이 인간 불평등의 기원이다

    루소는 자유롭고 평등하게 태어난 인간이 왜 불평등해지는가를 자세히 탐구한 최초의 근대 정치사상가다. 루소의 『인간 불평등의 기원』에는 최초의 자연상태에서 자유롭고 평등한 인간이 부패를 통해 불평등해지는 과정이 매력적인 문장들로 자세히 기술되어 있다. 루소는 자연상태의 인간들은 모두 자유롭고 평등하다고 말한다. 그 이유는 간단하다. 자연상태의 인간은 모두 고립되어 살고 있기 때문이다. 모두가 독립적 개체로 구체적인 언어도, 일정한 거주지도, 서로 간에 잦은 소통도 없이 살아가기 때문에 서로가 불평등한 관계를 만들 수 있는 기회조차 없기 때문이다.

    인간의 불평등은 인간이 사회를 이루어 모여 살면서 시작된다. 모여 살게 되면, 인간은 자연스럽게 타자로부터 자신을 인정받으려 하는 욕망을 갖게 된다. 이런 욕망에 더 깊이 내재해 있는 인간 본연의 감정이 있는데 그것이 바로 '허영(vanity)'이다. 허영이란 감정은 인간들이 공동체를 이루고 살기 전에는 없던 것으로, 사회가 만들어지고 나서 인간들에게 생겨난 감정이다. 예를 들어, 공동체를 이루고 모여 살면서 어느 정도 생존이 보장되고 여가를 즐길 수 있게 된다. 여가를 즐기는 인간들은 저녁이면 마을의 나무 아래, 혹은 공터에 모여 노래를 부르고 춤을 추며 시간을 보낸다. 이런 여가활동을 통해 인간들은 춤을 더 잘

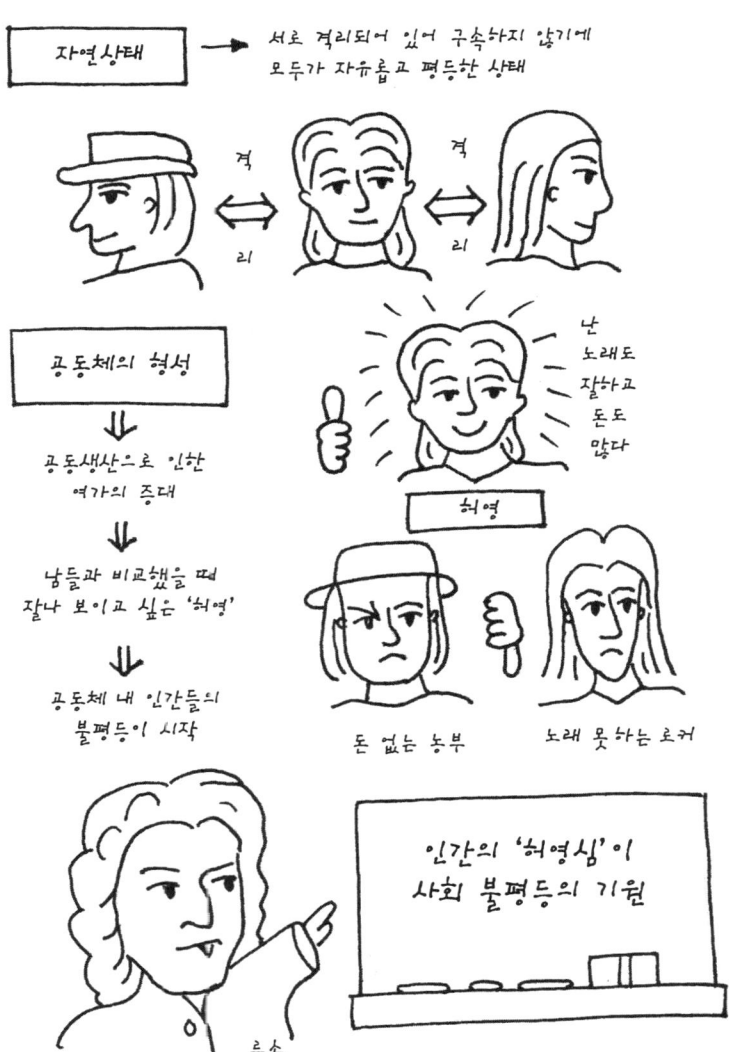

추는 이, 노래를 더 잘하는 이, 더 아름다운 이가 남들로부터 사랑을 받게 된다는 것을 알게 된다. 하여 노래를 부르고 춤을 추며 여가를 보내는 동안, 인간들 사이에는 남보다 돋보이는 존재로 인정받고자 하는 욕망이 생겨난다. 이것이 바로 허영이다. 여기에서 생겨난 타자의 인정을 받고자 하는 욕망은 자신을 다른 이들보다 더 돋보이게 하고, 궁극적으로는 자신을 우월한 존재로 만들기 위해 인간들 사이에 해로운 일들을 마다하지 않는다.

사람들은 물질적 자기 이익보다 타자의 인정을 받으려는 욕망 때문에 훨씬 더 쉽게 부패한다. 이러한 욕망이 드러나는 형식은 항상 '타자들과의 비교'다. 타자들과 차별되기를 원하는 사람들은 늘 타자들과 자신을 비교하며, 자신이 타자보다 더 우월한 존재로 인정받길 원한다. 이런 비교 때문에 타고난 이성의 능력, 육체적 강건함, 외모의 수려함 등은 권력과 부의 불평등의 근거가 되어 때로는 사회에서 해로운 것이 된다. 물질을 향한 욕망도 결국 이 부분의 하나다. 타자들보다 많은 물질을 소유함으로써 타자들보다 자신이 더 뛰어난 사람으로 인식될 수 있기 때문이다. 특히 노동의 분업이 이루어지고 상업사회가 도래하면서 많은 물질을 소유했다는 사실이 우월성을 인정받는 중요한 요소가 되면서, 인간들은 더욱 물질을 추구하게 되어 사회경제적 불평등이 심화되는 계기가 되었다.

루소는 이런 불평등을 인간이 풀어야 할 가장 중요한 문제라고 생각했는데, 그 이유는 불평등이 인간의 진정한 자유를 실현하는 데 방해가 되기 때문이다. 예를 들어 극단적으로 가난한 자와 극단적으로 부유한 자는 정치적으로도 평등하지 않다. 극단적으로 부유한 자들은 정치를 자신의 이익을 더욱 굳건히 하는 데 이용하기 때문이다. 루소는 사유재산이 인간의 도덕적 타락을 낳는다고 믿었는데, 사회경제적 불평등이 정치적으로 '부유한 사람들은 지배하고 가난한 사람은 부유한 이에게 종속되는 현상'을 낳는 현실을 잘 알고 있었기 때문이다.

루소
일반의지 – 자유로운 시민은 공동체의 의지에 복종한다

　루소는 『사회계약론』에서 일반의지라는 독특한 개념을 내놓는다. 실제로 루소는 일반의지가 무엇인지를 명료하게 규정해놓지 않았기 때문에 그것의 실체가 무엇인지에 대해서는 여러 가지 견해가 있다. 하지만 일반의지를 간략하게 한마디로 표현한다면, 그것은 공동체의 공동선을 향한 의지라고 할 수 있다. 일반의지는 공동체를 이루는 구성원들 개개인의 의지의 총합이 아니다. 그것은 하나의 공동체가 그 자체로 공동선을 지향하는 의지인데, 공동체 구성원의 시민적 자유 및 권리와 공동체의 결속력을 동시에 포용하는 포괄적 의미의 의지이다.

　기존의 자유주의자들은 개인의 권리와 공동체의 이익이 항상 대립하는 것으로 파악하고 있었지만, 루소는 이 두 가지가 서로 분리되지 않고 결합되어 있을 수 있다고 믿었다. 우선 루소는 개인과 시민이 다르다고 보았다. 개인은 자기의 이익을 우선시하지만, 시민은 공동체의 자유와 자신의 자유를 분리해서 생각하지 않는다. 시민은 자신의 자유가 오로지 자유로운 공동체 안에서만 가능하다는 것을 알고 공동체의 자유를 유지하기 위해 자신의 절대적 자유를 고집하지 않는다. 시민공동체는 항상 법률과 애국심이란 두 가지 요소로 유지된다. 예를 들어 루소는 '제네바 공화국에 보내는 글'에서 제네바가 법률과 혈연으로 서로 묶여 있다고 말한다. 법률은 개인의 시민적 자유와 권리를 지키

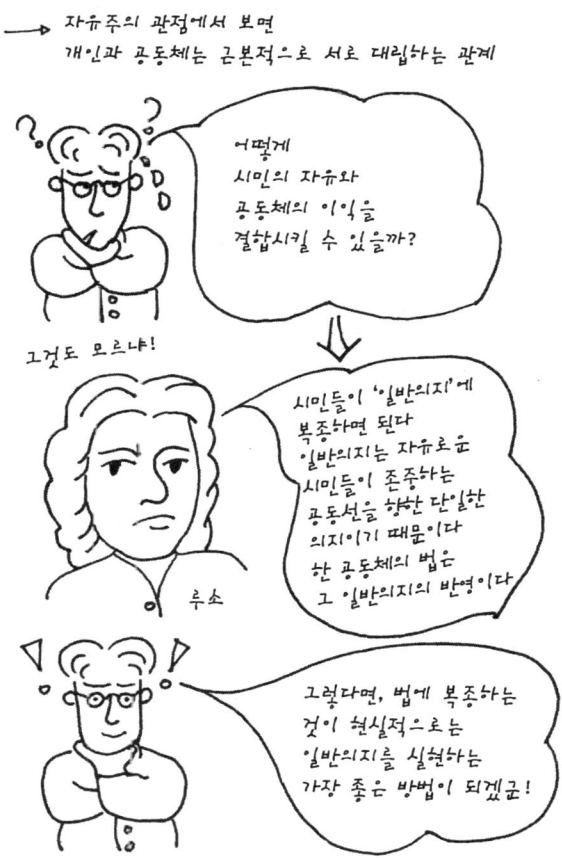

고 이성적으로 공동체의 질서를 유지하는 역할을 하는 한편, 혈연 등에서 비롯된 애국심은 정서적으로 공동체 구성원들 간의, 그리고 구성원들과 공동체 간의 결속력을 강화시킨다. 루소의 일반의지는 이런 법과

애국심이 포괄적으로 반영된 것이다.

그러므로 공동체의 구성원들은 일반의지에 복종함으로써 시민이 될 수 있다. 일반의지는 항상 공동선을 반영하므로 사회에 이로운 것이며 오류가 있을 수 없다. 그렇다면 시민들은 어떻게 일반의지에 복종할 수 있을까? 일반의지에 복종하자면, 시민들은 무엇이 공동체의 일반의지인지 확인할 수 있어야 한다. 실제 일반 시민들이 무엇이 일반의지인가를 스스로 판단해서 아는 것은 거의 불가능한 일이다. 그러므로 일반의지는 분명하고 확실한 형식으로 표현되어 있어야 한다.

일반 시민들이 공동체의 일반의지가 무엇인지를 확인할 수 있는 현실적인 방법은 공동체의 법률을 확인하는 것이다. 항상 공동선이 무엇인가를 염두에 두는 일반의지는 법의 형태로 사회에 나타나기 때문이다. 그러므로 시민들은 법에 복종함으로써 일반의지에 복종하게 된다. 사람들은 자신의 행위를 법의 잣대에 맞추어 판단하여, 그것이 일반의지에 부합하는지를 판단할 수 있다. 그러므로 법은 사사로운 개인의 이익을 공동선에 복종시키는 근원인 동시에 공동선을 고려할 줄 아는 시민들을 양성하는 원동력이 된다. 이런 맥락에서 루소의 유명한 '인간은 강제적으로 자유롭게 된다(forced to be free)'는 주장이 나온다. 사회를 지배하는 법은 근본적으로 구성원들에게 강제적인 것이기 때문이다. 루소는 이렇게 시민들이 법에 복종할 때 사회가 덜 부패하며, 부패하더라도 사회의 지속성을 연장시킬 수 있다고 믿었다. 이런 점에서 인간은 강제적으로 자유롭게 된다는 루소의 말을 전체주의의 시작이라고 보는 주장은 루소가 그 강제의 주된 근원이 법이라고 보았던 사실을 간과한 주의 깊지 못한 사려라고 할 수 있다.

제2장

독일 관념론 – 권리중심자유주의와 공동체주의의 기원

계몽/이성의 공적 사용
도덕적/정치적 자율성
자유·평등·자립
환대
자유의지
인륜
시민사회
국가

2

이 장에서는 현대 정치사회의 사상적 기반을 제공했다고 보아도 좋은 두 명의 위대한 독일 사상가 칸트와 헤겔을 소개한다.

도덕적으로 옳다면 반드시 실천해야 한다는 실천철학으로 유명한 칸트의 사상적 기반에는 '인간을 수단이 아닌 목적으로 대해야 한다'는 명료한 도덕적 틀이 존재한다. 인간이 목적인 까닭은, 인간의 마음은 도덕이란 신성한 삶의 원리를 담고 있으므로 존엄성을 지니기 때문이다. 이런 존중은 정치적 삶에도 연장된다. 왜냐하면 정치는 도덕성을 품고 있는 존재인 개개인을 소중하게 보호할 필요가 있기 때문이다. 이를 위해 국가는 개인의 권리가 명확히 규정된 법에 따라 다스려져야 하며, 개인은 도덕법칙을 존중하는 것과 같은 태도로 법을 존중하며 살아가야 한다는 것이 칸트의 사상이다. 이는 오늘날 권리중심자유주의라고 부르는 정치사상의 기반이 되고 있다.

반면 헤겔은 이성이란 반드시 현실에 구현된다는 사상적 틀 속에서 개인과 공동체의 화해를 시도한다. 헤겔에게 있어서, 하나의 공동체 안에서 인간이 살아가며 배우는 모든 도덕·관습·문화는 오랜 역사 속에서 인간의 이성이 구현해 온 이성의 실체다. 헤겔은 그것을 칸트의 도덕과 구별하여 윤리라고 부른다. 특히 헤겔의 국가는 인간의 이성이 구현해온 최고의 표현인데, 이는 국가에 내재된 정치제도·사회제도가 이성이 자유롭게 확장된 결과라고 보았기 때문이다. 오늘날 헤겔의 사상은 개인의 자유만이 강조되는 자유주의에 대항하는 공동체주의라는 정치사상 조류의 기반이 되고 있다.

칸트가 개인만을, 헤겔이 공동체만을 강조했다고 생각하는 것은 가장 잘못된 방식으로 칸트와 헤겔을 이해하는 것이다. 둘 모두는 개인과 공동체를 어떻게 화해시킬 것인가를 고민했다. 다만 칸트의 화해의 중심에는 이성적이며 도덕적인 존재로서의 개인이 있고, 헤겔의 화해의 중심에는 역사 속에서 구현해온 인간의 이성의 실체로서 공동체가 있을 뿐이다.

칸트
계몽/이성의 공적 사용 – 이성을 사용할 용기를 갖는 것이 계몽이다

칸트는, 계몽이란 타자에게 이성적 숙고와 판단을 대신해 달라는 경향(self-incurred tutelage)으로부터 자기 스스로 해방되는 것이라고 말한다. 그는 'tutelage'란 다른 사람이 방향을 설정해주지 않는 한 자기 스스로는 이해하는 능력이 없는 상태를 의미한다고 말한다.

칸트는 인간은 누구나 이성의 힘을 가지고 있다고 본다. 그러므로 어떤 사람들이 타자에게 이성적 숙고와 판단을 대신해줄 것을 부탁하는 것은, 그 사람들이 이성적으로 사고하고 판단할 능력이 없어서가 아니라 단지 사람들의 지도나 확신 없이 스스로의 이성을 통해 사고하고 판단할 용기가 없기 때문이다. 이런 맥락에서 칸트는 '너 자신의 이성을 사용할 용기를 갖는 것'이 계몽의 토대라고 말한다.

칸트가 이성을 이렇게 중요시한 까닭은 무엇보다 확실하고 분명한 도덕법칙을 발견하고자 할 때, 혹은 한 국가의 명료한 헌법을 설립하고

칸트 Immanuel Kant 1724~1804
철학사를 통틀어 가장 위대한 철학자 중 한 사람으로, 데카르트에서 시작된 합리론과 베이컨에서 시작된 경험론을 종합했다. 직접적으로는 루소의 자기 법칙 주기와 흄의 경험론이 칸트 철학의 밑바탕이 되었다. 칸트가 제시한 도덕형이상학은 근대 의무론 철학과 현대 자유주의 권리 사상의 근간이 되고 있다. 인식론, 윤리학, 미학에 걸친 종합적·체계적인 작업은 뒤에 생겨난 철학들에 큰 영향을 주었으며, 주요 저서로 『순수이성비판』,『실천이성비판』,『판단력비판』,『도덕형이상학을 위한 기초 놓기』등이 있다.

자 할 때, 보편적인 기준을 줄 수 있는 원천은 이성뿐이라고 믿었기 때문이다. 칸트는 도덕원리나 정치원리가 누구에게나 적용될 수 있는 분명하고 보편적인 행위 기준을 제공할 수 있어야 한다고 보았다. 그러나 인간의 경험은 사람마다 다르고 감각 또한 제각각이다. 예를 들어 낙엽이 지는 것을 보고 어떤 사람은 이제 가을이 다 저물어간다고 생각할 것이고, 어떤 사람은 겨울이 왔다고 생각할 것이다. 경험은 이렇듯 상대적인 기준을 제공하기 때문에 명료하고 보편적인 도덕 기준이나 법률을 마련하는 기초가 될 수 없다.

그러나 칸트의 시대는 아직 이성이 계몽된 시기가 아니었다. 여전히 많은 사람들이 자신의 이성의 능력 자체에 의심을 품고 있었으며, 스스로 이성을 사용하는 데 익숙해 있지 않은 상황이었다. 칸트는 이런 점에서 자신이 살고 있던 시대를 계몽된 시대(age of enlightened)가 아니라 계몽의 시대 혹은 계몽이 진행 중인 시대(age of enlightenment)라고 불렀다.

칸트는 이런 계몽의 조건에 가장 중요한 것이 자유라고 믿었다. 그러나 자유라는 것이 무조건 자기가 하고 싶은 것을 하는 것을 의미하지는 않는다. 칸트의 자유는 '이성의 공적 사용'이라는 말로 잘 표현될 수 있다.

쉽게 말해, 모든 사람들은 자기가 생각하는 것을 말하고 표현할 자유를 가진다. 만약 세금제도에 문제가 있다고 생각한다면 그것에 대해 문제를 제기할 수 있다. 무엇이 잘못되었는지를 지적하고 어떤 방향으로 바뀌어야 하는지 주장할 수 있다. 그러나 그것이 국가가 현재 시행하고 있는 세금제도를 거부하는 이유는 될 수 없다. 국가의 현 세금제도에 문제가 있더라도, 그것이 국가의 공법인 이상 시민들은 법이 바뀔 때까지 준수할 의무를 갖는다. 이것이 바로 '이성의 공적 사용'이며, 칸트가 말하는 자유의 본질에 가깝다.

칸트는 계몽의 발전을 저해하지 않는다면, 이성의 사적 사용(법에 대한 불복종)은 제한되어도 좋다고 보았으며, 이것이 바로 자유 제한의 범위라고 보았다.

칸트
도덕적/정치적 자율성 – 이성적 인간은 도덕률과 헌법에 복종한다

칸트는 인간이 도덕적으로 자율적인 존재라고 믿었다. 그 이유는 인간 스스로 도덕법칙을 부여하고, 그것에 스스로 복종할 수 있기 때문이다. 칸트는 도덕의 주체가 개인이라고 믿었는데, 그것은 개인이 이성의 담지자이기 때문이다. 모든 개인에게는 이성이 깃들어 있고 그 이성을 사용할 수 있는 능력이 있다. 그러므로 개인은 자기의 이성을 사용하여 무엇이 적합한 도덕원리인지를 스스로 알 수 있는 능력을 지녔다. 이때 두 가지 명료한 기준이 적용된다. 첫번 째, 내 행위의 준칙이 다른 모든 사람의 행위의 준칙과 양립할 수 있는 보편적인 것이어야 한다. 두 번째, 모든 인간은 수단이 아닌 목적으로 취급되어야 한다.

칸트가 말하는 실천이성은 개인이 자기 스스로 도덕원칙(moral maxim)을 부여하고, 자신이 부여한 도덕원칙에 스스로 복종하여 의무적으로 실천에 옮기는 것을 의미한다. 칸트는 인간이 스스로 부여한 도덕법칙에 스스로 복종할 수 있다는 점에서 도덕적으로 자율적인 존재라고 말한다. 그에게 이성적 존재는 도덕적 존재이며, 도덕적 존재는 자기 스스로를 다스리는 자치를 할 줄 아는 자율적 존재이다.

칸트의 도덕적 자율성의 특징은 자기가 스스로 법칙을 줄 수 있다는 점에서 내적으로 자유로우며, 그것을 스스로 생활 속에서 지킨다는 점에서 외적으로 자유롭다. 요약하자면 내적자유와 외적자유가 일치되는 것이다.

그러나 칸트는 국가생활에서 정치적 자율성은 도덕적 자율성과는 다르다고 보았다. 정치적 자율성이란 외부에서 주어진 국가의 법률을 따르는 것이다. 칸트는 시민의 대표자들이 모여 이성적 과정을 통해 법을 만들고, 그 법을 중심으로 국가생활에서 개인의 권리를 보장하는 대표자공화주의를 이상적인 정치체제라고 믿었다. 칸트의 대표자공화

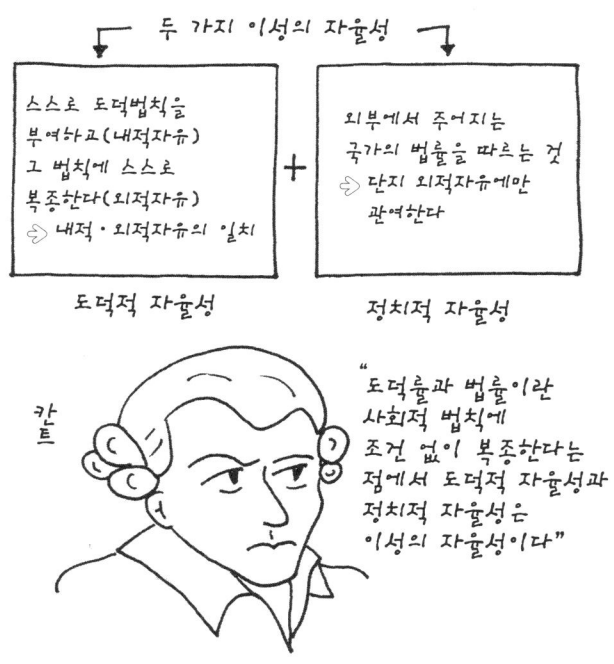

제2장 독일 관념론

주의에선 법률을 만들고 수정할 권리가 사실상 시민에게 없으며, 반드시 대표자의 이성적 설립이란 과정을 거쳐야만 한다. 이런 점에서 본다면 시민 개개인이 법률을 만드는 것이 아니란 점에서 대표자를 제외한 시민들에게는 법률을 스스로 정할 수 있는 내적자유가 사실상 결여되어 있다.

칸트는 국가생활에서 시민의 정치적 자율성이란, 이렇게 대표자들이 정한 헌법이나 법률을 마치 자신들이 정한 듯이 여기고 그것을 지키는 것이라고 말한다. 쉽게 말하자면 정치적 자율성이란 외부에서 주어진 법률에 스스로 복종하는 자유인 것이다. 칸트는 이런 복종을 매우 중요시하여 정치생활에서 기존의 국가질서를 거부하는 혁명은 절대 허용되지 않는다고 보았다. 이렇게 외부에서 주어진 법에 복종할 수 있는 이유는, 헌법이나 법률은 대표자들이 보편적 이성을 사용한 결과이며 시민들은 그것을 자신들이 정한 것처럼 믿고 받아들이기 때문이다. 이처럼 정치적 자율성이란 모든 시민들이 스스로 법률에 복종하는 것이기에 칸트는 좋은 헌법이 좋은 시민을 만들어낸다고 말한다.

그렇다면 도덕적 자율성과 정치적 자율성은 서로 분리된 것일까? 칸트가 악마도 좋은 시민이 될 수 있다고 말한 것을 보면, 양자의 관계가 필연적인 것은 아닌 듯하다. 그러나 타자를 자신처럼 배려하는 도덕적 인간이 정치적 삶에서도 이웃과 타자를 배려할 가능성이 훨씬 높을 것이다. 더불어 도덕적 인간들이 모여 사는 곳에서 대표자들이 선발된다면, 그들이 만들어내는 헌법은 항상 모든 타자들의 이익과 입장을 배려하는 법률이 될 것이다. 더불어 도덕률과 법률이란 사회적 법칙에 조건 없이 복종한다는 점에서 공익을 향한 이성의 자율성은 도덕적 자율성과 정치적 자율성에 똑같이 내재해 있다.

실천이성
칸트에게 인간의 이성은 이론이성과 실천이성 두 가지로 나누어진다. 전자는 인식에 관한 것이고 후자는 행위에 관한 것이다. 실천이성은 있어야 할 것에 관한 문제(선의 문제)이며 선험적 이념에까지 범위가 확대된다. 인간은 사고할 수 있는 존재이므로 이론이성을 이해하고, 행위할 수 있는 존재이므로 실천이성을 이해한다. 차이점은 이론이성을 이해할 때는 사고에 대해 사고하지만, 실천이성을 이해할 때는 행위에 대해 사고한다는 점이다.

칸트
자유 · 평등 · 자립 — 시민들은 자유롭고 평등하며 자립적이다

칸트는 개인의 권리를 강조하는 대부분의 현대 자유주의자들의 이론적 뿌리이다. 이는 칸트가 국가에서 개인이 시민으로서 가지는 세 가지 근본적 권리와 그 권리가 유지될 수 있는 방법을 확립했기 때문이다. 그 첫 번째 권리는 '자유(freedom)'다. 칸트는 우선적으로 시민들이 법에 복종할 때 자유롭다고 주장한다. 그러나 법이 근본적으로 우리의 행위를 제약하는 성격을 가지고 있다는 것을 인정한다면, 인간의 자유가 법과 융합되기 위해서는 법과 보다 친화적인 관계를 형성할 필요가 있다. 이런 점에서 칸트는 개인이 자신의 '법을 스스로 제정하는 이들(his own law-giver)'이 될 때 자신의 자유를 보존할 수 있다고 주장한다. 그러므로 모든 시민들은 원칙적으로 법을 만드는 데 참여할 수 있는 기회를 가질 수 있으며, 지배자는 이런 시민들의 권리를 존중해야 한다(모든 사람이 참여한다는 것이 아니라 모든 사람이 참여할 수 있는 기회를 갖는다는 말에 유의해야 한다. 칸트가 이상적이라고 믿었던 정치체제는 대표자 공화주의이다). 자신들이 법을 만드는 잠재적 주체이기 때문에 개인이 갖는 정치적 자유는 타자들의 의지에 종속되지 않으며 독립적이다.

칸트가 제시하는 두 번째 권리는 '평등(equality)'이다. 칸트는 시민의 삶이 주어진 국가의 법률에 복종하는 것이라고 믿었기 때문에 칸트에서 정치적 평등은 법 앞에서의 평등을 의미한다. 모든 이들이 법을

만드는 데 참여할 수 있는 기회가 있는 까닭에 법은 모든 이들에게 동등하게 적용된다. 그러므로 이 법은 어떤 특권이나 계급을 허용하지 않는다. 칸트는 법적으로 다루어야 할 평등은 정치적 평등이지 경제적 평등은 아니라고 보았다. 그러나 경제적 평등의 문제를 정치적 자유와 분리해서 생각지는 않았다. 경제적으로 자립한 사람들만이 진정한 정치적 자유를 누릴 수 있다고 보았기 때문이다.

세 번째 권리는 '자립(independence)'으로 모든 시민들이 정부에 참여할 수 있는 권리를 가지고 있어야만 한다는 것이다. 칸트는 그 권리가 투표를 통해 간접적으로 행사된다고 보았다. 당시의 많은 정치사상가들이 재산의 크기나 사회적 지위에 따라 투표권의 크기가 달라야 한다고 생각했던 반면, 칸트는 투표권은 누구에게나 한 표만 부여된다고 보았다. 칸트는 법은 특정한 누구에게 더 많은 법의 권력을 부여한다고 믿지 않았다. 이 점에서 칸트는 1인 1표라는 현대적인 민주적 투표권의 이론적 근거를 제시하고 있다. 자립의 권리는 경제적 독립과 밀접한 연관이 있다. 칸트는 하인이나 고용된 사람들처럼 경제적으로 자유롭지 못한 사람들은 완전히 자유롭지 않으므로 정치에 있어 타자의 의지에 영향을 받지 않고 독립적으로 참여할 수 없다고 보았기 때문이다. 이런 주장에서 칸트가 경제적 여건이 인간의 정치적 자유에 영향을 준다고 보았다는 사실을 분명하게 알 수 있다.

이렇듯 칸트는 자유·평등·자립이라는 세 가지 권리가 적절하게 조직화된 국가에서 인간이 자신들의 안전과 정의를 누릴 수 있다고 주장한다. 이런 권리들이 가장 잘 조직화된 국가 형태가 공화국(Republic)이다. 칸트의 공화국은 결국 법을 만드는 자, 집행하는 자, 해석하는 자가 각각 달라서, 법이 누구 하나의 수중에 놓이지 않고 보존되는 국가이다. 법이 개인의 권리를 보장하는 역할을 하기 때문에, 권력의 분립을 통해 법이 잘 보존된다면 개인의 권리 역시 지속적으로 보장될 것이다. 그러므로 칸트에게 있어 공화국이란 말은 공화주의자들이 사용하는 '개인의 자유와 공동체의 자유가 분리되지 않는 정치공동체'로서의 공화국의 의미와 달리 '개인의 권리를 우선시하는', 오늘날 삼권이 분립된 현대 의회민주주의 국가에 더욱 가깝다.

칸트
환대 – 인간은 세계 어디서든 환대받을 보편적 권리가 있다

칸트는 공적권리(public right)란 권리의 국가가 성립될 수 있도록 보편적 입장에서 공적으로 만들어져야 할 법의 총체라고 말한다. 그러므로 공적권리는 인간 존재 전부를 위한 체계이다. 그것은 정치적 권리와 국제적 권리로 구성되어 있는데, 지구의 표면이 무한하지 않고 그 자체로 유한하기 때문에 두 권리는 국제적인 정치적 권리라는 하나의 권리가 된다고 본다.

칸트는 이렇게 권리가 하나가 될 수 있는 상황을 『이론과 실제』에서 제시한다. 사람들은 일상적인 폭력과 그로 인해 생겨나는 고통 때문에 이성이 만들어낸 국가의 헌법(civil constitution)이란 강제력에 복종하게 된다. 한편 국가 간에 일어나는 전쟁으로 인한 고통 때문에 사람들은 이를 해결할 방법을 모색하는데, 이와 관련해 칸트는 두 가지 해결책을 제시한다. 첫째, 세계의 모든 사람들이 세계시민주의 헌법(cosmopolitan constitution) 아래 하나의 국가를 형성하고 그 권위에 복종한다. 둘째, 보편적 평화를 이룩하기 위해 형성하는 이 국가의 힘이 너무 확장되면 더욱 큰 독재권력이 될 것임을 우려하여 국제적 권리를 인정하는 합법적인 국가연합을 형성하고 그 권위에 복종한다.

국제 정치에 관한 저서인 『영구평화론』에서 칸트는 두 번째 입장을 취한다. 그는 평화를 추구하는 국가연합을 구상하고 이를 '평화연합

➡ 권리의 확장이 '세계 평화'에 이르는 두 가지 방법

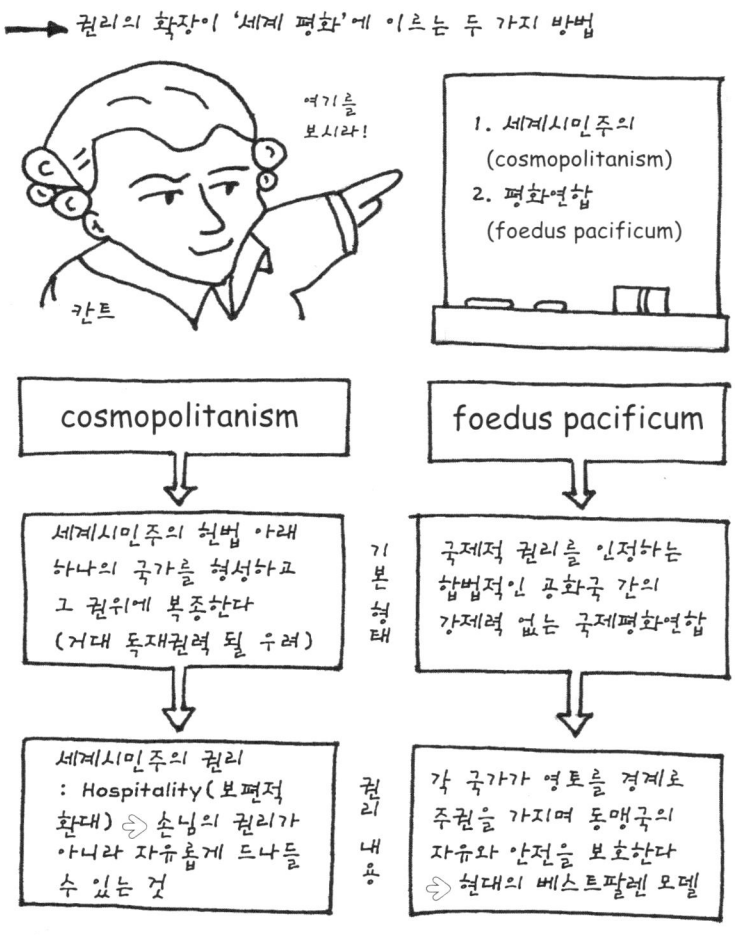

➡ 칸트의 『영구평화론』은 평화연합의 형태이다

제2장 독일 관념론

(foedus pacificum)'이라 부른다. 평화연합의 특징은 첫째, 참여하는 국가가 공화주의 헌법을 가지고 있다는 것이다. 공화주의 헌법은 개인의 권리를 지키는 것을 주된 목적으로 하기 때문에 공화주의 국가는 시민의 목숨을 위험에 처하게 할 수 있는 전쟁을 꺼린다. 둘째, 참여하는 모든 공화국은 특정한 영토를 가지고 있으며 이 영토를 경계로 자신들의 주권을 가지고 있다. 그것은 이 연합이 여러 국가가 모여 하나의 국가를 이루는 것이 아니라 모든 국가는 자신의 시민들을 규율하는 자체 헌법을 가지고 있음을 의미한다. 그러므로 이 연합은 국제적 권리와 조화를 이루는 각 국가의 자유 그 자체를 보존하며 안전을 보장한다. 그러나 이것이 모든 국가가 이 연합에 참여하도록 강제된다는 의미는 아니다. 연합은 어떤 물리적 강제력을 확보하려는 목적이 없으며 다만 평화를 원하는 공화국들 간의 연합이다.

그렇다면, 개인이 지구 어디에서나 보편적으로 행사할 수 있는 세계시민주의 권리는 두엇일까? 칸트는 그것을 '보편적 환대(universal hospitality)'를 받을 권리로 제한한다. 칸트는 한 개인이 다른 국가의 영토에 들어갔을 때, 평화적으로 행동하는 한 적대적 대접이 아니라 환대를 받을 권리가 있다고 본다. 그러나 여기서 '환대'는 내가 손님으로서 대접받을 수 있다는 것(right of guest)이 아니라 자유로이 출입할 수 있다(right of resort)는 의미이다. 이것은 모든 지표면이 원래는 공동소유였다는 데서 나오는 권리로, 칸트는 어느 누구도 원천적으로 지구상의 어느 특정 지역에서 더 많은 권리를 가지도록 태어나지 않았다고 주장한다.

그러나 이 권리는 내가 다른 국가에 들어갔을 때, 그 국가의 시민들과 똑같은 권리를 누려야 한다는 요구로 확장되지는 않는다. 칸트는 그 이유를 유럽 국가들이 신대륙을 찾을 때를 예로 들어 설명한다. 칸트는 소위 문명화된 유럽 대륙의 국가들이 아메리카 대륙과 아프리카, 향료군도, 희망봉 등을 정복할 때 방문자로서 보인 그들의 태도는 끔찍한 것이었다고 비판한다. 보편적 환대를 받을 권리를 넘어서 그 땅에서 원주민들이 누리던 것과 똑같은, 나아가 더 많은 권리를 누리고자 했기 때문에, 원주민들을 존재하지 않는 것으로 간주했던 것이다.

헤겔
자유의지 – 자유의지는 그 자체로 자유롭고자 하는 의지이다

  헤겔이 정신(Geist)의 중요성을 강조했다는 것은 잘 알려진 사실이다. 정신의 중요성에 대한 강조는 '자유의지(der freie Wille; free will)'라는 개념에서 시작된다. 헤겔은 자유의지란 '그 자체로 자유롭고자 의지하는(욕구하는) 의지'라고 말한다. 우선 '의지(Wille)'라는 개념이 우리가 확정하고 받아들이는 어떤 목적을 이루고자 행위하려는 것이라고 하자. 우리에게 아무런 욕구가 없다면, 우리의 삶은 우정·사랑 같은 관계에서 자유로울 수 있다. 이렇듯 욕구가 없음으로 인해 아무것도 결정되지 않은 상태에서는 어떤 관계도 그 내용과 목적을 갖지 않을 뿐만 아니라 존재들 사이에 자리 잡지 못한 채 텅 비어 있을 뿐이다. 그러나 우리가 어떤 것을 욕구하여 무엇인가를 결정하고자 (의지)한다면, 그 의지는 존재들 사이에서 의미 있게 되고 그 내용과 목적을 갖게 된다.

헤겔 Georg Wilhelm Friedrich Hegel 1770~1831
칸트 철학을 계승한 독일 관념론의 대성자로 장대한 철학체계를 수립했는데, 사물의 전개를 정·반·합으로 보는 변증법이 그 하나의 예이다. 그의 철학은 관념론적 형이상학 때문에 비판을 받았지만 역사를 중시 했다는 점에서 19세기 역사주의적 경향의 첫걸음을 내디뎠다고 평가할 수 있다. 동시에 국가를 중심으로 하는 정치공동체의 문화가 이성의 완성적 표현이라는 그의 철학은 현대 공동체주의자들의 철학적 토대가 되고 있다. 주요 저서에 『정신현상학』, 『논리학』, 『법철학 강요』 등이 있다.

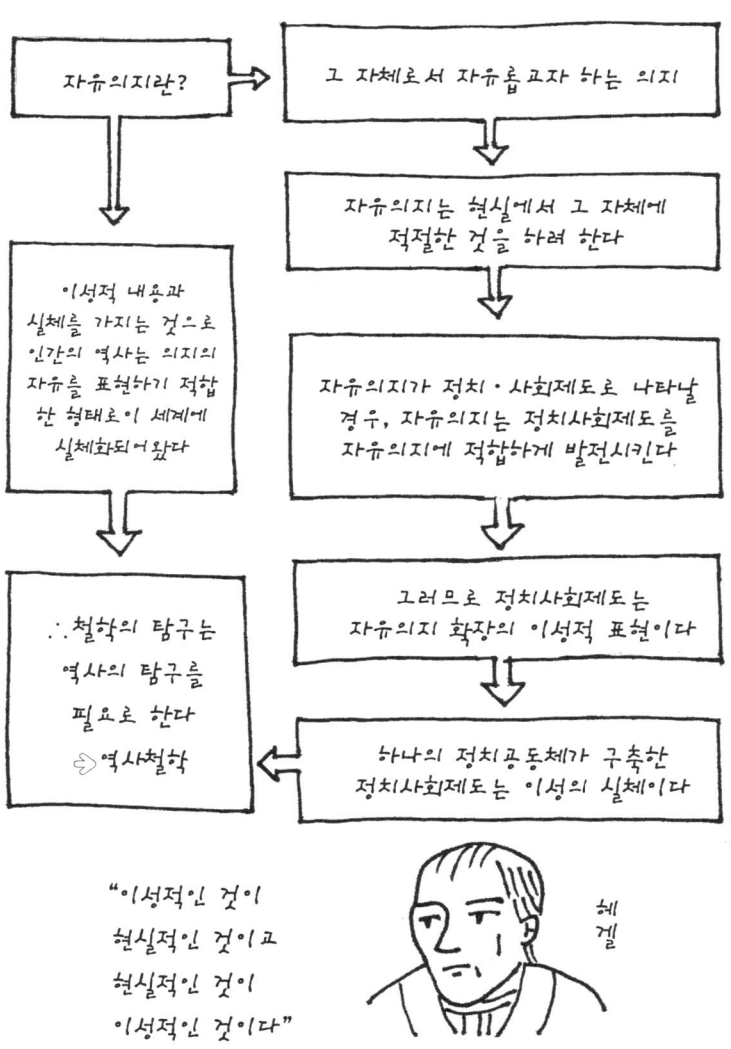

그렇다면, 자유의지란 무엇인가? 자유의지란 우리가 일반적인 수준에서 상상해볼 수 있듯, 단순한 욕망을 채우기 위해 무엇인가 욕구하는 것을 하려는 의지가 아니다. 오히려 자유의지는 자유의지 그 자체에 적절한 것을 하려는 의지다. '자유의지 그 자체에 적절한 것을 하려고 한다'는 말은 자유의지가 외부적 영향에 의해 결정되지 않는다는 것을 의미한다. 이런 자기 결정적인 자유의지가 인간들의 실제적인 삶에서 작용한다고 가정해보자. 만약 자유의지가 그 자체에 적절한 일을 스스로 한다는 것이 사실이라면, 자유의지는 그 자체가 자유로울 수 있는 정치적·사회적 제도체계를 이루려 할 것이다. 이런 제도체계의 목적을 의지함에 있어 자유의지는 제도의 목적을 자기 자신의 것으로 삼는다. 그러므로 제도체계는 자유의지를 사람들이 볼 수 있게 해주고 교육시키는 역할을 한다.

헤겔의 자유의지를 이해하기 위해서는 이성에 대한 헤겔의 입장을 분명히 할 필요가 있다. 우선 헤겔은 이성이 현실과 분리되어 존재한다고 생각하지 않았다. 그것은 이성을 경험의 세계에서 분리해 도덕법칙을 정신의 영역에서만 찾을 수 있다는 칸트의 비판에서 시작한다. 헤겔은 이성이란 반드시 현실에 그 자신의 실체를 구축한다고 믿었는데, 이런 생각은 바로 그 유명한 "이성적인 것이 현실적인 것이며, 현실적인 것이 이성적인 것이다"란 구절에서 드러난다. 그렇다면, 이성이 현실적으로 그 실체를 구축한다는 것은 어떤 의미일까? 이것을 정치적으로 표현하면, 하나의 정치공동체가 구축한 정치·사회제도가 바로 이성의 실체다, 라고 할 수 있다. 한 공동체가 축적해온 정치·사회제도는 오랜 역사를 통해 공동체가 축적해온 이성의 반영이라는 것이다. 자유의지는 바로 이런 이성을 가능케 하는 근원적 힘이다.

그러므로 우리가 삶을 실체적으로 살기 위해서는 자유의지가 이루고자 하는 사회적·정치적 체계와 그 안에서의 삶에 대한 질문과 탐구가 필요하다. 이런 까닭에 헤겔은 윤리적 삶에 대한 이해는 역사적으로 주어진 사회적·관습적 제도의 체계로부터 시작해야 한다고 믿는다. 그것이야말로 우리 눈앞에 생생히 살아 있는 삶이며 진정한 이성은 이런 생생한 현실적 삶의 표현으로 드러나기 때문이다.

이렇게 본다면, 헤겔이 말하고자 하는 자유의지란, 개인이 무엇을 하려고 하는 의지라기보다는 공동체적 입장에서의 의지이다. 그리고 이런 자유의지가 이성적 내용과 실체를 가진다는 점에서, 인간의 그러한 관계들이 생생하게 살아 있는 역사가 헤겔에게는 중요한 관심사였다. 헤겔은 인간의 역사는 의지의 자유를 표현하기에 가장 적합한 형태로 이 세계 내에서 실체화되어왔다고 본다. 그가 사회적·정치적 제도의 체계를 중요시했던 이유는 이 체계가 윤리적 삶을 이루기 위한 유일한 수단이기 때문이 아니라, 그것이 우리의 윤리적 삶을 구성하고 있기 때문이다. 더불어 이 체계는 우리 자유의지에서 비롯된 이성의 완성적 표현이란 점에서 더욱 중요하다.

헤겔
인륜 – 이성은 윤리적 삶으로 사회에 현실화된다

헤겔을 정치적으로 이해할 때 중요한 개념이 인륜(Sitilichkeit)이다. 인륜을 쉽게 표현하면 자유의 개념을 현실세계에서 표현하고 실현하는 정치적·사회적 제도의 체계를 뜻한다. 헤겔의 입장에서 볼 때, 우리가 자유롭게 되는 길은 일상사의 관습과 사회적·정치적 제도를 익히고 받아들이는 것이다. 헤겔은 사회 내의 제도적 체계를 가족, 시민사회, 국가 세 곳으로 나누어 보았다. 그렇다면 한 사회 내의 관습과 제도가 중요한 구체적인 이유는 무엇일까?

헤겔의 이런 발상은 칸트의 비판에서 출발한다. 헤겔은 칸트가 주장하는 이성이란 것이 인간 본성, 사회, 역사에서 생겨날 수 있는 모든 우연성을 배제하고 있다고 보았다. 그러므로 칸트가 말하는 자유는 사회세계와 분리된 초월적인 것으로, 현재 우리가 살고 있는 사회세계를 부정하고 더욱 이상적인 사회가 있다고 부추기는 부적절한 것이다. 더군다나 헤겔에게 칸트가 제시하는 이성적인 의무로서의 도덕은 '도덕적 행위를 해야 한다'는 형식만 있을 뿐 도덕의 실질적 내용이 없는 텅 빈 것이었다.

칸트와 달리 헤겔은 인간이 살고 있는 사회세계에 이성이 현실화되어 나타난다고 믿었다. 이성은 사회체계 내에 존재하는 정치적·사회적 제도와 관습 안에 도덕의 잣대를 형성한다. 이런 제도와 관습은 우

리 인간의 일부를 이루고 있는 것으로, 우리는 그 안에서 살고 있으며 따라서 그 제도와 관습에 알맞는 사상과 행위를 익혀가고 발전시켜야 한다. 개인들은 이성이 현실화되어 나타난 합리적인 사회제도와 관습에 맞는 행위를 스스로 할 때 진정 자유로울 수 있고, 자유로운 행위를 한다고 헤겔은 믿었다.

그는 인간의 자유가 형식이 아니라 실질적 내용을 가져야 한다고 생각했으며, 그 실질적 내용이 바로 합리적인 사회세계였다. 그러므로 합리적인 사회제도는 자유와 개인의 실제적 자율성을 이루는 데 필수조건이며, 개인의 숙고·판단·합리적 혹은 합당한 행동은 사회세계의 실질성과 자유를 형성하는 데 필수적인 것이었다. 합리적 사회세계에 대한 헤겔의 견해 중 가장 중요한 부분은 이 세계가 완전한 세계를 의미하는 것이 아니라는 점이다. 그것은 그 자체로 인간의 불행과 고통을 유발하는 심각한 사회문제를 가지고 있다. 우연과 사고, 불운, 가난과 같은 것들이 존재하기 때문에 모두가 행복한 것도 아니며 모든 것이 정당한 것도 아니다. 즉 합당한 사회세계는 유토피아가 아니라 현실 그 자체이다. 이런 현실은 사회적 제도가 아무리 잘 조직된다고 해도 없어지지 않는다.

헤겔은 이런 요소들을 인정하고, 자유를 실현할 수 있는 무대로서 사회를 바라볼 때 인간이 진정 자유로울 수 있다고 믿었다. 그러나 불행하게도 사람들은 자신의 눈앞에 있는 세계를 이해하지 못하고 있으며, 이곳을 자신들이 살아가야 할 집이라고 느끼지 못하고 있다. 세상을 그 자체로 바라보지 못하고 있으므로 인간은 이 세계를 인정하지 못하고 있으며, 이로 인해 인간은 자유롭지 않다.

그러므로 헤겔의 정치철학을 한마디로 요약한다면, 인간과 사회세계의 화해이다. 인간은 현재 살고 있는 사회세계를 자신의 자유를 표현할 수 있는 가장 적절한 제도적 체계로 바라보고, 정치철학은 사람들로 하여금 자신이 살고 있는 사회세계가 자신의 자유를 실현할 수 있는 가장 이상적인 곳이라고 받아들이도록 하여 인간과 사회세계를 화해시키는 일을 해야 한다는 것이다. 이런 맥락에서 헤겔이 의미하는 화해는 우리가 속한 사회세계를 우리의 본질을 실현하는 정치적·사회적 제도 속의 삶의 한 형태로 보는 것이다. 즉 사회세계는 자유로운 개개인으로서의 우리의 존엄의 기반이다.

그러므로 정치철학은 사회세계를 사상 속에서 이해하고, 이것을 사람들이 가시적으로 볼 수 있는 형태로 합리적으로 표현해야 한다. 헤겔에 있어 합리적이란 것은 제도적이거나 경제적으로 합리적인 것, 수단-목적의 합리성이 아니다. 그의 합리성은 오히려 합당하다는 것이 어울리는 상호관계를 전제로 한 것이다. 이렇게 사회제도가 합당하게 표현되어, 우리의 사회세계가 우리의 자유를 표현하고 있으며, 우리가 자유를 성취하도록 하는 근원이라는 것을 이해한다면 우리는 사회세계와 화해하게 되는 것이다. 현대 정치철학에서는 헤겔의 이런 화해의 관념을 자신이 태어난 사회세계와의 화해로 표현하여, 한 인간이 자신이 태어난 사회의 문화와 제도를 받아들이도록 하는 입장을 취해 현재 자유주의 내의 공동체주의 이론의 기반이 되었다.

헤겔
시민사회 – 시민사회는 근대인만을 위한 윤리적 삶의 원천이다

 헤겔은 인간이 자신이 태어난 사회의 관습과 정치적·사회적 제도를 습득하여 윤리적 삶을 누릴 수 있는 중요한 세 곳이 가족, 시민사회, 국가라고 보았다. 이 중 시민사회는 근대인들만이 갖고 있는 윤리적 삶의 터전이라고 보았다는 점에서 매우 독특한 개념이다.

 단순화시키는 느낌이 없지 않으나 오늘날의 입장에서 해석해본다면, 헤겔의 시민사회는 인간의 사회경제적 삶의 터전으로 볼 수 있다. 여기에서 중요한 점은 재산권과 같은 권리체계가 시민사회를 반드시 필요로 하는 것이 아니라는 것이다. 오히려 권리체계는 재산권 내에 들어 있는 의지의 자유를 알 수 있도록 하는 자유시장 같은 시민사회의 제도 안에 혹은 전반에 걸쳐 존재하고 있다.

 이런 시민사회는 세 가지 부분으로 이루어져 있다. 첫째, 필요의 체계로서의 경제이다. 개인은 자신의 필요와 요구를 채우기 위해 재화와 서비스를 교환한다. 이런 교환은 경제적 발전을 이루어내어 노동의 분화가 일어난다. 노동의 분화 등을 통해 개인과 가족은 자신이 타자와 의지하는 관계에 있다는 것을 알게 된다. 그리고 이 과정에서 농민, 상인과 같은 계층 혹은 계급이 생겨난다. 이러한 과정은 현대 경제가 어떻게 생겨나게 되는지를 보여준다.

 둘째, 권리를 보호해줄 기구이다. 이 체계는 개인들을 외부의 위협

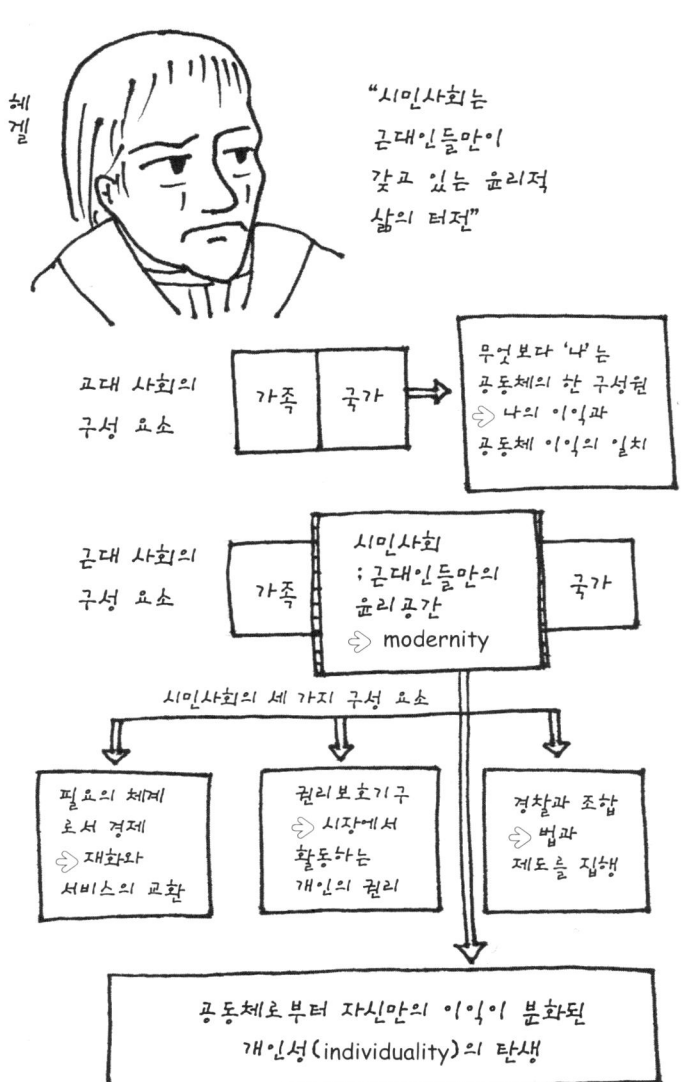

이나 위험으로부터 보호하는 법을 정하고 공표하여 알린다. 시민사회의 권리는 한 개인이 시장에서 활동하는 인간으로서 갖는 권리로 이루어져 있다. 시민사회의 권리는 나는 한국인이라서, 혹은 일본인이라서, 혹은 독일인이라서 갖는 권리들이 아니다. 한국인이라서 혹은 독일인이라서 갖는 권리는 국가에서 생겨난다.

셋째, 경찰과 조합이다. 헤겔이 살던 시대의 경찰 개념은 현재 우리가 알고 있는 경찰보다 훨씬 광범위했다. 경찰을 뜻하는 polizei는 정치를 뜻하는 그리스어 politiea에서 나온 것으로, 시민사회의 경찰은 법을 강제로 집행할 뿐만 아니라 일상용품들의 가격을 정하고, 생산물의 질을 통제하며, 병원과 거리의 안전등 관리 같은 다양한 일들을 한다. 이런 점에서 본다면 헤겔의 시민사회는 준국가적 위치에 놓여 있다. 헤겔이 말하는 조합은 고용인과 피고용인 모두를 포함하는 상업조합, 종교단체, 시위원회 같은 것들을 모두 포함하는 것으로서, 경제에서 개인들의 경쟁을 완화하고 평범한 사람들이 국가의 시민이 될 수 있도록 준비하는 역할을 한다.

이런 헤겔의 시민사회의 개념은 근대의 삶이 고대의 삶과 어떻게 본질적으로 다른지를 보여준다. 예를 들어, 헤겔은 고대 그리스에는 두 가지 윤리적 삶의 형태만 있었다고 본다. 바로 가족과 (도시)국가이다. 잘 알려져 있다시피 고대 그리스인들은 자신을 가족과 특정한 도시국가의 한 사람으로 규정지었다. 그들이 시민으로서 공공선의 이익을 자신의 이익과 조화시킬 수 있었던 것은 그 자신의 정체성을 특정한 도시국가의 한 구성원으로 규정지었기 때문이다. 더불어 시민사회에서 경제적 활동을 하는 동안 생겨나는 자신만의 이익을 극대화하는 것에 전넘하는 개인이란 개념이 없었다. 이런 측면에서 보자면, 시민사회란 '자신만의 이익의 극대화'라는 개인성으로 표현되며 이 개인성이야말로 근대성(modernity) 그 자체이다.

헤겔의 시민사회 개념은 여러 측면에서 특이하다. 우선 시민사회는 근대적 삶, 개인으로서의 삶의 원천이다. 근대 자유주의 철학에서 오랫동안 시민사회는 필요의 체계로서 자본주의 시장경제와 거의 동일시되어왔으며, 이 경제적 공간은 근대 이전에는 전혀 찾아볼 수 없는 독특한 근대만의 공간이었다. 결론적으로, 시민사회와 시민사회의 제도들은 근대적 개인들이란 새로운 인간상이 탄생한 곳이며, 근대적 인간들은 이곳에서 개인성이란 새로운 근대적 삶의 지표를 찾을 수 있었던 것이다.

헤겔
국가 – 인간의 구체적 자유의 실체가 국가이다

헤겔은 인간이 윤리적 삶 속에서 개인들이 구체적 자유를 실현할 수 있는 완성된 실체를 국가라고 보았다. 그에게 국가는 자신들이 살고 있는 사회적·정치적 기반과 분리되어 존재하는 원자로서의 개인들의 우선적 필요와 욕구를 만족시키는 제도적 기관이 아니다. 헤겔은 우리가 국가의 시민이 됨으로써 완전한 한 사람이 된다고 본다. 국가는 가족, 시민사회와 같은 윤리적 원천이 되는 공간을 모두 포용하고 있기 때문에 인간은 한 국가의 구성원이 될 때 비로소 인간의 삶에 필요한 윤리를 온전하게 배울 수 있다. 예를 들어 헤겔의 『법철학』을 보자. 『법철학』은 결혼을 통해 어떻게 하나의 가족이 구성되며 이혼을 통해 어떻게 해체되는지, 부모는 자녀에게 어떤 의무를 가지는지를 보여준다. 더불어 시민사회에서 경제적 영역의 활동, 소유의 문제, 조합, 경찰 등이 어떻게 구성되고 무슨 일을 하는지 보여주며, 마침내 국가의 활동이 무엇인지를 알려준다. 이것을 오늘날 식으로 표현하자면, 가족법·경제법·민법·공법 등의 기반과 내용을 보여주는 것인데, 한 개인은 국가생활을 통해 이 모든 것을 익힐 수 있게 되는 것이다. 이렇게 본다면 국가는 삶이 이성적으로 완성되어 제도적으로 현실에 구현되어 있는 실체이다. 그러므로 개인이 합리적으로 운명을 추구한다면, 우리는 국가 내에서, 국가의 시민으로서 살아가야 한다.

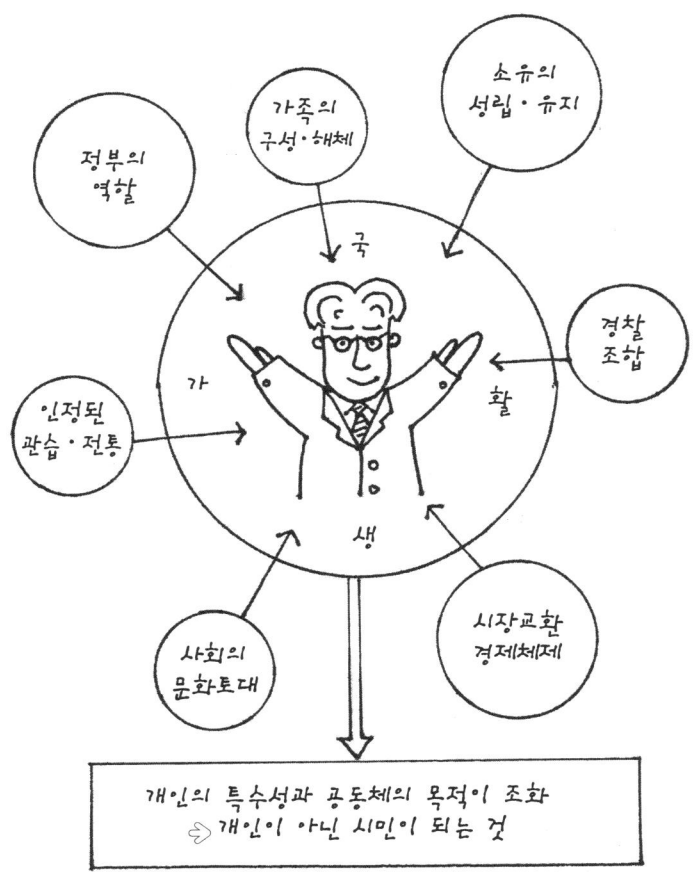

 흔히 절대이성의 표현으로 간주되는 헤겔의 국가는 단순히 국가를 위해 개인이 자신의 이익을 포기해야 한다는 것이 아니다. 오히려 헤겔의 국가는 개인의 특수성과 공동체의 보편적 목적이 조화되는 곳이

어서 개인의 이익을 보호한다. 단지 헤겔의 입장은 이런 국가에서 자신의 이익을 추구하며 살아가는 개인들은 사회 전체 영역과 관련된 주장이 갖는 장점을 인정하는 공동선관 역시 가져야 한다는 것이다.

헤겔이 제시하는 전체로서의 국가는 가족, 시민사회와 함께 구성원인 시민들이 자신들의 자유를 성취할 수 있도록 하는 기본적인 정치적·사회적 제도의 틀이다. 국가를 구체적 자유의 실체라고 부르는 이유가 바로 이것이다. 여기서 구체적 자유는 한 사람 한 사람의 개인성과 그들의 특수한 이익이 완전히 실현될 수 있어야 한다는 것을 의미하며, 그들의 권리는 그 자체로 가족과 시민사회 내에서 받아들여져야 한다.

이런 틀에서 살아가는 시민들은 때로는 자발적으로 자신들의 이익과 상반될 수 있는 보편적 이익을 인정해야 하며, 그것에 우선성을 두어야 한다. 하지만 보편적 이익이라는 것은 앞서 언급했다시피 시민사회에서 개인으로서의 시민들의 이익을 인정하지 않고서는 유효성을 갖을 수 없고, 달성되지도 않는다. 사람들이 보편적 목적에 관심을 기울이지 않고 단순히 자신의 이기적인 이익에만 관심을 가지는 사적 시민으로서만은 살아남을 수 없듯이, 보편적 목적 역시 사적 개인의 이익을 고려하지 않고서는 그 자체로서만 유지될 수 없다.

이런 입장에서 보자면 헤겔이 말하는 완전한 인간이란 자신의 개인적 이익을 실현하면서도 집단의 보편적 이익을 인정하고 그것을 달성하기 위해 노력하는 존재이다. 그리고 국가는 사사로운 이익을 실현하는 것이 아니라 전체 공동체로서 보편적 목적을 가지고 개인들이 자신들의 이익을 가족과 시민사회 내에서 실현할 수 있도록 자유로운 사회적·정치적 제도를 갖추어야 한다. 헤겔은 만약 시민들이 그들의 보편적 이익을 인정하고 정치적 삶에서 우선성을 줄 경우, 시민사회에서 자유를 실현하려는 것을 보장하는 현대의 헌법이 현대 국가에 엄청난 힘을 줄 것이라고 본다.

그러므로 헤겔이 말하는 국가에서는 국가의 이익 달성이라는 이름으로 개인의 특수한 이익을 완전히 배제하거나 제거하는 일은 허용되지 않는다. 만약 국가가 개인의 특수한 이익을 제거한다면, 그 특수한 이익이 실현되는 시민사회를 제거하는 것과 같은 맥락을 지니게 되며, 시민사회의 제거는 현대인들만이 누리고 있는 독특한 윤리적 삶의 방식을 제거하는 것이기 때문이다.

제3장
고전적 자유주의와 비판적 자유주의

자연적 자유체제/도덕 감정
쾌락과 고통의 감성론
자유의 원리
다수의 횡포
개별성
시민적 평등
개인주의
사회적 조화
유기적 연대

3 개인의 활발한 경제적 활동을 위해 국가는 개인의 경제적 활동에 개입하지 말고, 그것을 방해하는 질서의 파괴와 외부의 침입을 방지하는 역할에 그쳐야 한다는 고전적 자유주의와 이를 반박했던 비판적 자유주의의 입장을 소개한다.

분업과 자유로운 시장의 교환행위를 옹호했던 스미스, 개인은 자신의 효용을 극대화하는 것이 도덕적으로 옳은 것이라 주장했던 벤담은 고전적 자유주의 사상과 깊은 연관을 맺고 있다. 하지만 이들이 일방적으로 시장과 효용이란 가치를 옹호한 것은 아니었다. 스미스는 인간 삶에서의 사랑과 호의라는 도덕 감정의 역할을 잘 알고 있었고, 벤담의 효용에 대한 옹호에는 개인에게 필요한 것이 무엇인지를 가장 잘 알고 있는 이는 바로 자신이라는 개인에 대한 배려가 있었다. 뒤르켐은 분업이 인간의 삶을 단순화시키는 부정적 역할만 하는 것이 아니라 인간 삶의 통제방식을 억압이 아닌 조정으로 바꾸는 긍정적 역할도 한다는 것을 보여준다.

능력 있는 자가 자유로운 자라는 사회적 진화론과 고전적 자유주의가 결합하는 것에 대항한 이들이 밀, 홉하우스 등으로 대표되는 수정자유주의자들이다. 개인의 자유는 사회적 구조와 연관되어 있으며, 사회는 개인이 자유를 실현할 수 있도록 최대한 도와야 한다는 것이 이들의 입장이다. 특히 밀은 표현의 자유와 다수자의 횡포에 대한 반대의 토대를 닦았다. 개인들 간의 토론은 지루한 말싸움이 아니라 서로의 부족한 이성을 채워주는 것이라고 믿었던 밀은 자유주의 사회에서 의사결정의 진정한 근거는 다수의 지지가 아니라 타자들의 비판과 견해에 대한 개방적인 태도임을 보여준다. 토크빌은 자유주의적 토대에서 어떻게 권력을 분산시키며 민주주의를 만들어낼 것인지를 숙고하고, 나아가 민주주의가 만들어내는 정치와 사회에 대한 개인주의가 장래에 민주주의 위협이 될 것임을 지적한 대표적 사상가이다.

자유주의 사상가들은 자유의 중심이 개인이라고 믿었으며, 그 실천적 표현이 경제적 활동인지 아니면 정치적 활동인지, 또 정부의 어떤 태도가 개인의 자유를 증진시키는지에 대해 고민했다.

스미스
자연적 자유체제/도덕 감정 – 도덕으로 통제되는 시장이 건강하다

 희소한 자원을 어떻게 가장 효율적으로 분배할 것인가는 경제학뿐만 아니라 정치에서도 매우 중요한 문제이다. 애덤 스미스는 희소한 자원의 최적 분배기구가 바로 시장이라고 말한다. 그는 시장이 분업을 통해 노동생산성을 극대화해서 생산물을 여러 사람들에게 자연적으로 분배하는 질서의 중심이라고 했다.

 자본주의 사회가 이처럼 확대될 수 있었던 계기는 노동방식의 전환이었다. 자본주의 사회가 등장하기 이전에 대부분의 생산방식은 한 사람의 장인이 하나의 물건을 만드는 모든 과정에 관여하는 수공업 형태였다. 그러나 분업은 전혀 다른 생산방식을 만들었다. 예를 들어 핀 하나를 만드는데 어떤 사람은 핀의 머리를, 어떤 사람은 핀을 구부리는 일을, 어떤 사람은 핀의 끝을 날카롭게 하는 일을, 어떤 사람은 핀을 조립하는 일을 맡았다. 이런 분업은 노동생산성을 몇 배로 높이는 결과

스미스 Adam Smith 1723~1790
『국부론』으로 체계화된 경제학 연구를 완성해 '경제학의 아버지'로 불린다. 근대인의 이기심을 경제행위의 동기로 보고 이에 따른 경제행위는 '보이지 않는 손'에 의해 공공복지에 기여하게 된다고 주장했으며, 생산과 분배에는 자연적 질서가 작용하여 저절로 조화된다는 자연적 자유체제이론을 전개했다. 그러나 그의 이론 중 도덕에 관한 이론은 경제학이론에 비해 잘 알려지지 않았는데, 그는 『도덕 감정론』에서 인간의 삶이 이웃에 대한 사랑과 호의 없이는 더 풍성해질 수 없다고 주장했다.

를 낳았다.

그렇다면 이렇게 생산된 물품을 어떻게 분배할 수 있을까? 누가 몇 개의 핀을 필요로 하는지 어떻게 알 수 있을까? 스미스는 이 일을 시장이 해준다고 믿었다. 모든 사람들이 시장에서 화폐를 중심으로 한 교환과정에 참여한다면, 생산된 물품을 아무런 불균형 없이 자연스럽게 분배할 수 있다는 것이다. 예를 들어 시장에 핀을 필요로 하는 사람들이 생기면 그 수요만큼 공급자들이 생산하여 공급할 것이다. 물건을 필요에 따라 사들이고 파는 과정에서 수요자의 필요욕구와 공급자의 판매욕구가 시장에서 서로 균형을 이룬다는 것인데, 이것을 애덤 스미스는 '보이지 않는 손'이라고 불렀다.

애덤 스미스는 이런 시장의 과정에 국가의 관세 부여 같은 외부의 힘이 개입되면 안 된다고 믿었다. 경제적 자유가 노동의 분업을 원활하게 이루어지게 하고, 생산기술의 혁신을 일으키는 개인적 동기와 기회를 최대한 제공하기 때문이다. 이런 동기와 기회들이 부여되기 위해서는 인위적인 장애가 없어야 한다. 국가가 시장에 의도적으로 관여하는 일은 수요와 공급의 균형을 맞추는 데 장애가 될 뿐이다. 스미스는 국가가 상관하지 않더라도 수요자와 공급자들이 서로 경쟁하게 되면, 가장 적정한 가격이 형성되고 수요와 공급의 불균형도 자연히 해소된다고 보았다. 스미스는 이러한 최적의 경제체제를 자연적 자유의 체제(system of natural liberty)라고 부른다.

그렇다면 시장은 통제하지 않아도 저절로 질서를 잡는 것일까? 스미스는 시장질서를 유지하기 위해서 하나의 조건이 필요하다고 믿었는데, 그것이 바로 도덕 감정이다. 물론 스미스는 개인주의의 가치를 옹호했다. 자연은 모든 인간에게 우선 스스로를 보살피는 것이 중요하다고 말한다. 게다가 인간은 다른 존재보다 자신을 보존할 수 있는 탁월한 능력을 가진 존재이다. 이런 점에서 인간이 자기 보존의 성향을 갖는 것은 당연한 이치다. 결론적으로 인간은 다른 사람이 관계된 것보다는 자기와 관계된 것에 우선적이며 더 많은 관심을 갖는다.

그러나 스미스는 인간은 사회 속에서만 살 수 있다고 말한다. 모든 사회 구성원은 사랑과 호의라는 두 개의 도덕 감정이란 매듭으로 연결되어 있다. 이런 사랑과 호의로 인해 서로에게 좋은 일을 하려는 상호적 선행이라는 공통의 중심을 향해 이끌린다. 스미스는 자신의 행복에 대한 배려는 심려의 덕을, 타인에 대한 배려는 정의와 인애란 두 가지 덕을 길러준다고 본다. 정의는 타인의 행복을 침해하지 않는 것이며, 인애란 타인의 행복을 증진하는 것이다. 두 조건은 내 이익을 추구하는 수단은 타인의 행복을 해치지 않는 범위 내로 제한되어야 하며, 더 나아가 인간은 타인의 행복을 증진하는 데 관심을 가져야 한다는 것을 의미한다.

이런 도덕 감정을 갖고 있는 이들이라면, 시장이 건전하게 유지되기 위한 필수적인 조건인 완전경쟁을 만족시킬 것이다. 정의와 인애의 감정을 갖고 있는 이들이 독점이나 과점 등을 통해 부당한 이익을 취하려 들지는 않을 것이기 때문이다. 이처럼 스미스는 시장이 도덕으로 통제될 때 더욱 건강해질 수 있을 것이라 믿었다.

벤담
쾌락과 고통의 감성론 – 효용이 모든 행위를 판단하는 포괄적 기준이다

공리주의는 '효용이 개인의 삶에서부터 사회정책에 이르기까지 모든 판단의 포괄적 기준이 되는 사상적 경향'이다. 흔히 우리 사회에서는 일본식 번역의 영향을 받아 사회적 의미에서 公利나 功利로 표기되는데, 이 번역은 원래 공리주의가 개인에게 적절한 행위 기준을 제공하기 위해 비롯되었다는 점에서 볼 때 아주 잘못된 것이다. 공리주의는 영문으로 utilitarianism이며, 공리주의의 포괄적 기준인 효용 혹은 효용성은 utility라고 쓴다. 영문 그대로 표현하자면 '효용주의' 혹은 '효용지상주의'가 타당한 의미이다.

그렇다면 포괄적 기준으로서 효용이란 어떤 의미이며 어떻게 판단될까? 공리주의의 창시자인 벤담은 『도덕과 입법의 원칙 *The Principles of Morals and Legislation*』(1780)에서 "인간이 고통과 쾌락이라는 두 주권자의 지배 아래 놓여 있다"고 말한다. 이것이 '쾌락과 고통의 감성론'이다. 쾌락을 느낀다면 효용이 증가하는 것이고, 고통을 느낀

벤담 Jeremy Bentham 1748~1832
인생의 목적은 '최대 다수의 최대 행복'의 실현에 있으며, 쾌락을 조장하고 고통을 방지하는 능력이야말로 모든 도덕과 입법의 기초 원리라는 공리주의를 주장했다. 모든 쾌락과 고통에는 어떤 질적 차이도 없기 때문에 쾌락과 고통을 양적으로 계산하는 과학화를 통해 입법과 사회체계 수립의 기초로 삼을 수 있다고 보았다. 주요 저서에 『정부소론』 『도덕과 입법의 원칙』 등이 있다.

다면 효용이 떨어진다는 의미이다.

고통과 쾌락의 감성론은 다음과 같은 두 가지 독특한 의미를 갖는다. 첫째, 공리주의는 경험주의와 개인주의를 바탕으로 한다. 쾌락과 고통은 경험해보지 않으면 알 수가 없다. 더불어 항상 경험의 주체는 기본적으로 개인이다. 같은 일이라도 어떤 사람에게는 고통이지만, 어떤 사람에게는 고통이 아닐 수 있기 때문이다. 그러므로 무엇이 나에게 효용을 증가시키는 원인이 되는지를 알 수 있는 최적의 주체는 항상 개인이다.

둘째, 공리주의에서 행위의 궁극적인 기준은 항상 결과이다. 고통과 쾌락은 내가 결과적으로 얼마만큼의 기쁨을 누렸는지, 아니면 고통을 겪었는지를 문제 삼는다. 그 과정에서 어떤 이유로 내가 기쁨을 누렸는지, 아니면 고통을 겪었는지는 전혀 문제가 되지 않는다. 공리주의는 도덕에서나 정치에서도 내가 어떤 행위를 하여 목적을 달성했는지를 중요시한다. 그러므로 좋은 결과가 나오면 그 도덕적 행위나 사회정책은 옳은 것이고 반대로 나쁜 결과가 나오면 옳지 않은 것이다.

공리주의의 장점은 효용이 개인행위, 인간관계, 사회 전체의 조직, 인류 만민의 법에 이르기까지 모든 것의 판단 기준이 된다는 점이다. 효용이라는 명확한 기준을 제시하여, 사람들이 각각의 행위를 함에 있어 다른 기준을 생각하거나 적용하지 않아도 되므로 행위를 예측 가능하게 만든다. 이렇게 공리주의는 도덕에서도 정치에서도 동일한 기준을 제공한다는 점에서 강력한 힘을 갖는다.

밀
자유의 원리 – 자유는 타인의 자유를 해하지 않는다

　밀의 자유의 원리는 한 개인의 자유의 추구가 다른 사람, 혹은 다른 사람의 자유의 추구에 해가 되지 않는다면, 사회는 개인의 자유에 상관할 수 없다는 것으로 요약될 수 있다. 여기에서 가장 중요한 것은 "다른 사람에게 해가 되지 않는다면"이란 구절로 밀의 자유의 원리의 가장 중요한 조건이다. 이 조건을 '무위해성의 원칙(no harm principle)'이라고 부른다.

　자유의 원리를 다르게 표현해보자면, 다음의 두 가지 의미를 갖는다. 첫째, 개인이 한 행위가 자신에게만 영향을 줄 때 사회에 책임을 지지 않는다. 이것은 다른 사람에게 영향을 주지 않는 한 개인의 자유로운 행위에 사회가 간섭할 수 없다는, 사회의 간섭에 대한 제한을 의미한다. 둘째, 다른 사람의 이익을 침해하는 행위에 대해선 당사자가 당연히 책임을 져야 한다. 이것은 개인의 행위에 대한 책임성을 나타내

밀 John Stuart Mill 1806~1873
벤담을 계승한 대표적인 공리주의자로 벤담과는 달리 사안에 따라 쾌락과 고통의 질적 차이가 있다고 보았다. 그의 부인과 저술했다고 알려지는 자유주의 사상의 고전인 『자유론』을 통해 현대 자유주의가 보장하는 표현의 자유의 기초를 놓았으며, 민주주의에 내재한 소수에 대한 다수의 횡포를 경고했다. 한편 『여성의 종속』을 저술하여 여성의 권리 신장에 힘써 여성주의의 토대를 놓은 최초의 자유주의자가 되었다. 주요 저서에 『대의정부론』, 『공리주의』, 『정치경제학』 등이 있다.

는데, 자유의 핵심적 가치 중의 하나가 자신이 한 행위에 대해 명확하게 책임을 지는 것임을 보여준다.

'무위해성의 원칙'이란 자유의 원리에 대해, 모든 사람들이 관계를 맺고 살아가는 현실 속에서 한 사람의 행위가 어떻게 타자에게 영향을 주지 않을 수 있냐고 의문을 제기할 수 있다. 예를 들어 부자가 자신의

제3장 고전적 자유주의와 비판적 자유주의

재산을 마음대로 쓰는 것은 자기 마음이겠지만, 만약 부자들의 씀씀이가 남용된다면 이런 행위는 빈자들에게 상대적으로 박탈감을 줄 수 있다. 그러나 이런 행위는 타자의 입장을 전혀 고려하지 않는 사려 깊지 못한 행위일 뿐, 타자의 권리를 위반한 행위가 아니다. 사회가 한 개인의 자유를 제한하기 위해서는 한 사람의 행위가 타자의 자유를 위반했다는 것이 명백하게 증명되어야 한다.

이런 '위반의 명백성'이 중요한 이유는 아주 간단하다. 어떤 정의롭지 못한 원리가 우리에게 적용되는 것을 결코 용납할 수 없는 것과 마찬가지로, 우리 역시 정의롭지 못한 원리를 남에게 함부로 적용하지 않도록 조심해야 하기 때문이다.

하지만 이런 '자유의 원리'에도 제한은 있다. 내 몸이라 할지라도 내 자신을 타자의 노예로 만들 수는 없다. 예를 들어 만약 누군가 자신의 몸이 자신의 것이란 주장을 바탕으로 타자의 노예가 되는 계약을 맺었다고 하자. 계약은 철저하게 개인들 간의 약속이기 때문에 개인적 자유의 일부분이다. 그러나 노예제는 자신의 자유를 포기하는 것으로, 자유의 목적 그 자체를 위반하고 거부하는 사회적 행위이다. 개인적 행위라도 자유의 목적 그 자체를 거부하는 행위는 자유의 원리가 수용할 수 없는 부분이다. 그러므로 자유의 원리는 그 자체가 자유롭지 않을 자유까지는 허용하지 않는다. 이렇게 본다면 자유는 개인의 권리이지만, 자유 그 자체로서 자유로울 권리를 갖는다. 개인은 자유 그 자체에 대해 책임이 있다는 의미이다.

밀
다수의 횡포 – 좋은 사회는 토론과 대화에 열려 있다

역사적으로 볼 때, 정치 혹은 정치사상의 고민은 어떻게 소수가 다수를 지배하는 현상을 정당화할 것인가이다. 이런 정치의 고민이 유일하게 적용되지 않는 체제가 바로 민주주의이다. 민주주의는 말의 어원에서 드러나듯이 '다수(Demo)'가 지배하는 정체이기 때문이다.

민주주의 사회의 고민은 다른 정체들의 고민과는 달리 어떻게 다수가 소수를 지배하는 것을 정당화시킬 것인가이다. 그것은 한 사회 내에 크고 작은 여러 개의 세력이 존재한다는 현실적인 이유 때문이다. 특히 다수결의 원리가 지배하는 민주사회에서는 대개의 경우 다수자는 승자로, 소수자는 패자로 남게 된다. 다수와 소수가 지속적으로 다수의 승자, 소수의 패자를 만들어내는 현실은 항상 다수자의 견해가 옳다는 이유를 근거로 정당화된다.

밀은 이러한 다수의 횡포로 인해 소수가 입게 될 피해에 대해 진지하게 충고한 사상가이다. 밀은 한 사람이 수많은 사람들의 입을 막는 것만큼이나 수많은 사람들이 한 사람의 입을 막는 것이 잘못이라고 말한다. 한 사람의 사소한 말에라도 사회는 언제나 귀를 열어야 하며, 항상 토론과 논쟁에 열려 있어야 한다. 왜일까?

밀이 가장 먼저 강조하는 것은, 어떤 사람의 견해를 듣지 않은 채 자신의 견해가 옳다고 믿는 것은 자신의 이성에는 전혀 오류가 없다고 가

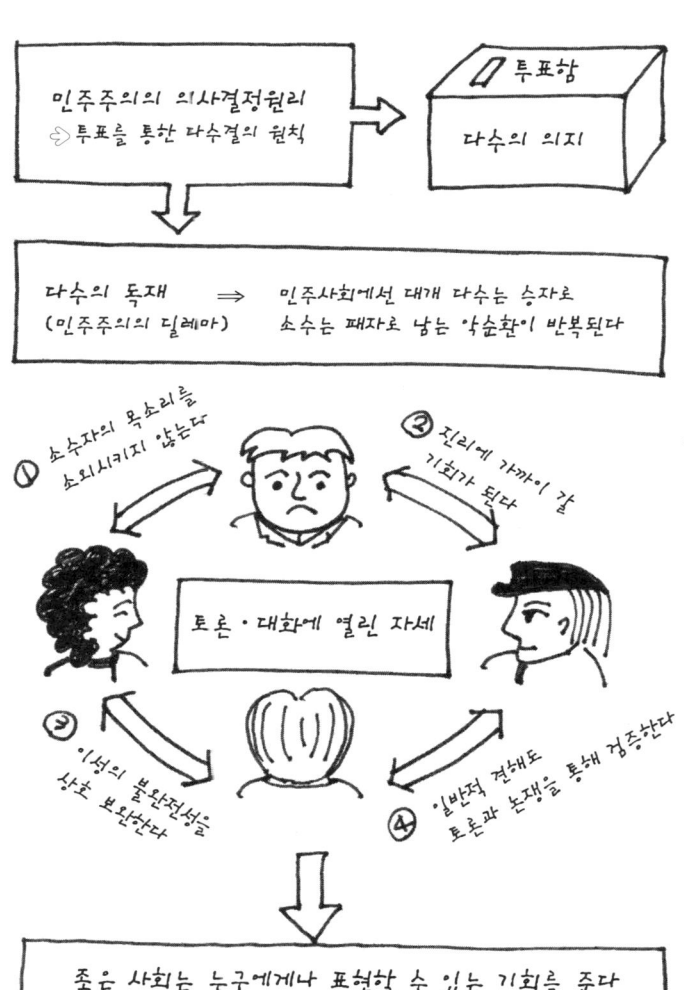

정하는 어리석은 행위라는 것이다. 토론과 논쟁 없이 다수의 견해가 옳다고 믿을 수 있을 만큼 인간의 이성은 완벽하지 않다.

　토론과 논쟁은 인간에게 여러 가지 기회를 준다. 첫째, 열린 토론은 인간이 진리에 보다 가까이 갈 수 있는 기회를 준다. 인간의 이성은 완벽하지 않다. 그러므로 우리는 절대진리가 무엇인지를 알 수 없다. 절대진리를 알고 있다면 우리는 논쟁을 할 필요가 없을 것이다. 절대진리를 알 수 없는 존재인 우리는 토론을 통해 자신의 견해에서 잘못된 점을 발견할 수 있고, 수정할 수 있다. 토론과 논쟁은 논쟁 당사자들의 이성과 이성이 서로를 보완해주는 과정이기 때문이다. 바로 이 오류를 수정할 수 있는 능력이 인간에게 주어진 가장 탁월한 능력이라고 밀은 주장한다. 이를 통해 참된 진리에 확실하게 이르지는 못할지라도 진리에 근접할 수 있다.

　더불어 이미 확정된 일반적인 견해도 시간이 지남에 따라, 혹은 가치의 변화에 따라 그 일반성이 엷어질 수 있으므로 언제나 토론과 논쟁을 통해 검증되어야 한다. 검증과 도전 없는 가치들은 낡은 가치로 전락해버릴 수 있다. 이런 점에서 상반된 가치들, 예를 들어 민주주의와 귀족정치, 재산과 평등, 협력과 경쟁, 사치와 절제, 사회성과 개별성, 자유와 규율과 같은 것들을 사회적 논쟁에서 대립시키는 일은 매우 중요하다. 밀은 이런 상반된 가치가 존재하는 이유가 하나의 가치가 그 자체로 완벽하지 않기 때문이라고 본다. 일상적인 삶에서 부딪치는 모든 상반된 주장들이 그 어떤 의견이든 자유롭게 표출될 수 없고 똑같은 비중으로 가치를 인정받지 못한다면, 각 주장에 담긴 내용들이 빛을 발할 기회를 갖지 못할 것이라고 밀은 믿는다.

이렇게 진리를 찾기 위해서는 결국 서로 대립하는 것들을 화해시키고 결합시켜야 하듯, 다수자 역시 소수자와 화해하고 결합하기 위해서 타자의 가치를 인정하고, 그들의 가치를 들으려고 하는 자세가 필요하다. 소수자에게 충분히 말할 기회를 준다면, 비록 자신의 주장이 사회적으로 수용되지 않는다 하더라도 소수자는 자신의 불만을 최소화시킨다는 현대 토론민주주의의 연구 결과는 밀의 주장이 타당하다는 것을 증명하는 예라고 할 수 있을 것이다.

밀
개별성 – 개별성은 사회적 활력의 근원이다

근대 사상은 인간의 본성 중 욕망이라는 부분을 늘 통제하려고 시도해왔다. 예를 들어 홉스는 인간이 본질적으로 끊임없이 욕망하는 동물이기 때문에, 이런 욕망이 빚어낼 사회적 혼란을 통제하려면, 한 사람에게 국가의 절대권력을 부여하고 이 단일자의 판단에 복종하는 사회적 삶을 살아야 한다고 주장한다. 칸트 역시 도덕적 행위란 인간의 욕망을 제압하고 이성의 명령을 따르는 것이라고 주장한다.

앞선 근대 사상가들과는 달리, 밀은 인간의 욕망이 너무 강해서 나쁜 결과를 낳는 것은 아니라고 반박한다. 오히려 너무 강력한 욕망이 사회적 충돌의 주된 원인이 아니라 인간의 양심이 부족하기 때문이라고 본다. 밀은 자연의 섭리에서 오는 충동이 오히려 사회적으로 정력적으로 활동하는 근원이 될 수 있다고 본다. 자기만의 욕망과 충동이 나쁜 데 사용될 수 있다는 사실을 거부하는 것은 아니지만, 그것에 근거해서 사회적으로 활동할 때 더 좋은 일을 할 수 있는 것도 사실이기 때문이다. 이런 사람들일수록 자신만의 독특한 본질을 더욱 잘 발견할 수 있다. 그리고 그것은 인간의 개별성의 근거가 된다.

사회가 처음 생겨났을 때는 인간의 욕망이 사회가 통제할 수 있는 것보다 강력했을 수 있으며, 실제로 현실에서도 개별성이 지나쳐 사회가 통제하는 데 어려움을 겪는 경우를 볼 수 있지만, 대개의 경우 사회는

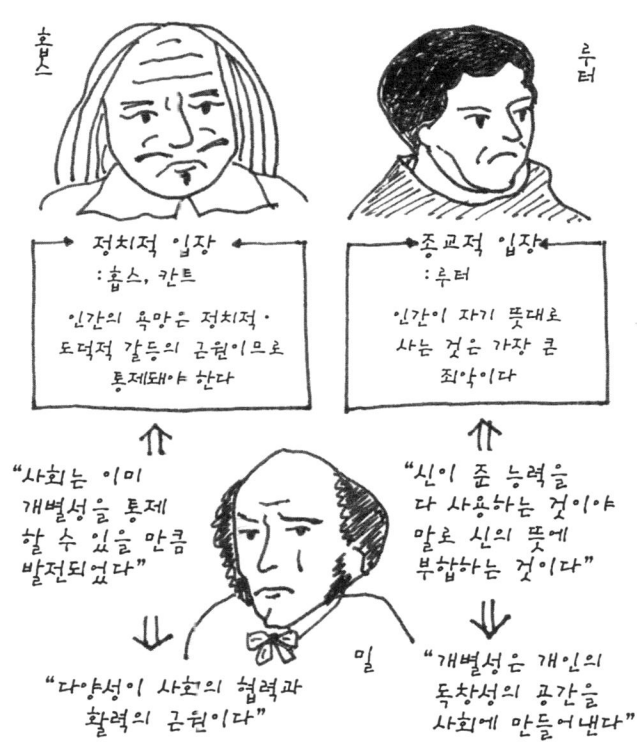

이제 욕망을 적절히 통제할 수 있는 수준으로 발전되었다고 밀은 주장한다. 개인의 충동과 선호의 과잉이 아니라 반대로 그런 것의 결핍이 인간 존재를 위협하는 시대가 되었다.

특히 이런 위협에는 근대의 종교가 자리 잡고 있다. 예를 들어 칼뱅은 개별성의 근원이라 할 수 있는 '자기 의지(self-will)'를 부정한다. 칼뱅은 인간이 자신의 뜻대로 사는 것은 인간이 저지를 수 있는 죄악 가운데서도 아주 무거운 것이라고 주장한다. 인간에게 선택이라는 것은 없으며 의무가 아닌 것은 모두 죄악이다. 그 이유는 신의 의지를 잘 따르는 것 외에 다른 용도로 자신의 능력을 쓰는 것은 죄이기 때문이다. 그러므로 차라리 자기 의지라는 그 능력 자체를 가지지 않는 것이 좋다. 하지만 밀은 신이 우리를 선한 존재로 만들었다면, 선한 존재로서 우리 안에 주어진 모든 능력을 사용하는 것이야말로 신의 의지에 부합하는 일이라고 말한다.

밀이 개별성을 강조한 데는 두 가지 이유가 있다. 첫째 독창성 때문이다. 사회는 언제나 독창적인 사람들이 발전시켜 나가는데, 개별성을 제한하는 것은 인간의 독창적인 사고를 죽이기 때문이다. 밀은 이것이 영웅숭배론이 아니라, 다수의 의견이 압도적으로 지배하는 세상에서 독창적인 사람들이 널리 통용되는 의견의 잘못을 지적하고 시정할 수 있는 배경을 만들어주는 것이라고 말한다.

둘째 다양성이 사회의 협력과 활력의 근원이란 믿음 때문이다. 사람들은 서로 다르다는 이유 때문에 자신의 불완전함과 다른 사람의 탁월함, 혹은 양자의 장점을 합쳐 보다 좋은 것을 형성하는 일에 관심을 갖게 된다는 것이다. 예를 들어, 고대 문화가 일찍 성장한 중국은 개별성을 허용하지 않음으로써 몰락한 반면, 유럽은 문화의 다양성을 보장해 보다 강해졌다. 이런 다양성은 지속적인 관심을 갖고 보살펴야 한다. 왜냐하면 사람들은 잠시만 다양성과 벽을 쌓고 살아도 순식간에 그 중요성을 잊어버리기 때문이다.

토크빌
시민적 평등 – 권력의 분산은 시민들이 평등한 곳에서 가능하다

 토크빌의 유명한 저서 『미국의 민주주의』는 두 권으로 이루어져 있다. 1835년 발간된 1권은 민주주의 사회에서 분권화된 형태의 국가가 가능한지에 초점이 맞추어져 있다. 토크빌은 미국의 민주주의가 바로 이런 권력분산의 가능성을 보여준다고 보았다.

 토크빌이 본 미국의 민주주의는 세 개의 수준으로 권력이 자연스럽게 분산되어 있다. 우선 타운십(township)이라고 부르는 마을 혹은 지방 단위의 자치기구이다. 이런 자치기구들이 모여 주정부라고 부르는 지역 수준(state government)의 권력기구를 만든다. 마지막으로 주의 연합이 국가정부(national government)를 만든다. 토크빌은 어떻게 권력이 이토록 자연스럽게 분산될 수 있는지 의문을 품었다.

 이때 토크빌이 발견한 것이 바로 당시 미국 사회 내 구성원들 간에 계급의식이 거의 없다는 사실이었다. 토크빌의 모국인 프랑스는 법 앞의 평등에도 불구하고 계급에 따라 태도나 행위방식이 극단적으로 달

토크빌 Alexis de Tocqueville 1805~1859
프랑스의 정치학자·역사가·정치가로, 19세기 초 미국의 정치·사회제도에 대한 예리한 분석서인 『미국의 민주주의』의 저자로 유명하다. 이 책에서 그는 근대 민주주의 사회로의 이행을 필연적 현상으로 보았으며, 더 나아가 개인주의와 정치적 무관심 등에 대해서도 언급했다. 다수의 자유주의자들과 교류했으며, 특히 밀과 크게 사상적 영향을 주고받았다.

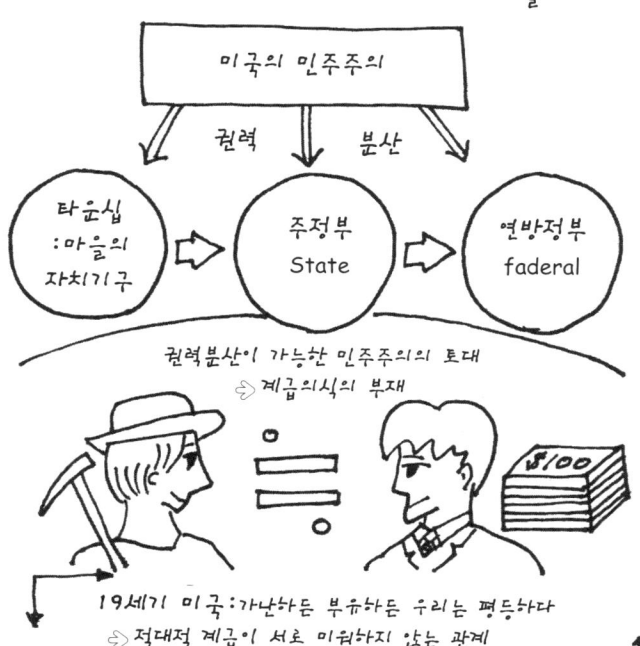

랐다. 그러나 미국 사회를 보면 부자와 빈자의 차이가 필연적 구조로 만들어진 것이 아니라 우연히 생겨난 것처럼 보였다. 계급의식에 내재해 있는 타자에 대한 우월감이나 수치심 같은 감정이 사회적으로 큰 역할을 못하고 있었다.

토크빌은 미국 사회에 존재하는 계급의식의 부재를 평소 자신의 신념이었던 시민적 평등의식(시민은 모두 평등한 권리를 갖는다)과 연결시켰다. 토크빌은 중산계급이 지배적 역할을 할 수 있는 근원적인 힘이 바로 평등의식이라고 믿었다. 토크빌의 눈에 흑인 노예와 토착원주민 인디언에 대한 차별만 제외하면 계급의식이 전혀 없는 미국 사회는 중산층이 지배하는 사회처럼 보였던 것이다.

토크빌은 시민적 평등의 확장이 새로운 사회가 도래하는 징후라고 생각했다. 그는 중세시대를 계급에 따라 권리와 삶의 조건이 불평등하게 분배되는 귀족사회라고 보았다. 토크빌이 귀족사회를 비판한 결정적 이유는 개인의 자유라는 것이 도덕적 원칙이 아니라 사회적 계급의 특권이라는 데 있다. 개인의 사회적 계급이나 정체성이 개인의 어떤 노력도 없이 출생으로 결정되는 귀족사회는 반드시 철회되어야 할 것이었다.

고대로부터 뿌리 깊은 귀족사회는 인간이 모두가 평등하다는 새로운 기독교세계가 도래하며 민주사회로 옮겨가고 있다고 토크빌은 보았다. 이런 관점에서 그는 민주적 혁명이 진정으로 의미하는 것은 시민적 평등의 원리에 기반해 있는 새로운 사회의 출현이라고 믿었다.

토크빌
개인주의 – 시민적 평등이 사적 영역을 만들어낸다

    토크빌이 1940년에 쓴 『미국의 민주주의』 2권은 민주사회 구성원들의 원자화에 대한 우려와 경계에 초점이 맞추어져 있다. 토크빌은 민주주의 사회에서 발생하는 구성원들의 원자화를 '개인주의'라고 표현한다.

    토크빌이 말하는 개인주의는 일반적인 이기심이나 자기 자신에 대한 지나친 사랑과는 전혀 다른 것이다. 개인주의는 민주주의라는 특정한 사회구조가 길러내는 특정한 방식의 생활태도, 행위방식이다. 반면 이기심이란 사회 유형과는 아무런 관련 없이 어느 사회에서나 과거부터 지속적으로 있어온 악덕에 불과하다.

    개인주의는 철저하게 민주주의적 기원을 가지고 있다. 민주주의 사회가 정착되어 민주적 분위기가 성숙될수록, 각각의 구성원들은 스스로를 동료 대중·가족·친구들로부터 단절시키는 경향을 보이는데, 이런 경향은 의도적으로 자기 자신을 사회 전반에서 일어나는 공적 사안들과 관련시키지 않으려는 경향으로 이어진다.

    그리하여 민주사회의 구성원들은 공적 영역으로부터 후퇴하는 경향을 보이며, 사회의 복지에 대해 광범위하게 관련되거나 책임지는 것으로부터 벗어나려고 한다. 쉽게 말하자면 자신의 삶을 지나치게 위험한 수준까지 사유화하게 되는 것이다.

삶의 사유화라는 개인주의적 경향은 다음 두 가지 이유 때문에 나타난다. 첫째, 민주주의가 공식적으로 모든 개인을 하나의 개체로 분리시켜, 동등하고 자유로운 존재로서 개인의 이익을 추구하는 행위자로

보기 때문이다. 자기 이익의 추구는 사회적 평등이란 개념에서 생겨나며, 모든 이가 동등한 존재라는 것은 자기 이익을 자유롭게 추구할 수 있는 이유가 된다. 차별 없는 존재로서 자기 이익을 추구할 수 있다는 정신이 바로 시민사회의 내적·도덕적 측면이다.

둘째, 민주사회가 그들 구성원들에게 부여하는 경쟁 때문이다. 이런 경쟁 속에서 자기 이익을 적극적으로 추구하는 것은 개인의 당연한 미덕이 된다.

이렇듯 시민적 평등이 있는 곳에서는 개인주의의 성장이 불가피하다. 토크빌은 민주주의 사회에서 소위 사적 영역이라는 발상은 시민적 평등이 만들어낸 결과라고 본다. 그는 이런 개인주의에 근거한 사적 영역이 지나치게 확장되면, 민주적 사회구조를 뒤흔드는 수준을 넘어 마침내 파괴하게 되는 극단적인 상황에 이르게 될 것이라고 경고한다. 쉽게 말해 개인들이 사회로부터 분리되는 현상을 당연하게 받아들일 때, 민주주의 사회는 위험에 처하게 된다는 것이다.

홉하우스
사회적 조화 – 자아의 발전은 구성원들의 복지와 함께 한다

 자유주의가 탄생한 이후 자유주의를 지배했던 '자유'의 개념에 대한 이론은 '사회적 진화론'(social darwinism)이다. 사회적 진화론이란 다윈의 생물학적 진화론에서 발전된 것으로 적자생존의 논리를 강조한다. 한 개인이 생존에 필요한 적합한 능력을 소유하고 있다면 경쟁의 논리에서 살아남을 것이고, 그런 능력이 없다면 경쟁에서 밀려날 것이라는 게 이 이론의 핵심이다. 요약하자면 자유란 개인의 능력에 따라 자신이 얻을 수 있는 것을 최대한 얻는 것으로, 누구도 이 과정에 억지로 개입해서는 안 된다는 논리다. 이렇게 보자면 자유는 개인에게 능력이 있으면 있을수록 증대되고, 없으면 없을수록 줄어드는 수직적 개념이다. 사회적 진화론은 국가의 개입이 사회발전에 도움이 안 된다는 고전적 자유주의의 논리를 정당화시켰으며, 현재 신자유주의 역시 이런 논리에 입각해 있다고 보아도 좋다.

 홉하우스는 사회적 진화론에 반대하며 자아의 발전은 사회적 발전과 조화를 이루어야 한다는 사회적 조화론을 제시한다. 개인의 발전이

홉하우스 Leonard T. Hobhouse 1864~1929
수정자유주의의 토대를 놓은 최초의 신자유주의(new-liberalism) 정치사회이론가로, 개인의 자유와 사회구조 간의 연계성을 지적하며 공공선과 개인의 발전이 서로 조화되어야 한다고 주장했다. 주요 저서로는 『자유주의』 등이 있다.

란 단지 자신만을 위한 것이 아니며, 사회공동체 모든 구성원들의 복지를 동시에 추구할 때 가능하다는 것이다. 개인의 선이 공동선을 함께

지향해야 한다는 의미다.

  홉하우스가 개인과 사회가 분리될 수 없다고 믿었던 것은 개인의 운명은 항상 사회의 구조적 문제와 연결되어 있다고 생각했기 때문이다. 예를 들어 빈곤과 실업은 단순히 개인들의 잘못으로 인한 것이 아니다. 1997년 경제위기 이후, 한국 사회에서는 청년실업이 꾸준히 증가해왔다. 청년실업의 증가는 구조적 문제이다. 일자리가 부족한 상태에서 기업이 보다 능력 있는 사람들을 선호하여 주로 경력자들을 채용하기 때문에 청년실업이 증가하는 것이다. 이런 이유로 과거라면 충분히 취직할 만한 능력을 갖춘 사람들이 보다 낮은 수준의 직업을 얻거나 직업을 얻지 못하는 상황이 발생하고 있다. 이렇게 보자면 1997년 이후로 현재 2005년에도 겪고 있는 한국 사회의 청년실업은 경제구조적 불완전성에서 발생한 것이다. 이렇듯 사회적 빈곤이나 실업은 단지 개인의 능력 부족에서 기인하는 것이 아니라는 게 홉하우스의 주장이다. 홉하우스는 이런 현실을 개선하기 위해 국가는 공공자원을 투입하고 공공조직을 운영하여 시장자본주의의 결함을 치유해야 한다고 보았다.

뒤르켐
유기적 연대 – 노동분업 속에서 교환은 도덕적 연대를 형성한다

 노동분업이 시작되어 확대됨과 동시에 시장경제가 정착하자 많은 정치사상가들은 이런 상황이 인간을 파편화하고 고립시켜 연대를 저해시킨다고 주장했다. 사회적 연대는 광범위한 보편적 합의나 일체화된 도덕적 신념을 요구하는데, 분업은 인간을 하나의 작업과정에 고립시키고 소외시키는 결과를 낳기 때문에 사회적 단결을 해친다는 것이다. 이런 주장을 한 대표적인 사상가가 바로 바로 콩트다.

 그러나 뒤르켐은 합의나 일체화된 신념은 노동분업의 초기에나 필요한 연대의 조건이라고 보고, 그것을 '기계적 연대'라고 부른다. 뒤르켐은 오히려 자본주의 사회의 노동분업 속에서 체계화된 교환이 새로운 사회의 도덕적 단결의 형태라고 말한다. 그는 이것을 '유기적 연대'라고 부른다. 사회는 노동분업이 심화되면서 기계적 연대로부터 유기적 연대로 이행한다. 뒤르켐은 분업이 전제하고 있는 새로운 가치인 '협동'에 주목하고, 협동은 본래적으로 도덕성을 내재하고 있다고 주장한다.

뒤르켐 Émile Durkheim 1858~1917
1898년 『사회학연보』를 창간하여, 뜻을 같이하는 사회학자들의 결집과 학설 완성에 이바지함으로써 뒤르켐 학파로 불리는 거대한 사회학 학파를 형성하여 세계 사회학계를 이끌었다. 주요 저서에 『사회분업론』『자살론』『종교생활의 원초형태』 등이 있다.

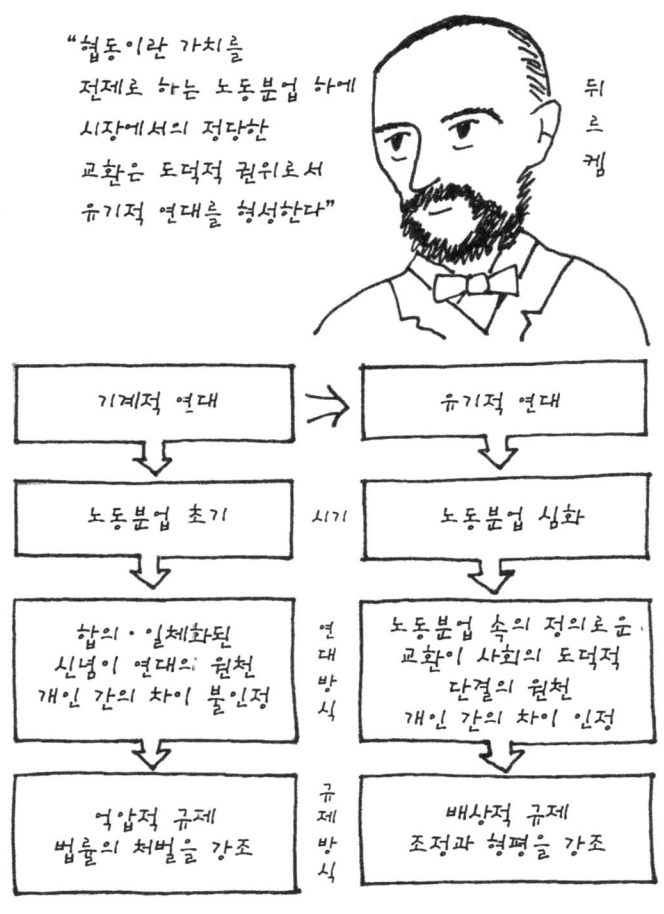

 노동분업이 심화되면서 일어난 법률체계의 전환은 연대 유형의 전환을 증명한다. 법률은 항상 사회적으로 변화하는 도덕 형태를 수용하는데, 바로 그 법률이 처벌을 강조하는 억압적 규제에서 조정과 형평의

유지를 강조하는 배상적 규제로 바뀐 것이다. 처벌이 강력한 집단적 도덕의식을 상징한다면, 조정과 형평은 개인적 도덕의식의 성장을 의미한다. 전자는 주로 개인 간의 유사성을, 후자는 개인 간의 차이를 인정하는 성향을 반영한다. 유사성이 강조된다면 보편적 법률을 어긴 자들에 대한 처벌이 강화될 것이고, 차이가 강조된다면 그 반대 경우가 될 것이다. 그러므로 배상적 규제의 증가는 사회가 분화되어가고 있음을 보여주는 증거이다.

유기적 연대는 노동의 분화와 전문화를 전제로 하며, 거기에서 파생되는 개인주의를 인정한다. 개인주의는 노동의 분화가 만들어낸 병폐가 아니라 새롭게 형성된 질서의 또 다른 표현이다. 여기에서 가장 중요한 도덕적 권위는 정의로운 교환이다. 그러므로 정의로운 교환을 위한 자유는 새로운 도덕질서의 필수조건이 된다.

유기적 연대가 유지되기 위해서는 사회가 개인들 간의 관계를 수평적으로 조직해야 한다. 다시 말해 모든 이들에게 동등한 기회가 보장되어야 하며, 이에 근거하여 정의로운 분배가 이루어져야 한다. 여기서 주목할 만한 점은 뒤르켐이 사유재산의 상속을 귀족적 특권으로 보았다는 점이다. 그에 따르면 개인의 타고난 재능이나 능력이 사회 분배의 유일한 기준이 되어야 한다. 부잣집 아들로 태어났다는 개인의 우연한 출생이 사회의 분배 기준이 된다는 것은 개인들 간의 불평등을 출생이라는 우연한 요소에 근거해 인정하는 것으로, 정당한 교환이 도덕의 권위가 되는 새로운 사회의 연대를 해치는 요소가 되기 때문이다.

제4장

반자유주의적 의지와 결단 – 자유주의와 자본주의 비판 Ⅰ

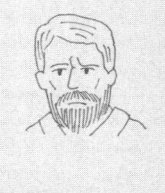

원한
초인
문화의 결속력
섹트
관료화
의회주의
정치적인 것
결단주의
전체국가
현존재/사유

4 정치적 삶의 본질이 개인들 간의 '합의'라고 보았던 자유주의에 반대하며, 정치적 삶이란 투쟁적으로 살아가는 의지적 인간들의 결단이라고 보았던 네 명의 사상가 니체, 베버, 슈미트, 하이데거에 대해 소개한다.

이들은 공교롭게도 모두 독일 사상가이다. 이렇듯 자유주의에 반대하는 사상적 조류가 독일을 중심으로 형성된 것은, 독일이 다른 서유럽의 국가들보다 상대적으로 늦게 근대화과정을 겪었기 때문이다. 독일의 지식인들은 서유럽 국가들을 전통을 배제한 문명(civilization)이라 부르는 반면 독일은 전통을 존중하는 문화(culture)라 부르며 독일의 자존감을 지키려 했다.

이런 상황에서 독일의 대표적 사상가들이었던 니체, 베버, 슈미트, 하이데거는 정치적 삶의 본질은 합의를 만드는 것이 아니라 의지를 가진 인간들이 정치적 사안에 대해 결단하는 데 있다고 말한다. 가장 정치적 색채가 옅었던 니체는 책임지려 하지 않고 무엇이든 타협하고 합의를 원하는 개인은 진정한 주체적 인간이 아니라고 말하며, 세상을 바꾸려는 의지와 책임으로 가득 찬 차라투스트라로 대표되는 새로운 근대적 인간형을 내놓는다. 의지와 결단의 인간형은 민주주의가 붕괴되고 있었던 혼란한 바이마르 공화국 아래에 살던 베버와 슈미트에 의해 새로운 정치지도자의 형태로 구현되는데, 베버는 의회 내에서 투쟁을 거치며 권력을 획득한 정치지도자가, 슈미트는 국민이 직접 선출한 대통령이 정치적 결단의 중심에 서야 한다고 주장한다. 한편 하이데거는 과학에만 집착하고 존재에 대한 고민이 없는 근대의 자유주의적 자아를 비판하며, 정치는 개인들이 존재의 의미를 찾는 것을 돕는 것이라고 말한다.

자유주의적 인간에 대한 이들의 비판은 합의란 주체적인 개인들의 이성이 만들어낸 것이라는 자유주의적 입장에 대한 적나라한 공격이었지만, 그들이 제시한 해결책은 정치란 본질적으로 의지와 결단으로 가득 찬 소수 엘리트의 것이라 보는 엘리트주의의 한계를 벗어나지 못했다.

니체
원한 – 나약한 자들의 음모가 선악의 이분법을 만들었다

 니체가 근대의 문제 중 가장 관심을 둔 것 중의 하나가 선과 악이란 도덕의 가치이다. 그가 도덕의 가치를 문제 삼았던 가장 근본적인 이유는 근대적 도덕이 비이기적인 것의 가치를 유달리 강조하기 때문이었다. 니체는 근대 사회에 널리 퍼져 있는 도덕률이 동정 본능, 자기 희생 본능의 가치를 강조한다고 생각했다. 그러나 자기를 희생시키는 비이기적인 도덕 가치는 근본적으로 자기 자신을 부정할 때 생겨나는 것이다. 예를 들어 한 사람이 다른 사람을 위해 봉사한다고 할 때, 나 자신이 진정 원하는 모든 것을 버리고 다른 사람을 위해 희생한다고 한다면 분명 이런 사람의 자기 희생은 자기 안에 자신이 원하는 가치를 부정하는 것이기 때문이다. 니체는 자기 자신을 부정하는 기존의 자기 희생적 도덕 가치는 결국 허무주의에 이른다고 믿었기에 이런 도덕의 가치를 부정한다.
 니체는 좋음이란 가치는 받는 입장에 있는 사람이 좋다고 느낄 때 있

니체 Friedrich Wilhelm Nietzsche 1844~1900
20세기 사상에 큰 자극을 준 철학자로 그리스 철학, 쇼펜하우어, 바그너 등의 영향 속에서 독자적인 철학의 지평을 열었다. 24세에 스위스 바젤대학의 고전문헌학 교수가 되었으나, 1879년에 병의 악화로 대학을 그만두었고 10년 후에 정신착란을 일으켜, 결국 회복하지 못하고 사망했다. 저작으로는 『도덕의 계보』『차라투스트라는 이렇게 말했다』 등 다수가 있다.

는 것이 아니라 훌륭한 인간 그 자체 안에 있는 것이라고 본다. 훌륭한 사람이란 저급한 사람, 저급한 뜻을 지니고 있는 사람, 비속한 사람, 천민적인 사람들에 대비되는 개념으로 자기 자신과 자신이 한 행위를 스스로 제일이라고 느끼고 평가하는 고귀한 사람, 강한 사람, 드높은 사람, 높은 뜻을 지닌 사람들이라고 말한다.

하지만 근대 사회의 도덕은 강한 것, 부유한 것, 지배하는 것을 악이라고 말하고 유한 것, 가난한 것, 순종하는 것을 선이라고 말한다. 니체는 근대 정신의 평민주의가 이런 근대의 도덕을 만들어냈다고 비판하며, 강자에 대한 나약하고 비천한 자들의 원한이 근대적 선악의 이분법을 만들어냈다고 주장한다.

그럼 원한이란 무엇일까? 그것은 나약하고 비천한 자들이 자신을 지배하는 강력하고 고귀한 자들에게 오랫동안 품어왔던 복수의 심정으로, 도덕에서의 노예반란은 원한 자체가 창조적이 되고 어떤 사회적 가치를 낳을 때 시작된다. 이 원한의 특징은 실제적인 강자들에 대해 행위로 저항하는 것이 아니라 오로지 상상의 복수를 통해서만 행사된다는 것이다. 이런 복수를 하려는 자들은 스스로를 누구에게도 전혀 해가 되지 않는 존재라고 믿는다. 그들은 자신보다 강한 사람들에 대한 복수심이 자신의 세계를 생기 있게 만든다고 여긴다. 침묵하고, 기억하고, 기다리고, 잠정적으로 굴종하며 복수의 기회를 찾는다. 이런 복수는 궁극적으로 적을 만들어내고, 적이란 존재를 통해 선과 악의 개념을 창조한다. 그들은 자신의 적을 악한 사람으로 만들며, 그것에 대비하여 자신을 선한 인간으로 상정한다.

이런 원한에 사무친 약자들이 행한 복수의 절정은 유대인들이 예수를 십자가에 매단 사건이다. 오랫동안 주위의 강자들한테서 핍박을 받아오던 유대인들은 자신들의 구원자인 예수를 십자가에 매달아 세상을 향해 미끼로 던졌다. 모든 인간의 죄를 대신하여 십자가를 진 예수의 희생은 자신을 핍박하던 세력을 포함해 모든 세계의 감동을 자아냈고 예수를 숭배하도록 했다. 이처럼 약자로서 유대인들은 자신들의 구원자인 예수를 십자가에 매달아버림으로써 자신들을 핍박하던 이들에게조차 정신적인 굴복을 받아내어 세상에 화려하게 복수한 것이다.

니체
초인 – 자신만으 기준과 법칙으로 허위의 세상에 맞서라

　니체가 제시한 초인이란 개념을 숙고하면서, 니체의 근본적인 철학적 질문이 무엇이었나를 생각해보면, 그것은 '근대적 개인은 정말 주체적인가?'로 요약될 수 있다. 인간의 이성에 대한 신뢰가 깊어질수록 근대인들은 자신들이 합리적으로 이성을 사용할 수 있는 주체적 존재라고 생각했다. 그러나 니체는 이런 근대적 믿음을 의심하고 거부한다. 니체는 왜 근대적 개인이 주체적인 인간이 아니라고 생각했을까?

　니체의 논거는 두 가지 정도로 생각해볼 수 있다. 첫째, 니체는 근대적 개인이 주체적이라기보다는 오히려 파편적이며 원자적이라고 믿었다. 특히 자본주의 사회는 인간을 분열시키고, 개인이라는 껍질 속에서 경제적 생존에만 집착하는 인간형을 길러냈다. 둘째, 사회구조의 허위성 때문이다. 니체는 근대의 모든 사회가 진리라는 이름 아래 구조화되어 있다고 보았다. 하지만 정작 근대 사회는 진리라는 허울 좋은 이름만 있을 뿐 무엇이 인간에게 진정 좋은 삶인지에 대해선 대답하지 않는다.

　근대 사회에서 이런 사회적 허위구조를 만드는 데 가장 크게 기여한 것이 바로 기독교이다. 니체는 인간의 진정한 삶은 우리가 지금 현재 발을 딛고 살고 있는 오늘과 현실에 있다고 믿었다. 그러나 기독교는 오늘이라는 짧은 시간의 삶을 영원이 아니라 '순간'의 삶이라는 이름

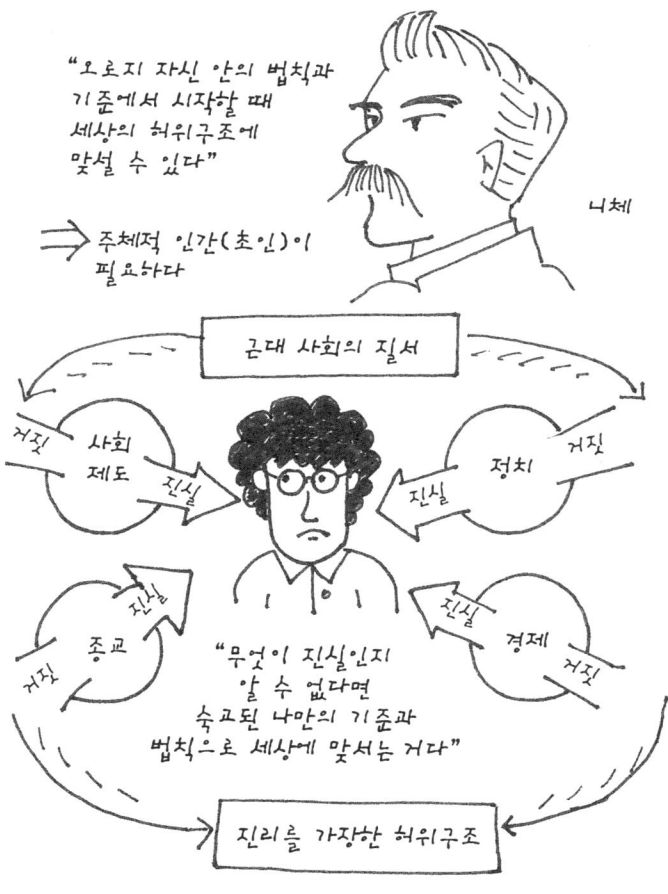

아래 하나님 세계의 삶보다 열등한 것으로 만들었다. 더불어 '순간'이라는 제한된 시간 속에 존재한다는 변명 아래, 인간의 육체를 영혼보다 열등한 것으로, 본능과 열정을 이성과 합리보다 열등한 것으로 여기도

록 하는 데 기여했다. 이런 가르침은 하나님의 진리라는 이름 아래 오늘보다는 내일, 이 세상보다는 다음 세상에서 행복한 것이 진정으로 행복한 것이라고 사람들을 속이고, 오늘과 현실에서 진정한 삶의 의미를 찾는 것을 방해한다.

불행한 일은, 사회가 이렇게 허위구조로 되어 있다는 사실을 깨달을 수 있는 사람들은 탁월한 직관적 지혜를 가진 소수뿐이라는 것이다. 보통 사람들은 사회가 가르치는 것을 의심하지 않고 믿기 때문에 사회적 허위구조를 간파해낼 수 없다. 결국 거짓말을 진리로 위장한 세상을 간파하고 바꿀 수 있는 것은 강력하고 능동적이며 탁월한 지혜를 가진 소수의 인간이다.

그렇다면 소수의 인간은 어떤 방식으로 사회적 허위구조에 맞설 수 있을까? 그 유일한 방법은 자기 자신으로 되돌아가는 것이다. 이미 사회는 허위로 가득 차 있기 때문에 사회에서 발견한 기준과 법칙으로는 허위구조를 탈피할 수 없다. 오로지 자신만의 기준과 법칙에서 시작할 때만 세상의 허위구조에 맞설 수 있다. 그 기준과 법칙을 찾기 위해서는 절대고독의 상태가 필요하다. 오직 자기 자신으로 돌아가서 자신만의 생각으로 확고한 기준을 발견하기 위해서는 철저히 홀로 될 필요가 있기 때문이다. 차라투스트라가 10년 간의 명상수행 끝에 산에서 내려오는 것도 이런 고독의 필요성 때문이다.

절대고독을 통해 자신만의 기준과 법칙을 가진 이들은 인간의 삶에서 위대한 순간(영웅)이 될 수 있는데, 이들이 바로 초인이다. 초인들은 자기 자신의 주인이며, 자기가 가진 미덕의 주인이다. 무엇보다 뛰어난 인간들이 공유하고 있는 가장 커다란 특징은 자기 자신을 믿고 의지한다는 것이다. 이들은 자신이 살고 있는 시대에 반하는 자신들만의 고유한 기준을 가지고 있다. 하지만 이런 고유한 기준은 기존의 사회를 일방적으로 파괴하기 위한 것이 아니다. 오히려 자신의 사회가 보다 높고 고귀한 문화를 갖도록 하는 데 그 목적이 있다. 니체의 초인은 사회의 변혁자이지 파괴자가 아니라는 점을 기억해야 한다.

니체
문화의 결속력 – 고귀한 문화를 가진 공동체가 새로운 변화를 수용한다

문화는 니체의 철학에서 매우 중요한 개념이다. 니체의 문화란 어떤 것일까? 그것은 인류의 미래를 결정하는 중요한 인간의 조건 중의 하나인데, 한 사회에 전반적으로 공유된 가치와 사회적 분위기를 의미하며 사회적 결속력을 강화시키는 근원이다. 니체는 철학자들이 "문화에 헌신한다"고 선언하는데, 그 까닭은 사회 전반에 형성된 고귀한 문화야말로 노예의 삶으로부터 우리를 해방시킬 수 있는 근원이 되기 때문이다. 우리는 우리 삶의 해방에 유리한 조건을 만들기 위해 보다 고귀한 문화를 이루는 데 헌신할 필요가 있다. 이렇게 본다면, 니체에게 문화란 단순한 수단이 아니라 그 자체로 궁극적인 목적이다. 한 사회는 문화의 결속력을 가지고 있어야 하는데, 고귀한 자들만이 이런 결속력을 이룩할 수 있다.

그렇다면 니체는 철학자들이 문화의 결속력을 만드는 데 어떻게 헌신한다고 보았을까? 그는 소크라테스 이전의 고대 그리스 시대에는 철학자들이 직관적 지혜를 통해 문화를 결속시키는 데 기여했으며, 사람들은 철학자들의 지혜를 소중한 것으로 믿고 따랐다면서 이런 문화를 고귀한 문화의 전형으로 보았다.

예를 들어 소크라테스 이전에 있었던, 세상이 무엇으로 이루어져 있는가에 대한 논쟁을 보자. 탈레스는 물, 아낙시만드로스는 무한한 것,

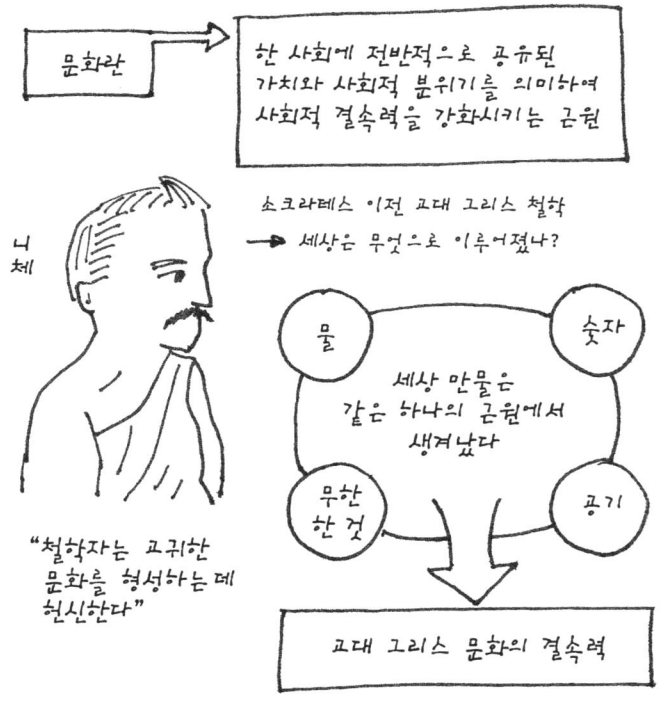

아낙시메네스는 공기, 피타고라스는 숫자로 세상이 이루어져 있다고 주장했다. 이들은 왜 이러한 주장을 펼쳤을까? 정말 세상이 물, 무한한 것, 아니면 공기로 이루어져 있기 때문일까? 니체의 대답은 간단하다. 세상이 단일한 물질 혹은 근원에서 나왔다는 철학적 주장이 결국 사회 구성원들에게 우리는 하나의 근원에서 나온 동질성을 가진 사람들이란 의미로 다가갔다는 것이다. 세상 만물의 근원이 단일한 것에서 나왔다는 대단히 직관적인 철학적 주장들은 이성적으로 정교한 주장보다 문화적 결속력의 강화에 더 크게 기여했다는 것이다. 더욱이 소크라테스 이전의 고대 그리스는 고귀한 문화를 가지고 있었던 탓에 이런 철학자들의 주장이 우연이 아닌 하나의 설득력 있는 주장으로 시민들에게 받아들여졌다. 이런 점에서 고귀한 문화는 철학자들이 간파해낸 삶의 필요를 쉽게 자신의 것으로 만드는 성향을 가지고 있다.

니체에게 '문화의 결속(unity of culture)'이란 단순히 어떤 특정한 문화가 도그마가 되는 것을 의미하는 게 아니다. 니체는 문화가 시간적 흐름을 따라 역사 속에서 점진적으로 발전되는 것이라고 생각하지도 않았다. 오히려 미래의 문화는 현세의 위대한 천재들(초인)이 과거의 위대한 천재들(초인)이 이루어놓은 현재의 문화를 거부한 결과로 생겨나는 것이라고 보았다.

그러나 과거의 문화에 대한 거부를 통해 새로운 문화가 형성되는 것이 혁명이나 반란을 의미하는 것은 아니다. 그것은 변화를 거부하고, 자신의 이익만을 지키려는 나약하고 비천한 자들이 이루어놓은 문화에서나 혁명이나 반란으로 받아들여진다. 능동적인 사람들 혹은 능동적인 사람들의 행위를 충분히 이해할 수 있는 문화가 형성되어 있는 곳에선 이런 거부가 더 고귀한 문화로의 도약을 의미할 뿐이다. 니체는 이런 사례를 소크라테스 이전의 고대 그리스에서 찾았다. 시민들은 철학을 이해했고, 철학자들의 새로운 주장을 지체 없이 삶에 수용하고 그것을 사랑했다. 이런 고귀한 문화가 고대 그리스 문명의 번영을 가져왔던 것이다.

베버
섹트 – 종교적 윤리가 자본주의 정신의 근본이다

　자본주의 사회는 개인의 무한한 이익 추구를 허용하는 사회이다. 자본주의 시장이 발전하기 시작한 근대 초기부터 많은 사상가들은 개인의 무한한 이익 추구가 결국 사회의 통합을 방해하고 사회를 파괴할 것이라고 믿었다. 이런 믿음 한가운데에는 화폐가 있었다. 원래 화폐는 교환 수단에 불과한 것이지만, 부의 무한한 축적을 가능하도록 만든다. 부의 축적은 인간을 더욱 사치스럽게 만들고 도덕적으로 타락시켜 자신의 이익만을 추구하도록 만들 것이라고 근대 사상가들은 생각했다.

　그러나 자본주의는 이기주의로 쉽게 타락하지 않고 발전할 수 있었는데, 그 근본적인 원인은 성실·근면·금욕이란 프로테스탄트 윤리로 대표되는 종교의 영향 때문이었다. 소위 신교라고 불리는 프로테스탄트주의는 부의 축적을 하나님의 축복과 구원의 증거로 보고, 성실하고 근면하게 재산을 축적하는 것을 종교적 입장에서 정당화시켰다. 게

베버 Max Weber 1864~1920
독일의 사회학자·정치경제학자로, 현대 자본주의 사회를 철장(iron-cage)으로 규명한 것과 프로테스탄티즘을 자본주의와 관련지어 규명한 '프로테스탄티즘 윤리'라는 주제와 관료제에 대한 사상으로 유명하다. 자본주의와 관료제의 발전 속에서 생산되는 영혼 없는 전문가를 비판하며 신념과 책임, 합리성을 갖춘 인간형을 주장했다. 학문에서 객관성을 유지해야 한다는 주장과 함께 동기의 측면에서 인간의 행동을 분석함으로써 사회학 이론에 많은 영향을 주었다.

다가 성실하고 근면하게 모은 재산을 함부로 남용하지 않도록 하는 금욕주의적 태도는 축적된 부의 이기적 남용을 막는 데 기여했다.

이런 성실·근면·금욕의 윤리가 더 잘 확장될 수 있었던 것은 '섹트(Sect)'라고 불리는 종교공동체 때문이었다. 섹트는 같은 종교 혹은 종파를 공유한 사람들이 모여 이룩한 종교공동체로, 17세기부터 유럽 사회에서 널리 퍼져 나갔다. 섹트는 단지 종교공동체 역할만을 하는 것은 아니었다. 오로지 성실하고 근면하며 금욕적일 뿐만 아니라 특정한 도덕적 기준을 만족시킨 사람들만이 이 공동체에 진입할 수 있었기 때문에, 여기에 속한다는 것은 자신의 신용을 대외적으로 증명하는 것과 유사한 역할을 했다. 이렇게 섹트에 가입되는 과정은 한 사람이 얼마나 성실하게 자신의 삶을 꾸리고 대인관계를 잘 유지하며 살아왔는가라는, 그 사람의 삶 자체를 평가하는 것이었다. 이 공동체는 같은 종교를 공유한 이들로서 서로를 보살펴주는 역할을 넘어, 공동체의 종교적 신념을 지키기 위해 구성원들의 일상생활을 감시하는 역할까지 맡았다. 베버는 이런 섹트가 가장 활발한 사회가 바로 미국이라고 생각했다. 미국은 종교적 자유를 찾아 집단적으로 이주한 사람들이 많았으므로 섹트의 활동이 활발할 수밖에 없었다.

이렇듯 개인적 덕목으로서 성실·근면·금욕이란 윤리뿐만 아니라 섹트라는 종교공동체가 구성원들이 도덕적으로 타락하는 것을 방지하는 기능을 했기 때문에 자본주의 사회는 끊임없이 팽창했음에도 불구하고, 자본주의 속의 인간은 쉽사리 타락하지 않았다. 그러나 종교의 중요성이 점점 힘을 잃어가고 성실·근면·금욕이란 윤리와 종교적인 상호 감시가 사라지면서 자본주의는 급속히 타락해갔다. 베버는 자본주의 사회가 자신의 이익만을 추구하는 방향으로 움직이기 때문에, 분업화된 자본주의 사회는 '영혼 없는 전문가'를 양산해낼 것이라고 보았다. 그는 이런 자본주의적 운명을 '철장(iron cage)'이라고 불렀다.

베버
관료화 – 근대화된 국가는 필연적으로 관료화된다

베버는 근대화된 국가는 필연적으로 관료화된다고 말한다. 그는 현대 국가의 실질적 지배권을 필연적으로 관료들이 차지한다고 본다. 권력이란 의회의 토론이나 군주의 선언이 아니라 사람들이 살아가는 일상생활에서 행정의 집행을 통해 이루어지기 때문이다. 행정의 관료화는 근대 국가의 특성이다. 예를 들어 행정 업무와 무관하게 등장한 정치인들조차도, 국회의원이라는 시민의 대표직에 만족하지 않고 장관이나 총리 같은 관직을 위해 투쟁한다.

국가가 현대화될수록 국가는 필요한 인력을 충당하기 위해 공식적인 채용절차를 만들며, 봉급·연금·승진이 규정화되고, 전문 훈련과 분업·공정된 관할 업무·문서를 통한 절차·공무원들 간의 서열화가 형성된다. 이렇게 고용된 관리들은 일선에서 권력을 행사하며 국민들의 일상적 욕구를 만족시킨다.

베버는 합리적인 법과 규칙에 따라 움직이는 현대 관료국가의 발전이 현대 자본주의 발전과 밀접하게 연관되어 있다고 말한다. 기업이 생존하기 위해서는 기본적으로 기업이 수행해야 할 업무를 정확하게 파악할 수 있는 합리적인 계산이 필요하다. 그것 없이는 기업이 생존할 수 없다. 더불어 이런 계산을 수행하는 데 필요한 법과 행정이 요구된다.

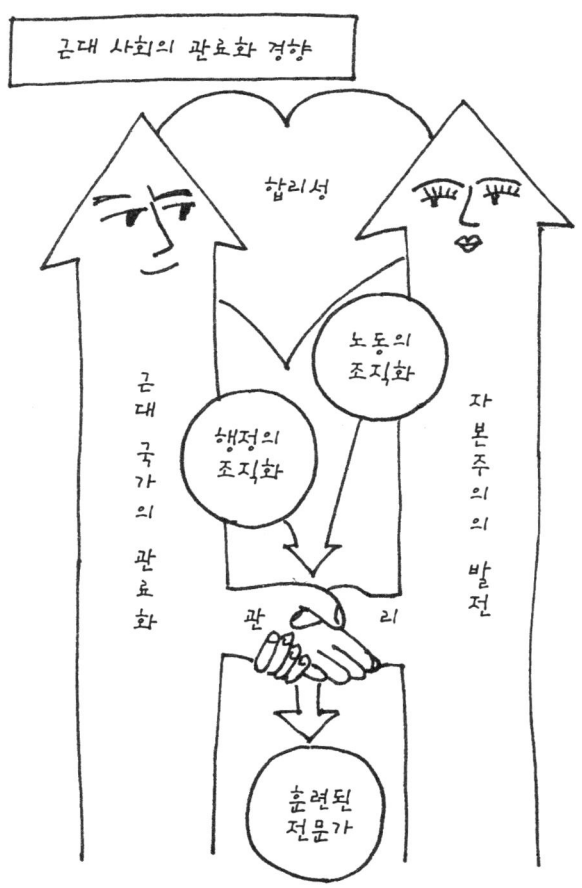

베버는 현대 자본주의의 고유한 특징이란 합리적 기술에 근거하여 노동을 최대한 합리적으로 조직해내는 것이라고 말한다. 이런 합리적 자본주의 내에서는 비합리적인 가부장적 판단이 존재할 수 없으며, 정

치・전쟁・행정 자체에 기생하는 모험자본주의나 약탈자본주의와도 구별된다고 말한다. 그러므로 합리적 자본주의 내에서 성장하는 기업은 노동의 합리적 조직화라는 명분 아래, 그것을 정확하게 수행해낼 계산・법・행정조직을 만들어내는데, 그 조직은 위에서 언급한 공식적 채용절차부터 구성원들 간의 서열화에 이르기까지 관료화의 경향에서 벗어날 수 없다.

베버가 현대 사회의 불가피한 관료화 경향에 대해 부정적인 견해만 보였던 것은 아니다. 현대 관료제의 바탕에는 '합리적인 전문성'과 '훈련' 이라는 고유한 특성이 있기 때문이다. 현대 생활의 합리적 기술에 부응할 수 있도록 끊임없이 훈련을 받으며 전문화되는 것이 현대의 관료제이다.

그러나 관리가 지배하는 사회는 사회를 이끌어줄 지도하는 정신이 없다. 왜냐하면 그들은 단순히 관리하는 사람들이기 때문이다. 관료의 미덕은 본질적으로 명령에 대한 복종이다. 서열화된 체계 내에서 오직 소수의 관리들만이 판단하고 결정한다. 그러나 장관이 전문 관료 중에서 선출되기보다는 외부 정치가 중에서 선출되는 것을 보아도 알 수 있듯이, 관료들은 결정하고 판단하는 일보다는 관리와 의무에 익숙하며 그것을 자신들의 미덕으로 삼는다. 그러므로 이들의 책임은 자신의 결정에 대한 책임이라기보다 업무와 관리에 대한 책임이다. 이렇게 스스로 결정하지 못하는 관료들은 '영혼 없는 전문가'로 귀결되며, 정치는 소멸되고 관리만이 남는다.

베버
의회주의 – 의회의 권력투쟁에서 승리한 자가 정치지도자가 된다

 베버는 열렬한 의회주의 지지자였는데, 그 배경에는 현대 사회의 관료화와 민주주의의 문제가 있었다. 베버의 입장에서 볼 때 관료제와 민주주의는 서로 밀접한 연관을 맺고 있었다. 특히 평등이란 가치를 유지하는 대중민주주의가 국민 안으로 스며들기 위해서는 관료제라는 도구가 필요했다. 일반 대중들 혹은 도시 하층민들이 민주적 체제에서 수혜자가 되기 위해서는 관료들의 세심한 관리가 필요하기 때문이다. 예를 들어 자식이 없는 노인에게 주택을 공급하고, 생활비를 지급하는 일은 관료들의 도움 없이는 불가능하다. 그러므로 사회 내에서 평등이란 개념이 확장될수록 관료제는 불가피하다. 평등 개념이 지배하는 공산주의 국가가 철저하게 관료제 국가라는 점이 이를 증명한다.

 그러나 관료제의 본질은 국가의 관리이므로, 무엇이 국가의 중요한 목표인지 혹은 무엇이 국가가 주도하고 보호하는 가치가 되어야 하는지에 대해선 무관심하다. 가치가 다원화될수록 국가가 지향해야 할 점을 분명히 하는 일이 중요한데도 그러하다. 베버는 이런 결단을 내려줄 수 있는 정치지도자를 의회정치가 만들어줄 것이라고 믿는다.

 예를 들어 의회정치는 다양한 정치적 입장을 가진 사람들이 정치투쟁을 벌이는 장이다. 이들의 순수한 목적은 정치 및 권력 그 자체이기 때문에 정치에 대한 신념을 가지고 있다. 이런 점에서 정치가들은 정

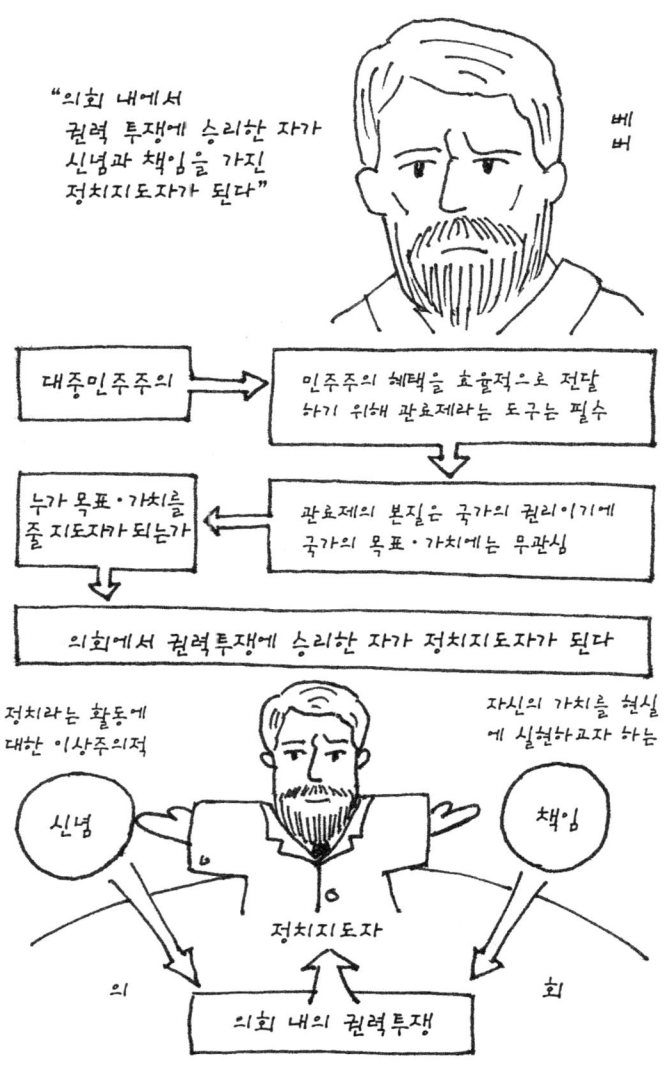

치라는 활동 그 자체를 중요시하는 이상주의자이다. 그러나 현실적인 정치 영역에서는 이런 신념만으로는 충분하지 않다. 정치가는 자신의 가치관에 입각하여 현실적인 결과를 만들어내야 하는데, 그것은 자신의 정치적 행위에 대한 책임의 문제가 되기 때문이다. 이런 점에서 보자면 정치가들은 지독한 현실주의자여야 한다.

베버는 이런 상반된 가치를 논리적 차원에서는 묶을 수 없지만, 의지적 차원에서는 묶을 수 있다고 말한다. 그럴 수 있는 곳이 바로 의회다. 의회에서 정치투쟁을 벌이는 동안 정치가들은 자신의 이상적인 정치적 신념을 밝히고, 모든 현실적 수단을 통하여 그것을 획득해내야 한다. 이 과정을 통해 정치가들은 자신의 주관적 이상을 객관적 현실로 만들어낸다.

신념과 책임을 의지적으로 통합시켜야 하는 의회에서 선출된 정치지도자는 정치적 투쟁과정 속에서 정치적 결단을 내릴 수 있는 능력을 배양한 유능한 인물이다. 더불어 정치권력을 잡기 위해 투쟁하는 과정은 정치에 생명력을 불어넣고, 역동성을 만들어낸다. 이렇듯 베버에게 의회는 진정한 정치적 신념과 책임을 포함한 소명의식이 있는 정치가를 길러내는 정치적 장이다.

슈미트
정치적인 것 – 적과 동지의 구분이 민주주의 동질성을 만든다

 정치적인 것이란 무엇일까? 이 질문에 대해 슈미트는 공적인 장에서 '적과 동지의 구분'이 바로 정치적인 것의 개념이라고 말한다. 이런 슈미트의 개념은 민주주의 사회의 결속력과 연관이 있다. 민주주의는 평등이란 가치를 기반으로 하고 있기 때문에 사회적 결속력을 유지하기 위해서는 구성원들 간의 동질성이 필요하다. 더구나 민주주의 내에 가치다원주의가 침투한 상황이라면 민주주의는 구성원들 간의 사회적 결속력을 더 많이 요구한다.

 민주주의에서 가치의 분열이 위험한 것은 내부의 가치 분열이 사회적 충돌을 불러오고, 이로 인해 구성원들이 내전상태에 이를 수 있기 때문이다. 이런 상황에 직면한 민주주의가 자신의 결속력을 강화하는 방법이 바로 적과 동지의 구분이다. 쉽게 말하자면, 한 사회가 분열되었을 때 공동의 적으로 삼을 수 있는 적을 설정하고, 공식적으로 적으

슈미트 Carl Schmitt 1888~1985
법과 정치질서가 정당화될 수 있는 근거는 주권적 권위자의 '결단' 속에서 찾아진다는 결단주의를 주장하여 나치스 체제를 옹호하는데 힘을 보탰다. 자유주의가 사회를 주도하여 국가 간의 경계를 없애고 모든 갈등을 중립화시킨다는 비판과 함께 그 해결책으로 제시한 적과 동지의 구분이라는 정치적인 것의 개념과 국가 주도의 사회와 국가가 통합된 전체국가는 결단주의와 함께 그의 사상적 토대가 되었다. 주요 저서로 『독재론』 『정치적인 것의 개념』 『헌법론』 등이 있다.

제4장 반자유주의적 의지와 결단

로 선포함으로써 사회는 결속력을 강화할 수 있다. 공동의 적 앞에선 분열된 사람들이라 할지라도 서로 단결하게 되어 있기 때문이다.

예를 들어 독도 문제를 둘러싼 우리 사회의 경향을 보자. 2005년 현재 열린우리당과 한나라당은 서로 다른 정치적 이익 때문에 분열된 상태이며, 국정을 위한 협력을 거의 하지 않는 상태이다. 하지만 독도 문제에 대해서는 민족의 자존심을 걸고 영토를 수호해야 한다고 한목소리를 낸다. 독도 문제와 관련해서만큼은 일본이 분열된 두 당의 공동의 적이다. 슈미트의 입장에서 보자면, 우리 사회는 내부적 결속력을 강화하기 위해 일본을 공동의 적으로 선언하고, 모든 정치적 역량을 일본과의 관계에 쏟아 넣음으로써 사회 내부의 동질성을 강화할 수 있다. 적과의 대치 상황에서는 사회적으로 분열이 용납될 수 없기 때문이다. 결국 적과 동지의 구분이란 타자를 배제시킴으로써 내부적 결속력을 다지는 동시에 동일한 정체성 및 동질성을 가진 다른 타자를 찾아내는 일이다.

만약 앞에서 예를 든 상황이 실제로 발생한다면, 한국 사회의 정치는 정규적인 정치 상황이 아닌 비상상태에 놓이게 될 것이다. 이런 상황을 슈미트는 예외상황이라 부른다. 한 사회가 지속적으로 적과 동지의 구분을 통해 사회의 내부적 결속력을 강화하고자 한다면, 그 사회는 비정규적인 정치 상황인 예외상황에 자주 놓이게 될 것이다. 사회적 안정성이 예외상황에서 생겨나는 아이러니를 맞게 되는 것이다. 더불어 나와 좀더 먼 타자(내 사회 밖에 존재하는 타자)의 배제가 나와 좀더 가까운 타자(내 사회 안에 존재하는 타자)와의 화해의 근원이며, 그것이 정치의 현실이라고 쉽사리 긍정해버리는 또 다른 패배주의와 직면하게 된다. 민주주의 동질성의 본질이 타자의 상처이며, 그것이 어쩔 수 없는 정치적 현실이 되어버리는 것이다.

  그리고 적과 동지의 구분이 이루어졌을 때, 나의 적은 반드시 제거되어야 한다. 슈미트는 '인간성(humanity)'이 정치의 바탕이 될 수 없는 이유를 처단해야만 할 적을 처단할 수 없는 논리를 제공하는 근원이기 때문이라고 말한다. 혹자는 적이 제거되면 정치적인 것의 구분이 끝나기 때문에 궁극적으로 적을 제거하는 일은 없을 것이라 말한다. 그러나 이 주장은 명백한 오류이다. 하나의 적을 제거한 뒤 다른 적을 선언하면 그뿐이기 때문이다. 소련이 무너진 이후, 자유사회는 이념적으로 더 이상 제거할 적이 없다고 믿었지만 미국은 이슬람을 공공연히 적으로 선포함으로써 자유사회를 결속시켰다. 그 결과 9·11 테러 이후 미국은 테러에 대한 비상 상황이란 지속적인 예외상황 속에 놓여 있다.

슈미트
결단주의 - 정치는 법에 우선한다

　슈미트는 민주주의 사회에서 정치적인 것은 적과 동지를 구분하는 작업에서 시작된다고 말한다. 사회적인 공동의 적을 만들게 되면, 가치 분열적인 민주사회 구성원들이 내부적으로 결속할 것이란 주장이다. 그렇다면, 누가 적과 동지를 구분하는 것일까? 슈미트는 최고직의 정치지도자, 대통령이 한다고 말한다. 대통령에게 모든 결단의 힘을 실어줄 때야말로 정치지도자의 권위 아래 한 사회가 결속력을 다질 수 있기 때문이다.

　슈미트는 대통령이 국가의 비상 상황을 선포할 수 있는 강력한 권한을 가지고 있어야 한다고 주장한다. 이 상황의 특징은 국가의 신속한 의사결정을 위해 대통령의 결단이 의회가 설정한 법보다 우선하게 되는, 정치가 법에 우선하는 예외상황이 된다는 점이다. 예외적 상황이기 때문에 국가의 법은 강력한 정치지도자의 권한을 전혀 제한할 수 없다. 대통령은 법체계 자체의 작동을 중단시킬 수 있는 권한을 갖는다.

　그렇다면 예외상황에서는 왜 대통령이 법체계를 중지시킬 수 있는 권한을 갖게 되는 것일까? 실질적인 측면에서 보자면, 일정 정도 시간의 소요를 반드시 필요로 하는 법의 체계를 따르는 것보다 대통령의 정치적 결단에 따라 사회적 사안을 처리하는 것이 훨씬 효율적이기 때문이다. 그러나 상징적인 측면에서 보자면, 사회를 지속시키는데 그 자

체로 충분할 것 같은 법체계의 작동을 중지시키는 일은 정치체계에서 누가 진정한 주권자인지를 보여주어 대통령의 권위를 높여주는 계기가 된다. 이것은 인간들이 기적을 통해 신을 확인하는 것과 마찬가지 역할을 한다. 예외상황에서 주권자로서 대통령의 결단은 신의 결단과 같은 권위를 갖는다. 이것이 슈미트의 정치적 입장을 정치신학이라 부르는 이유 중의 하나이다. 이런 슈미트의 입장은 법의 정당성은 법 자체가 진리이기 때문에 확보되는 것이 아니라, 주권자의 권위에서 비롯되기 때문이라는 것으로 요약될 수 있다.

그렇다면 정치지도자의 결단이 법에 앞서게 되면 어떤 일이 일어날까? 우선적으로 모든 권력이 대통령이라는 정치지도자에게 집중되어 정작 민주주의의 당사자인 국민들이 정치에서 소외되는 탈정치화가 일어날 수 있다. 이런 상황에서 민주주의는 대중들의 신중한 정치참여를 필요로 하지 않는다. 민주주의의 구성원에게 요구되는 것은 민주주의 체제가 아니라 정치지도자의 결단에 대한 신앙적인 신뢰이다. 이것은 전체주의로 가는 또 하나의 길이다.

더불어 정치지도자 역시 비극적 운명에 처하게 된다. 우선 자신의 결단을 법 위에 위치시켰기 때문에, 자기 자신을 법이 아닌 무력의 보호 아래에만 둘 수 있다. 더 강력한 무력을 가진 자는 얼마든지 기존의 정치지도자를 제거하고 새로운 정치지도자의 자리에 오를 수 있는데, 법은 법의 영역 밖에 있는 기존의 정치지도자를 보호할 수 있는 근거를 전혀 가지고 있지 않다. 이 경우 정치지도자는 누구도 믿지 않게 되며, 궁극적으로 자신이 통치하는 국민들조차 신뢰할 수 없게 된다. 결과적으로 무력을 사용할 수 있는 국가적 비상 상황이 반복되는 결과를 낳는다. 우리 역사에는 유신을 선포한 박정희 대통령이 대표적인 예이다.

슈미트
전체국가 – '정치적인 것의 사회화'에서 '사회적인 것의 정치화'로

슈미트는 근대 자유주의 국가의 문제가 중립화라고 말한다. 중립화의 의미는 안전·확실성·사려·평화 가능성을 위해 허용될 수 있는 최소한의 합의와 공통적인 전제를 찾는 현상을 말한다. 중립화의 기본적 목표는 안전과 평화이기 때문에, 어떤 영역이나 의미가 각자의 정체성을 잃고 자신의 영역 혹은 의미와 상반되는 것들과 대립을 멈추고 서로 섞이거나 침투한다. 그 결과 어떤 사안이나 문제에 직면했을 때 그 문제를 해결할 수 있는 결단 능력을 잃어버리는 문제가 생긴다.

역사 속에서 중립화 현상은 사회가 기술의 시대로 접어들며 심화된다. 중세시대에는 선과 악의 구분이 분명히 존재했고, 초기 자본주의 시대에도 경쟁이라는 관계가 있었기 때문에 대립되는 것들의 투쟁이 존재했다. 그러나 기술의 시대는 관료들이 사회를 관리하는 대중사회이기 때문에 근본적으로 투쟁이 존재하지 않는다. 이 시대를 살아가는 인간들의 특징은 기술을 단순히 도구로 바라보지 않는다는 데 있다. 원래 기술은 하나의 도구로 그 자체에는 아무런 가치가 없는 것이다. 예를 들어 컴퓨터는 하나의 도구이다. 그러나 인간은 컴퓨터가 있으면 삶이 편리해질 것이라는 가치를 개입시킨다. 기술이 행복을 가져오는 것이다. 그러므로 기술의 발전은 하나의 유토피아가 된다. 요즘 흔히 유토피아(utopia) 대신 쓰이는 e-topia란 표현은 인간이 기술에 커다란

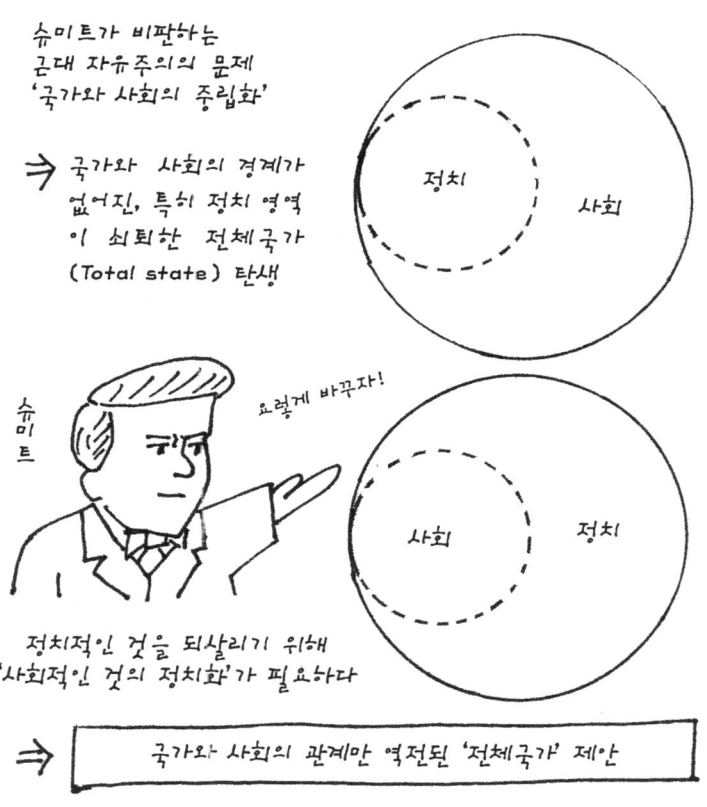

가치를 부여하고 있음을 증명한다.

  슈미트가 볼 때 자유주의 사회는 중립화의 대표적인 예이다. 국가와 사회가 서로의 영역을 잃고 상호 침투하여 그 경계가 모호해졌기 때문이다. 정치와 공적인 것으로 대표되는 국가, 경제와 사적인 것으로 대표되는 사회가 서로의 영역에 침투하여 자신의 고유 영역의 정체성을 상실한 것이다. 슈미트는 이렇게 국가와 사회가 서로 침투하여 각각의 정체성을 잃어버리고 모호하게 결합되어버린 국가를 전체국가(total state)라고 부른다. 사회와 국가가 하나가 됐다는 의미이다.

국가와 사회가 상호 침투한 대표적인 예가 바로 복지와 경제활동보호 같은 사적인 것들이 정치의 중요한 과제가 되어버린 현상이다. 개인의 복지는 사적 영역에서 개인의 몫이 아닌 국가의 몫이 되어버렸으며, 경제 영역에서의 활동을 보호하는 일이 국가의 가장 중요한 사업이 되었다. 이처럼 근대 국가, 특히 자유주의 국가에서 가장 큰 문제는 사적 영역의 일들이 공적 영역의 일들을 압도해버리는 현상이다. 국가와 사회가 상호 침투하여 사회의 영역이 국가의 영역을 장악해버리는, 정치적인 것의 사회화 현상이 나타난 것이다. 이로 인해 법률과 행정은 구분되지 않고, 정치적 결단은 사라진 채 대중의 목소리만 한 국가 내에 남게 되었다.

이에 대한 슈미트의 해결책은 국가와 사회를 다시 갈라놓는 것이 아니다. 오히려 슈미트는 이런 전체국가를 정치의 영역을 부활시킬 수 있는 기회라고 보았다. 정치적인 것의 사회화가 가능했다면, 사회적인 것의 정치화도 가능하기 때문이다. 그러나 문제는 정치는 가만히 두면 살아나는 것이 아니라는 것이다. 어떤 인위적인 힘이 가해지지 않으면 부활할 수 없다.

슈미트는 이런 정치의 부활이 정치적 결단을 부활시키는 데 있다고 믿는다. 결단이야말로 절대적 권위를 상징하는 힘이기 때문에 정치의 힘 아래 국가를 결집시키기 위해서는 결단의 부활이 필요하다. 하지만 대표자들이 모여 결론도 없는 대화만 벌이는 의회는 결단 능력이 없다. 더욱 중요한 것은 대표자들이 만드는 법은 국민들이 직접투표를 통해 만드는 법보다 정당하지 못할 뿐만 아니라 자유주의 의회는 사적 이익을 두고 다투는 이익투쟁의 장으로 바뀌었다.

남은 선택은 국민들이 직접 선택한 대통령이다. 대통령은 비상사태라는 예외상황을 선포할 수 있는 권위를 보유해야 하는데, 왜냐하면 이 능력이 절대적 권위를 상징하기 때문이다. 대통령의 결단은 누가 국가의 공적인 적인가를 구별해주는 데서 시작한다. 이런 결단은 외부의 적을 통해 내부의 분열을 막고, 궁극적으로 구성원들 내부의 통일성을 획득한다.

하이데거
현존재/사유 – 효용과 휴머니즘의 정치이데올로기를 탈피하라

    1차 세계대전 이후 세계질서는 미국과 러시아를 중심으로 재편되었다. 이는 자유주의와 사회주의라는 상반된 정치이데올로기로 표현된다. 그러나 하이데거는 두 체제가 공유하고 있는 중요한 요소가 있다고 보았다. 그것은 두 체제가 모두 과학기술과 효용을 추구한다는 점이었다. 둘 중 핵심적인 것은 효용의 문제이다. 자유주의는 개인의 이익을 극단적으로 극대화하는 데 봉사하며, 사회주의는 특정 계급의 이익을 극단적으로 극대화하는 데 봉사한다. 하이데거는 이익의 극대화라는 효용이 중요시되는 세계관의 확장은 인간이 자신의 존재에 대해 사유할 기회를 박탈한다고 믿었다.

    하이데거는 기술과 효용의 세계관이 과학적 사고방식이라는 명분 아래 주체와 객체를 나누는 데카르트로부터 기원한다고 보았다. 데카르트는 인식론에서 인식하는 사람(주체)과 인식되는 대상(객관적 세계)을 나누고, 주체가 명확하게 객체를 인식하기 위해서는 모든 것을 의심

하이데거 Martin Heidegger, 1889~1976
20세기에 가장 큰 영향력을 지녔던 독일의 철학자. 현상학의 창시자 후설의 조교였고, 1927년에 『존재와 시간』을 발표, 독일 철학계에 큰 충격을 주었다. 1928년에 후설의 후임으로 프라이부르크대학의 교수가 되었다. 히틀러와 나치즘을 공공연하게 지지한 것 때문에 패전 후인 1945년에 교수활동을 금지당했다.

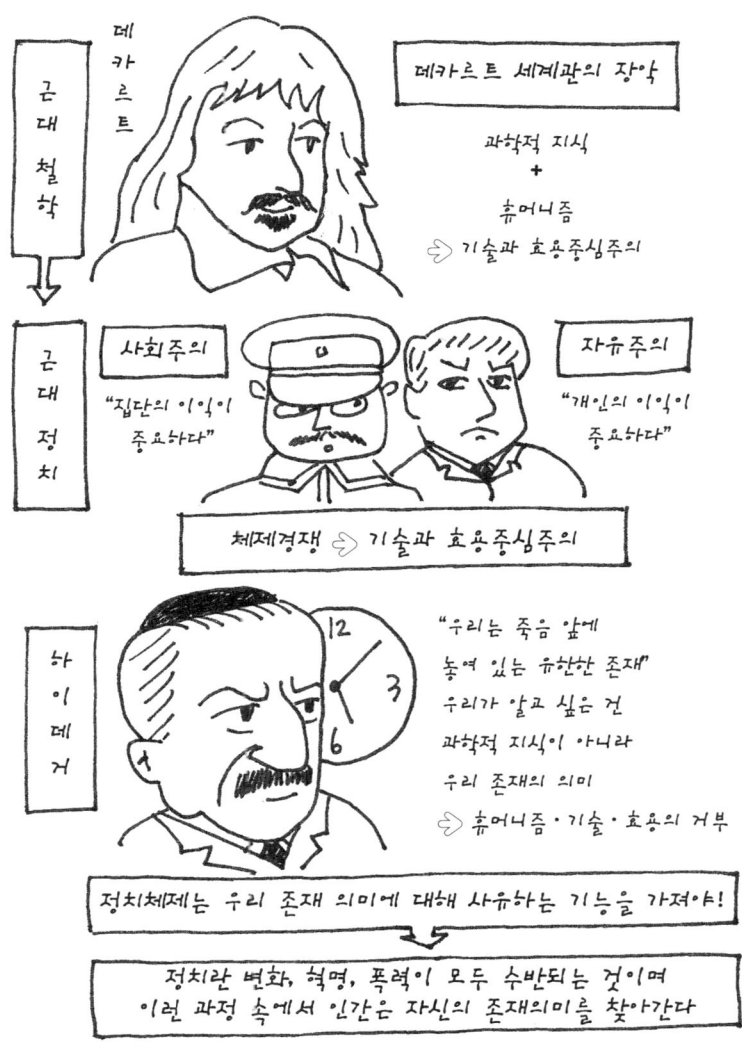

해야 한다고 말했다. 이런 의심 끝에 유일하게 의심할 수 없는 사실 하나가 바로 주체인 '내가 생각하고 있다는 사실'이다. 이 사실에서 시작해 데카르트의 주체는 인식론적으로 아주 명확한 지식들을 추구하는 합리적 존재가 된다. 더불어 정치적으로는 '휴머니즘'이라는 보편적 관념을 발견한다. 하이데거는 데카르트의 주체가 합리성이란 명분 아래 자신의 이익을 극단적으로 추구하는 근대적 인간을 형성해왔으며, 휴머니즘이 현대 정치이데올로기의 근간이 되었다고 본다.

하이데거는 데카르트의 근대적 인식론을 비판한다. 우선 데카르트에게 있어서 생각한다는 것은 단지 외부세계를 거울처럼 정확하게 반영하는 것에 불과하다. 그는 이런 인식의 거울이 비춰주는 지식을 과학적이라고 믿는다. 그러나 하이데거의 현존재(Dasein)는 주체와 객체를 구분하지 않는다. 현존재는 나와 객관적 세계가 분리될 수 있다고 보지 않는다. 나라는 존재는 지금 현재 나를 둘러싼 세계 안에서만 그 존재의 위치나 의미가 결정되기 때문이다.

현존재의 가장 중요한 특징은 사유하고 있다는 것인데, 이 사유가 데카르트의 생각한다는 것과 구별되는 점은 정확한 과학적 지식을 탐구하는 것이 아니라 오히려 자신의 존재에 대해 질문하고 있다는 것이다. 그것은 인간이 언제나 죽음 앞에 놓여 있는 유한한 시간의 존재이기 때문이다. 시간 속에서 죽음을 앞둔 우리가 진정 알고 싶은 것은 정확한 과학적 지식이 아니라 우리 존재의 의미이다.

하이데거는 정치체제가 존재의 의미에 대해 사유하는 기능을 가져야 한다고 믿었다. 그런 점에서 고대 그리스는 하이데거에게 이상적 체제였다. 한 예로 고대 그리스 비극이나 서사시는 모두 인간의 실존에 대한 고민으로 가득 차 있다. 예를 들어 오빠의 시신을 거두려 하는 안티고네는 신이 정해준 섭리에 따라 오빠의 시신을 당연히 수습해야 할 것인가, 아니면 법의 이름으로 그것을 금지한 크레온 왕의 명령을 따를 것인가를 두고 실존적인 고민을 한다.

그러나 근대의 휴더니즘은 이런 모든 실존적 고민을 배제한다. 휴머니즘이란 이름 아래 폭력을 동반한 모든 것에 대해 반대하기 때문이다. 정치란 변화·혁명·폭력이 모두 수반되는 것이며, 이런 과정 속에서 인간은 자신의 존재의 의미를 찾아간다. 그러므로 하이데거가 나치즘에 동조한 것은 으연이나 권력이 탐이 나서가 아니라 자신의 철학적 입장을 충실히 따라간 것이었다.

제5장

마르크스주의 – 자유주의와 자본주의 비판 II

노동/소외
계급투쟁
국가
물질
수정주의
자발성
민주집중제
물화
헤게모니
유기적 지식인
이데올로기적 국가장치
우발성의 유물론

5 마르크스주의의 고민을 단순화시켜보면 일하는 자와 이윤을 얻는 자가 다르다는 사회적 현실이다. 이런 경제적 관계는 노동자는 사회적으로 열등한 계급에, 이윤을 얻는 자본가는 우월한 계급에 위치한다는 점에서 정치적으로 전혀 분리되어 있지 않다.

마르크스와 엥겔스는 노동이 자연과의 작용 속에서 인간을 창조적으로 만드는 것의 의미와 그것이 자본주의 사회에서 어떻게 소외되는지를 보여주면서 소외된 노동을 되찾기 위해서 노동자 집단이 자본주의에 저항해야 한다고 말한다. 그렇다면, 노동자는 스스로 자신의 사회적 계급을 인식하고 저항을 조직할 수 있을까? 레닌은 이때 정치엘리트들의 역할이 필요하다고 말하고, 룩셈부르크는 대중들 내부에 스스로 혁명을 조직할 힘이 있다고 말한다.

하지만 실제 역사에서는 사회주의 혁명이 모두 봉건사회에서 갓 벗어난 나라에서 일어났다. 왜일까? 베른슈타인의 입장에서 보자면, 마르크스주의의 노동가치론과 계급의 이분화가 빈부의 극단적 이분화를 불러온다는 가정이 잘못된 것이다. 그람시는 그것이 이데올로기의 헤게모니 때문이라고 말한다. 이데올로기의 중심에는 자유주의 체제에 대한 동의와 자본가의 이익이 노동자의 이익이라는 자본가들의 이데올로기 조작 능력이 있다. 그러므로 진정한 지식인의 역할은 자본주의적 지배이데올로기에 맞서 대항이데올로기를 만드는 데 있으며, 이데올로기가 고도화된 사회에서 저항은 지식인들이 집단을 이룰 때 가능하다. 알튀세르 역시 자본주의 사회가 교육·대중매체 같은 제도와 국가장치를 통해 자본주의를 정당화시키는 논리를 재상산하고 있다고 말한다.

마르크스주의의 정치 실천은 노동자의 혁명을 통한 사회구조의 전환이다. 그러나 정치사상의 입장에서 제기할 질문은 조금 다르다. 무엇이 자본주의를 지속시키는가? 정치적 관계는 경제적 관계로부터 자유로운가? 자본주의의 힘은 경제관계인가 이데올로기인가? 시장에서의 개인(사적 영역)과 정치에서의 시민(공적 영역)이란 정체성이 한 자아에 동시에 존재할 수 있는가?

마르크스
노동/소외 - 자본주의 사회는 자기 창조의 근원인 노동을 소외시킨다

 마르크스는 인간과 역사의 관계를 이해하는 데 가장 중요한 요소 중 하나가 인간의 생산활동을 파악하는 것이라고 생각했다. 인간 최초의 생산활동은 자연과의 상호작용으로 이루어졌다. 자연에서 인간은 필요한 것들을 얻었으며, 그 작업이 바로 노동이었던 것이다.

 노동은 인간이 자연과 관계를 맺는 과정이다. 이 과정은 자연과 상호작용한다는 점에서 기본적으로 물질과의 관계 맺기이다. 이 과정 속에서 인간은 자신과 자연 사이에 있는 물질적 작용을 매개하고 통제한다. 더불어 자연에 노동을 부여함으로써 자연을 변화시키고 동시에 자신의 본성도 변화시킨다. 노동을 통해 인간은 자신의 내부에 감추어져 있는 놀라운 창조적 잠재력을 발견한다. 예를 들어 철을 만드는 과정을 생각해보자. 야금술은 루소가, 인간이 어떻게 광석으로부터 철을 추출해 만드는 일을 시작했는지 지상의 어느 누구도 모른다고 말했을

마르크스 Karl Marx 1818~1883
청년기에는 헤겔 좌파의 입장이었지만, 1846년경 엥겔스와 함께 『독일 이데올로기』를 저술하고, 포이에르바흐를 필두로 하는 독일 철학을 비판했다. 1848년에는 『공산당선언』에서 프롤레타리아혁명을 주장했고, 새로운 사회혁명론을 제시했다. 철학적으로는 자본주의가 작동할 수 있는 근본적인 힘의 비밀이 무엇인가를 밝혀내는 데 관심을 기울였으며, 그 실천적 저작인 『자본론』에서는 자본주의 분석을 통해서 전통적인 철학·역사학에 도전했다. 대부분의 저작이 미완성으로 남아 있는 것으로도 유명한데, 그것은 그가 살았던 당시의 자본주의가 지속적으로 성장하고 있었기 때문이다.

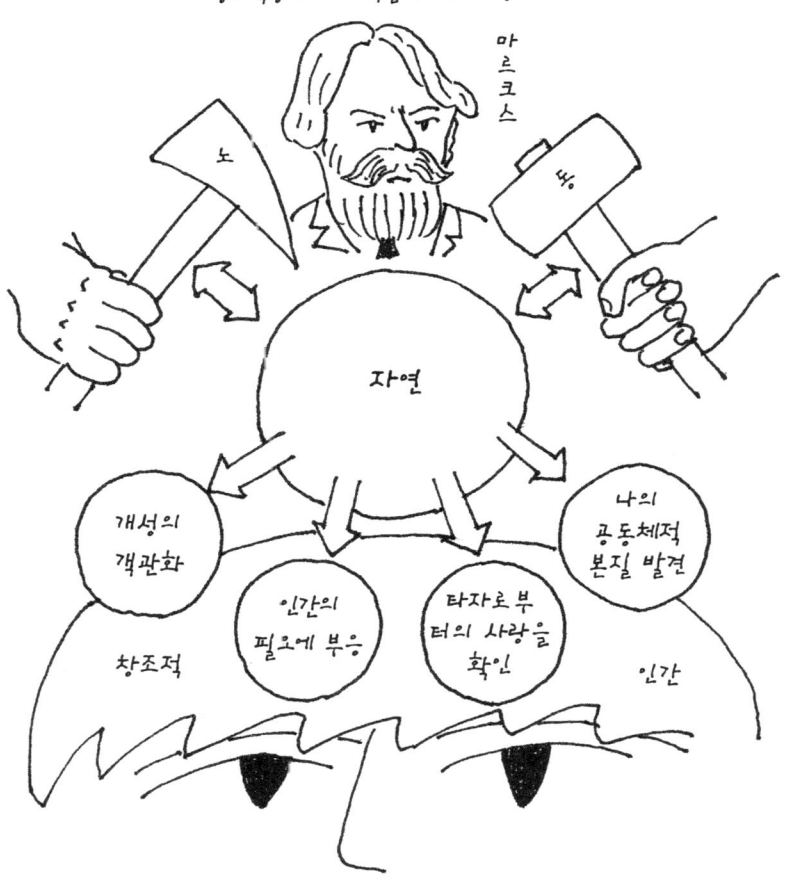

정도로 창조적인 기술이다. 높은 온도에서 철을 추출하고 추출한 철을 주물에 넣어 각종 물품을 만들어낸다. 인간은 이렇게 자연에 대한 창조적 노동을 통해 자신을 더욱 발전시켜 나간다.

우리가 인간적인 방식으로 이상적인 노동을 했을 때, 노동은 다음과 같은 네 가지 결과를 낳는다. 첫째, 생산과정에서 나의 창조성을 즐길 수 있을 뿐만 아니라 타자에게 보여줄 수 있는 물건을 만듦으로써 자신의 개성을 객관화시키는 즐거움을 가질 수 있다. 둘째, 자신이 생산한 물건을 다른 사람이 사용하는 것을 보며 자신의 노동이 인간의 필요에 부응했다는 점에서 즐거움을 느낀다. 셋째, 다른 사람이 내 물건을 자신의 일부처럼 쓰는 것을 보며 내가 다른 사람에게 필요한 부분이라고 느끼게 되며, 이런 느낌은 다른 사람으로부터 사랑을 받고 있다는 확인으로 돌아온다. 넷째, 나의 노동으로 나타난 내 삶의 표현에서 다른 사람들의 삶의 표현을 동시에 발견하게 되므로, 내가 인류의 한 부분이라는 본질, 쉽게 말해 나의 공동체적 본질을 발견하게 된다. 이런 점에서 노동은 물질과의 관계 맺기인 동시에 다른 인간과의 관계 맺기의 근원이 된다.

그러나 마르크스는 자본주의 사회에서는 이런 인간적인 방식의 노동이 상실되었다고 지적한다. 직접 노동에 종사하는 이들이 전반적으로 가난한 처지에 놓여 있을 뿐만 아니라 비인간적인 상황에 놓여 있기 때문이다. 마르크스는 이를 노동소외라고 부르며 다음의 네 가지 현상을 지적한다. 첫째, 노동자는 자신이 생산한 물건과 낯선 관계를 맺는다. 내가 생산하고 있지만 사용하거나 소유할 수 없는 경우가 허다하기 때문이다. 생산된 물품은 노동한 이와 전혀 상관없는 세계에서 사용되고 판매된다. 둘째, 노동자는 생산이라는 활동 자체에서 소외된다. 노동자들이 생산활동을 자신의 삶의 일부로서 즐겁게 받아들이지 않기 때문이다. 노동자들이 노동을 하는 이유는 단지 생존에 필요한 임금을 얻기 위해서이다. 셋째, 인간적 존재로서의 조화로운 노력이 배제된 노동으로 인해서 인간이라는 존재가 갖는 생명력을 잃게 된다. 노동을 통해 서로에게 필요한 일부라는 사실을 확인할 수 없으므로, 인간들 간에 서로의 사랑을 확인할 길이 없기 때문이다. 넷째, 결국 인간적인 노동의 즐거움을 잃은 인간은 인간으로부터 소외되는 결과를 낳는다. 왜냐하면 나의 노동으로 생산한 물건에 나의 삶이 존재하지 않고, 타자 역시 그들의 노동으로 생산한 물건에 그들의 삶의 표현을 불어넣지 못하기 때문에 서로 간에 인간으로서 공유하고 있는 본질을 발견하지 못하여 서로 소외될 수밖에 없는 것이다. 이로 인해 인간은 파편적인 인간으로 전락할 수밖에 없다.

마르크스
계급투쟁 – 사회의 모든 역사는 계급투쟁의 역사이다

  마르크스는 엥겔스와 함께 쓴 『공산당선언』의 첫 구절을 "이제까지 사회의 모든 역사는 계급투쟁의 역사이다"라고 시작한다. 인간의 역사를 살펴보면 자유민과 노예, 세습귀족과 평민, 남작과 농노, 동업자 조합원과 직인 등과 같이 억압하는 이들과 억압당하는 이들이 서로 끊임없이 대립해왔다. 이들의 대립은 때로 은밀하게 감추어져 있기도 했고 공개적으로 벌어지기도 했는데, 그 투쟁은 항상 전체 사회의 혁명적인 개조로 끝나거나 투쟁계급의 공동몰락으로 귀결되었다.

  봉건사회가 몰락하면서 탄생한 현대 시민사회에서도 계급투쟁은 멈추지 않는데, 그 특징은 계급 대립이 부르주아지와 프롤레타리아트라는 두 개의 적대 진영으로 단순화되었다는 점이다. 부르주아지는 자본주의 사회에서 일자리를 제공하는 위치에 있는 사람들로, 대개의 경우 상품을 생산할 수 있는 생산도구를 소유하고 있다. 부르주아지는 수많은 형태의 자유를 단 하나의 비양심적인 상업자유로 대체한 계급으로, 인간 개인의 존엄을 상품을 사들이고 파는 과정에서 비롯되는 교환가치로 바꾸어버렸다. 이들은 일자리를 제공하는 대신, 노동자들의 생산으로 얻어진 이윤을 정당하게 나누어 주지 않고 노동자의 노동의 대가를 착취하여 자본을 축적한다.

  반면 프롤레타리아트는 일자리를 제공받는 입장이기 때문에 일자리

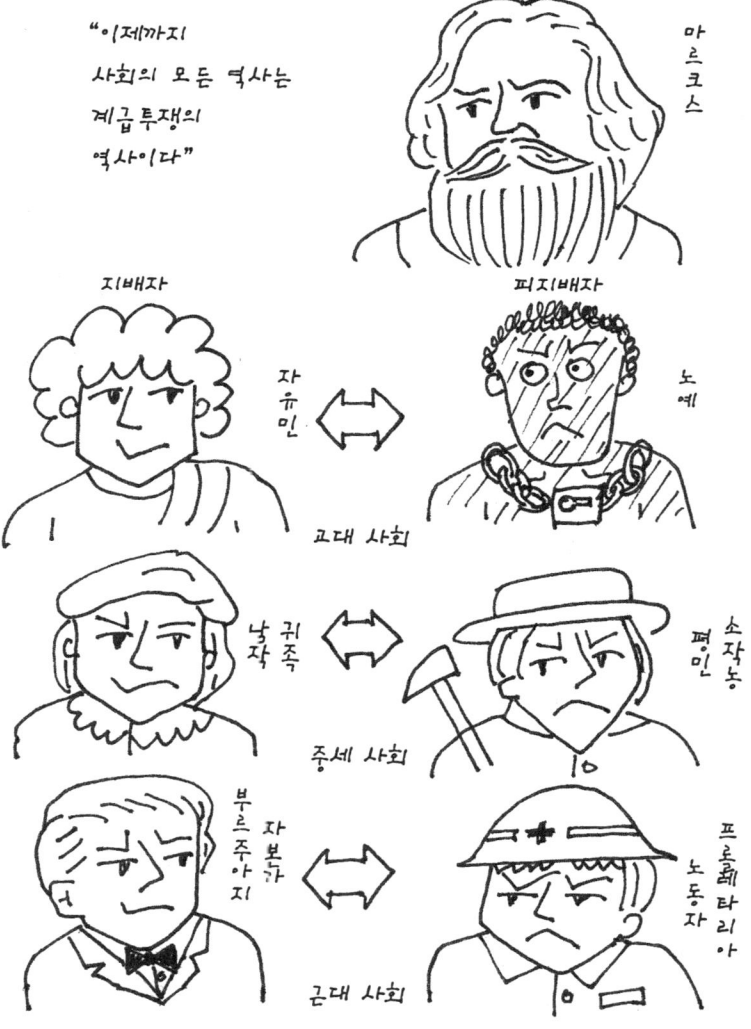

를 찾는 한에서만 생존할 수 있는데, 자신들의 노동이 자본을 증식시키는 한에서만 노동할 수 있는 일자리를 찾을 수 있다. 그들은 자신의 노동을 부르주아지들에게 한 조각씩 상품처럼 팔아야 생존할 수 있는 처지이며, 시장의 변동에 자신의 운명을 맡길 수밖에 없다. 시장에서 자신의 노동이 생산하는 물품의 수요가 없으면 일자리를 잃을 수밖에 없기 때문이다. 이들은 분업과 기술문명의 발달 속에서 상품의 조립이나 제작에 필요한 가장 단조로우며, 가장 쉽게 배울 수 있는 손동작만을 연마하는 단순한 기계부품으로 전락한다.

계급의 양분 속에서 부르주아지들은 자본축적을 위해 노동자들의 노동의 대가를 착취하고, 이로 인해 노동자의 생활은 점점 궁핍해진다. 노동자들은 전체적으로 비슷한 생활 수준으로 전락하며 노동자 상호 간에 서서히 이해관계를 공유해간다. 이런 상황 속에 개별 노동자와 계별 부르주아 간의 충돌이 증가하는데, 대규모 산업의 발달이 가져온 교통수단의 확대는 노동자들을 서로 연계시켜주고, 이 속에서 노동자들은 지역투쟁을 넘어 하나의 국가적 투쟁으로 중앙집중화한다. 모든 계급투쟁은 최종적으로 정치투쟁이 되는데, 노동자들이 결성하는 정당이 그 증거이다.

하지만 계급투쟁에는 반드시 필요한 요소가 하나 있다. 그것은 노동자가 스스로 자신이 노동자임을 자각하는 계급의식이다. 계급의식은 자신의 존재론적 위치를 정확히 깨닫는 힘으로, 자신이 노동자임을 알고 같은 노동자들과 집단적으로 결속할 수 있는 힘이라는 점에서 계급의식은 언제나 집단의식이다. 그러므로 자신들과 대립하는 집단에 항상 적대감을 품게 되며, 그 적대감은 투쟁을 지속시키는 힘이 된다. 이런 점에서 계급의식은 투쟁을 이끄는 능동적인 힘이다.

실제 마르크스는 사회적 존재와 관념적 의식과의 관계에서 사회적 존재의 우선성을 강조했다. 이런 측면에서 마르크스는 물질의 우선성을 강조하는 유물론자라고 부를 수 있다. 그러나 사회적 존재가 일방적으로 사회적 의식을 결정한다고 생각하지 않았다. 계급의식의 필요성에서 알 수 있듯이, 사회적 의식은 사회적 존재의 존재론적 의미와 현실에서 해야 할 일을 알려주는 역할을 한다. 이런 점에서 마르크스의 경제적 관계(물질적 관계)와 상부구조(사회적 의식)의 관계는 경제적 관계가 상부구조를 결정짓는 결정론적 관계는 아니다. 오히려 이 양자는 끊임없이 상호작용하는 관계로 보아야 한다.

마르크스
국가 – 국가는 부르주아 이익의 대변기구이다

 마르크스는 현대적인 대의적 국가에서 대규모 산업과 세계시장이 갖추어진 이래, 부르주아들이 배타적인 정치적 지배권을 쟁취했다고 본다. 부르주아들은 생산과 판매에 유리한 조건을 형성하기 위해 노동력과 구매자들을 쉽게 구할 수 있게 인구를 집중시킨다. 인구가 많을수록 값싼 노동력을 구하기 쉽고, 많은 사람들이 모여 있는 까닭에 생산물을 멀리 수송해야 하는 번거로움을 덜 뿐만 아니라, 많은 구매자들을 손쉽게 만날 수 있기 때문이다. 이것이 자본주의 사회에서 거대도시가 발달한 배경이다.

 부르주아들은 생산수단을 모으고, 소수의 손에 소유를 집중시킨다. 이 과정에서 서로 다른 이해관계, 서로 다른 법률, 관세제도를 가진 지방들이 단순한 동맹관계에서 벗어나 하나의 국가, 하나의 정부, 하나의 법, 하나의 국가적 계급이해, 하나의 관세구역을 만드는 데 이런 현상이 바로 정치적 중앙집권화이다. 이런 현실에서 국가권력이란 전체 부르주아들의 공동사업을 관장하는 위원회에 불과하며, 궁극적으로 부르주아 이익을 지켜주는 대변기구일 뿐이다. 노동자들의 입장에서 보면, 정치권력은 단순히 부르주아들이 자신들을 억압하기 위해 조직한 권력에 지나지 않는다.

 부르주아들이 발견한, 자신들에게 최고로 적합한 정치체제가 바로

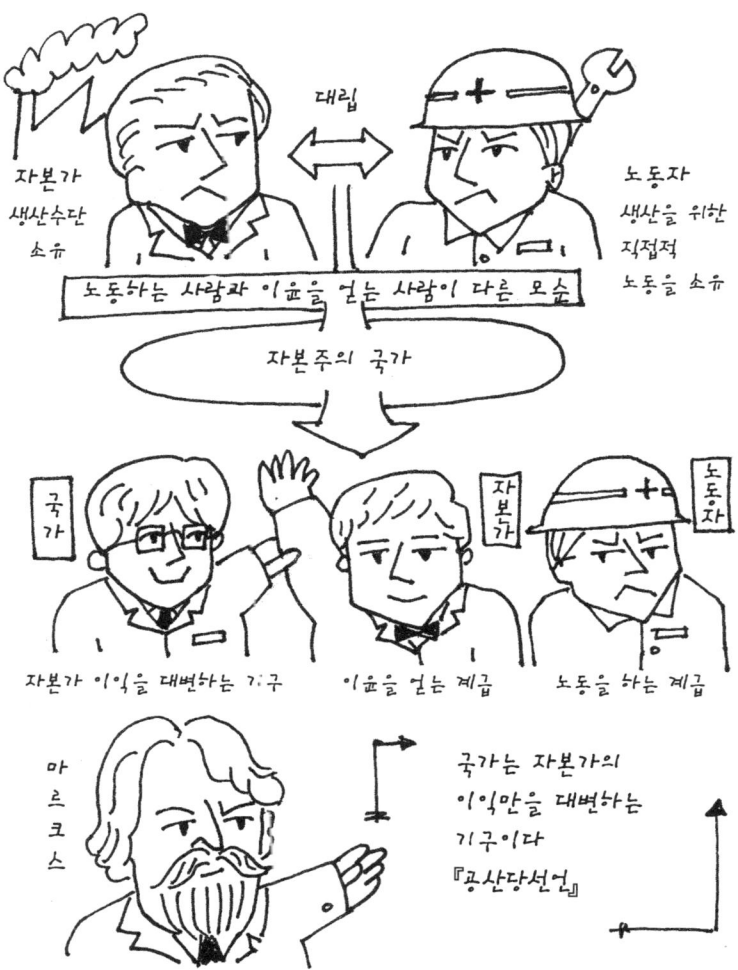

자유민주국가이다. 국가는 국내시장에서의 자유로운 활동을 보호할 뿐, 계약을 통해 성립되는 개인들의 사적인 경제활동에는 간섭하지 않기 때문이다. 국외적으로도 국가는 생산품의 판로를 끊임없이 확장하려는 부르주아들의 욕구를 충족시키는 데 기여한다. 19~20세기 초 제국주의가 대표적인 예로, 모든 국가는 값싼 원료와 넓은 판매시장을 찾아 점령을 통해 타국의 주권을 침해하고 자본주의적 생산과 소비를 범세계적으로 조직했다. 이때 부르주아들은 자신의 이익이 국가의 이익임을 설득하여, 국가가 부르주아 자신들의 이익을 확장시키는 일에 기여하도록 했다.

그러나 마르크스의 눈에 자유민주주의 국가는 그 자체로 자본주의적 삶과는 충돌하는 모순을 안고 있었다. 자유민주주의가 시장과 국가라는 사적 영역과 공적 영역의 철저한 구분으로 움직이는 체제이기 때문이다. 시장이 대표하는 시민사회에서 '개인'은 철저하게 하나의 개인으로 남는다. 이들은 타자들과의 경쟁 속에서 자신의 경제적 이익만을 생각하며, 부의 축적과 같은 성과를 남겨 자신의 존재 의미를 확인한다. 하지만 자유민주주의는 이런 이기적 개인들에게 국가의 '시민'이 되라는 모순적인 요구를 한다. 시민은 자신의 삶의 방식을 선택할 때 공동체의 이익을 생각하고, 공공선을 고려하며 행동하는 사람들이다.

마르크스는 자유민주주의가 시민사회에서의 개인과 국가에서의 시민이란 서로 대립하는 두 가지 정체성을 요구하는 모순된 체제라고 생각했다. 그는 보통 사람들이 이런 두 가지 상반된 정체성을 동시에 갖는 것은 불가능에 가까운 일이라고 보았다. 결국 국가와 시민사회, 공적 영역과 사적 영역이란 이분법이 내포한 개인과 시민이란 상반된 정체성의 갈등이 자유민주주의 사회 구성원들의 정체성 내부에 분열을 가져올 것이기 때문이다.

마르크스의 국가관
마르크스의 국가관에 대해서는 실제 많은 논쟁이 존재한다. 『공산당선언』과 같이 마르크스가 대중선동을 위해 썼던 글에서 국가는 자본가의 이익을 대변하는 단순한 기구이다. 그러나 토대(경제적 관계)와 상부구조(사회적 의식 및 제도)의 관계에서 보면 국가 역시 상부구조의 상대적 자율성을 갖는 존재로 파악할 수 있다. 쉽게 말하자면 국가 역시 자본가의 이익을 대변하는 단순한 기능에서 벗어나 국가 자체의 이익과 목표를 가질 수 있다는 의미이다. 이런 상반된 입장의 대표적 충돌이 밀리반트와 플란차스의 마르크스주의 국가론 논쟁이다. 그러나 마르크스주의의 입장에서 볼 때, 국가의 (기능이 아니라) 기원 그 자체가 자본가의 이익을 대변하기 위해서 생겨난 것이라는 점은 분명하다.

엥겔스
물질 – 명료한 행위 기준을 위해 마르크스주의의 과학화가 필요하다

　마르크스주의는 유물론이라고 불린다. 그 유물론의 핵심적 개념은 바로 물질(matter)이다. 하지만 정작 마르크스 자신은 물질이란 말을 거의 사용하지 않았다. 마르크스주의에서 물질이란 말을 핵심적 개념으로 만든 것은 마르크스주의의 창시자인 엥겔스이다.

　유물론은 두 가지 핵심적인 전제를 가지고 있다. 첫째, 이 세계를 이루는 핵심적 요소는 운동하고 있는 물질이라는 것이다. 이 전제는 자연과 인간과의 관계를 설명하는 것이다. 둘째, 인간은 인간이 만들어냈거나 혹은 인간을 둘러싸고 있는 생산의 물질적인 조건과 끊임없이 상호작용할 수밖에 없다는 것이다. 이런 상호작용의 과정이 바로 인간의 역사다. 두 가지 전제 중 마르크스는 두 번째 전제를 강조한 반면, 엥겔스는 첫 번째 전제인 물질 그 자체의 중요성을 강조한다.

　엥겔스는 우리가 아무리 어떤 물질을 변형시키려 해도 물질의 근본적인 속성은 바꿀 수 없다고 본다. 물질은 정신과의 관계에서 그 자체

엥겔스 Friedrich Engels 1820~1895
독일의 사회주의자이자 국제 공산주의 이론가로, 영국에 체재하는 동안 마르크스를 만나 자본주의 분석연구에 관심을 갖게 되었다. 1883년 마르크스가 사망하자 그의 유고 정리에 몰두하여 『자본론』 2, 3권을 편집하는 한편 제2인터내셔널의 지도자로서 노동운동의 발전에 많은 영향을 끼쳤다. 주요 저서에 『공산당선언』 『독일 이데올로기』 등이 있다.

로 양면적인 성격을 가진다. 우선 물질의 도구적 정신이 세상을 지배하면, 사유하는 정신 자체를 제거할 수 있다. 하지만 물질은 반대로 사유하는 정신을 다시 만들어낼 수 있는데, 예를 들어 프롤레타리아트를 둘러싼 물질적 관계가 프롤레타리아트의 의식을 만들어낼 수 있다는 것이다.

물질에 대한 엥겔스의 이런 확신은 마르크스주의의 토대와 상부구조의 관계를 살펴보면 좀더 쉽게 이해할 수 있다. 우선 사회적 토대란 사회의 전반적 관계를 형성하는 핵심 기반으로, 물질적 관계가 중요한 마르크스주의에서는 경제관계가 바로 토대를 형성한다. 반면 상부구조란 법·정치·종교와 같이 사회적 의식을 기반으로 형성되는 사회 내의 다양한 관계와 현상들을 의미한다.

마르크스는 사회적 토대가 물질구조인 경제적 기반이라고 확신하며, 이 경제적 토대가 법·제도·정치·종교와 같은 사회적 의식을 기반으로 형성되는 상부구조의 형성에 결정적인 영향을 미친다고 보았다. 그러나 마르크스는 상부구조뿐만 아니라 인간의 일상사도 물질과 의식의 혼합이라 보았기 때문에 물질과 의식의 이분법에 치중하지 않았다. 상부구조 자체가 물질과 의식의 혼합물인 이상 토대와 상부구조의 관계는 토대가 상부구조에 많은 영향을 주거나 혹은 서로 영향을 줄 수 있는 관계다.

그러나 마르크스 사후 엥겔스는 물질의 중요성을 강조하며, 토대는 물질적인 관계인 반면 상부구조는 정치·제도·법이란 관념들로 구성된 비물질적 구조라고 본다. 결국 엥겔스의 관점에서 보면 토대와 상부구조는 물질과 관념의 대립 구도이며, 이 관계 속에서 경제적 토대인

물질이 상부구조의 정치·제도·법이란 관념에 대해 철저하게 우위를 갖는다. 쉽게 풀어보자면 사회의 경제적 관계가 정치·제도·법의 내용을 결정한다는 것이다.

엥겔스가 물질이란 개념에 집중하게 된 것은 우선 마르크스주의의 과학화라는 과제 때문이었다. 이 과학화는 당시의 두 가지 경향을 반영하고 있다. 첫째, 사회주의 운동이 다양해짐에 따라 사회주의 운동에 참여하는 당원들에게 명확한 지침을 줄 수 있는 철학이 필요했다. 둘째, 당시 자연과학과 사회과학의 주된 경향을 이끌었던 다윈의 진화론을 비롯한 과학적 방법이 발달했다. 엥겔스는 자연과학에서 축적된 지식이 사회과학에도 적용될 수 있다고 믿었는데, 이것이 엥겔스의 철학에서 물질이 중요해진 주요한 이유이다.

베른슈타인
수정주의 – 사회주의는 자본주의 발전의 평화적 산물이다

 마르크스주의의 필수적인 전제조건 중의 하나는 자본주의가 반드시 붕괴한다는 것이다. 자본주의 붕괴의 첫 번째 이유는 모든 가치가 노동에서 나오기 때문이다. 자본주의의 모순은 상품의 가치는 상품을 만들어내는 노동에서 나오는 반면, 그 상품에서 얻은 잉여가치(이윤)는 생산수단만 제공한 자본가들이 가져간다는 데 있다.

 두 번째 이유는 자본주의가 발전함에 따라 더 많은 이윤을 축적하려는 자본가의 욕망 때문에 자본가는 더욱 부유해지는 반면, 노동자는 더욱 빈곤해져 빈익빈과 부익부가 심화되어 두 계급이 부의 편차를 따라 극단적으로 나누어지기 때문이다. 이런 모순은 자본주의가 심화되면서 더욱 분명하게 드러나게 될 것이고, 그것을 깨닫게 된 노동자들이 혁명을 일으켜 자본주의가 붕괴할 것이라는 게 마르크스주의의 주장이었다.

 이에 대해 베른슈타인은 자본주의의 실질적인 전개과정을 살펴보

베른슈타인 Eduard Bernstein 1850~1932
유대인 철도기관사의 아들로 사회주의 사상을 접한 후 1872년 사회민주노동당에 입당했으며, 스위스·영국 등지에서 망명생활을 했다. 마르크스주의의 수정을 시도하여 당내 우파의 이론적 지도자가 되었으며, 그의 수정론은 독일뿐만 아니라 러시아 기타 사회주의자들에게까지 영향을 미쳤다.

면, 마르크스주의의 논리가 사실상 잘못된 것이라고 비판하며 수정이 필요하다고 말한다. 먼저 베른슈타인은 상품의 가치가 노동에서 나온다는 노동가치론을 반박한다. 오스트리아 빈 학파의 영향을 받은 베른슈타인은 상품의 가치는 소비자의 심리가 결정한다는 한계이론을 받아들였다. 예를 들어, 세 개의 사과가 있다고 하자. 이때 첫 번째 사과가 주는 효용과 두 번째, 세 번째 사과가 주는 효용은 각각 다르다. 사과를 먹으면 먹을수록 질리게 되기 때문에 사과의 효용은 점점 줄어든다. 이처럼 소비자의 욕구에 상응하는 상품의 효용이 상품의 가치를 결정하므로, 베른슈타인은 이런 한계이론을 노동가치론과 절충할 필요가 있다고 주장한다.

다음으로 베른슈타인은 노동자들의 빈곤화의 심화에 대해서도 반박한다. 그는 소유하고 있는 노동기술에 따라 아주 높은 임금을 받는 노동귀족들이 등장했음을 예로 든다. 그리고 자본주의가 진행되면 될수록 경제적 중산층이 늘어나는 현실을 지적한다. 노동의 경향이 육체적 노동에서 정신적 노동으로 변해가고 있는 현실 역시 계급의 극단적 분극화를 막고 있다고 베른슈타인은 믿는다.

무엇보다 베른슈타인은 사회주의가 자본주의 발전의 평화적 결과라고 생각했다. 자본주의가 발전하면 할수록 노동자계급이 부유해지는 현상을 낳아 부르주아 내지는 시민으로 바뀌어갈 것이라고 믿었다. 이런 베른슈타인의 수정주의 입장은 결국 사회주의가 자본주의의 자녀라는 의미로, 시간이 지남에 따라 사회주의는 시민과 부르주아라는 개념을 중요시하는 자유주의의 지적인 계승자가 된다는 주장이다.

룩셈부르크
자발성 – 혁명의 힘은 대중의 자발성에서 나온다

 마르크스주의 이론 중 중요한 것 하나는 자본주의가 진보하면 공산주의 혁명이 자동적으로 일어나게 된다는 것이다. 아주 간략하게 풀어서 말하자면, 자본주의 사회에서는 실질적으로 노동하는 사람(노동자)과 그 노동을 통해 이윤을 얻는 사람(자본가)이 일치하지 않는 모순이 지속적으로 발생하기 때문에 자본주의 사회가 고도로 발달하면 할수록 이 모순의 간격이 넓어질 것이고, 모순을 깨닫게 되는 노동자들이 혁명을 일으킬 것이라는 논리다.

 하지만 많은 정통 공산주의자들은 자본주의의 진보에서 생겨나는 자연적 혁명을 비판했다. 가장 중요한 이유는 바로 '공산당'의 존재 때문이었다. 만약 혁명이 자연스럽게 일어나는 것이라면, 노동자들이 알아서 혁명을 할 것이므로 혁명의 과정에 전위당이 끼어들 여지가 전혀 없기 때문이다. 이런 생각에는 공산당이 혁명에 지도적 역할을 해야

룩셈부르크 Rosa Luxemburg 1871~1919
폴란드 출신으로서 마르크스 이후 최고의 사회주의 이론가이자 혁명의 투사로 평가받으며 '피의 로자'로 불린다. 1889년 스위스로 망명하여 정치학·정치경제학을 공부하고, 구스타프 뤼베크와 결혼하여 독일 국적을 취득해 1898년 독일 사회당 내 좌파지도자의 한 사람이 되었다. 1917년 K. 리프크네히트 등과 함께 독일공산당의 전신인 스파르타쿠스단을 조직하고 이듬해 독일공산당을 창설했으나, 1919년 1월 정치적 봉기 때 체포되어 처형되었다. 정통 마르크스주의자를 자처했던 룩셈부르크는 대중에게 내재된 정치적 능력을 끝까지 신뢰하고 그들의 정치적 권리를 옹호했다.

한다는 의식이 깔려 있었다. 두 번째 이유는 대중의 능력에 대한 불신이었다. 일반 대중들이 자신의 처지를 스스로 깨닫고 혁명을 할 수 있는 능력이 사실상 없다는 것이다.

하지만 대부분의 공산주의자들과는 달리, 로자 룩셈부르크는 혁명을 하는 데 있어 노동자들이 스스로 혁명을 일으킬 것이란 대중의 자발성을 인정했다. 그리고 이것이 진정한 혁명적 힘이라고 생각했다.

로자는 당이 대중 위에 군림하거나 조정하는 일을 하는 것이 아니라, 대중의 의사를 대신 전달하는 역할을 해야 한다고 믿었다. 이런 믿음 속에서 로자는 당이 대중에게 해야 할 일을, 혁명의 시기가 반드시 온다는 것을 확신시키는 것과 혁명이 일어날 수 있는 사회적 원인과 혁명의 정치적 결과를 명백하기 보여주는 것으로 한정해야 한다고 주장했다.

로자는 노동자들이 공적인 생활과 당의 활동, 언론, 집회 등에 직접 참여하여 정치활동을 할 수 있는 능력이 있다고 보았다. 특히 그녀가 대중의 자발성을 인정한 것은 혁명에 필요한 것은 이론적 자발성이 아니라 행동의 자발성이라고 믿었기 때문이다.

로자에게 있어서 대중의 행동의 자발성이 현실적으로 드러난 것이 바로 대중파업이었다. 당시 공산주의자들은 대중파업이 정치적 장에서 이루어져야 할 투쟁을 지엽적인 장으로 옮겨놓는 행위라고 생각했다. 하지만 로자에게 대중파업은 단순히 한 공장에서 일을 멈추는 행위가 아니었다. 그것은 오랫동안 계속되어온 계급투쟁의 결과가 현실적으로 반영되어 나타난 것이었다. 게다가 대중파업은 일상에서 투쟁을 만들어냄으로써 의회주의의 조건을 창출할 수 있다고 믿었다. 일상에서 자신의 이익을 대변하기 위해선 정치적인 투쟁의 장인 의회에 대표를 보내야만 하기 때문이다. 로자는 대중의 자발적인 대중파업이 단순히 자신의 이익을 지키려는 소극적 행위가 아니라 우회적인 혁명의 전략이라고 보았다.

레닌
민주집중제 – 당내에선 자유롭게 토론하고 행동은 통일한다

레닌은 당(party)이 사회주의 혁명의 가장 선두에 서는 전위로서 전체 인민의 사상과 행동을 형성하는 데 있어 주도적 역할을 해야 한다고 보았다. 당은 민주주의적 요구를 수용하고 사회주의적 확신을 제시하는 데 있어 핵심적이다. 또한 인민에게 사회주의 이론을 교육시킬 뿐만 아니라 행동의 지침을 전달하는 적극적인 역할을 해야 한다. 이런 당의 우위는 노동운동에 있어서도 당이 노동조합보다 우위에 있다는 발상으로 연결되는데, 예를 들어 레닌은 당이 노동조합의 서기가 아니라고 말한다.

당이 주도적 역할을 해야 한다는 레닌의 생각은 당이 인민의 보호자라는 표현에서 드러나는데, 이는 인민은 계몽되어야 할 대상이며 그 계몽에 있어 엘리트 역할이 중요하다는 의미다. 그러므로 레닌에게는 프롤레타리아트들의 전위들(정치엘리트들)이 만든 정당을 중심으로 한 프롤레타리아트독재가 아주 자연스러운 것이었다.

레닌 Vladimir Il'ich Lenin 1870~1924
볼셰비키당(소련공산당)의 창설자로서 러시아 10월혁명을 지도하여 세계 최초의 사회주의국가(소비에트연방)를 수립했다. 공산주의 혁명에서 엘리트의 주도적인 역할을 강조했으며, 제국주의·독점자본주의의 출현이나 사회주의 건설 같은 새로운 역사적 조건 아래서 마르크스주의를 창조적으로 발전시킨 이론적 공적이 커서 마르크스·엥겔스에 버금가는 평가를 받는다.

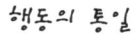

민주집중제란 바로 이런 전위당을 어떻게 조직할 것인가를 제시한 레닌의 당내 조직원리이다. 민주집중제의 원리는 마르크스와 엥겔스가 그 필요성을 제시했고, 레닌이 이어받아 완성시킨 것이다. 전위당의 가장 중요한 임무는 분명하고 신속하게 지침을 전달하는 것이기 때문에, 당은 다양한 견해들을 노동자를 지지하는 정치노선으로 수렴시켜 당론으로 결정하고, 결정된 정치노선을 수행함에 있어 일관성을 유지할 수 있는 체계를 가지고 있어야 한다.

 이러한 의견의 집중과 일관된 정치노선을 수행하는 데 필요한 두 가지 기본 원칙이 자유로운 토론과 행동의 통일이다. 레닌은 당의 중앙 조직뿐만 아니라 지방조직도 당의 정책에 대해 비판하고 반론을 제기할 수 있다고 보았다. 그러므로 중앙당과 지방당의 관계는 지방당이 중앙당에 일방적으로 복종하는 관계가 아니다. 이때 자유로운 토론은 당론을 통일하는 데 있어 중요한 요소이며, 한편 토론을 통해 당원들은 당의 정책을 스스로 이해할 수 있는 기회를 갖게 된다. 그러므로 토론은 의견의 제시와 분열을 위해 존재하는 것이 아니라 의견의 통합을 위해 존재하는 것이다. 결국 자유로운 의사발언이라는 민주주의가 당의 정책을 공유하는 계기가 된다.

 정책의 공유는 반드시 행동의 통일로 나타나야 한다. 당의 다수와 다른 의견을 가지고 있는 소수도 행동에 있어서만큼은 다수파의 견해를 절대적으로 따라야 한다. 그러므로 당내에서는 분파주의가 허용되지 않는다. 다시 말해 당내에서는 어떤 특정한 견해를 따르는 사조직이나 새로운 정강을 만들 수 없을 뿐만 아니라 당의 공식적 입장을 거부할 수도 없다. 또한 당의 공개적 토론을 거부할 수도 없는데, 그것은 사상의 공유를 거부하는 행위이기 때문이다.

   이렇듯 레닌은 당내에서 다양한 입장들이 서로 사상투쟁을 벌이는 것이 당론의 분열이라기보다는 당론의 통합과정이라고 보았다. 그러므로 레닌에게 갈등은 분열의 극단으로 가는 것이 아니라 통합으로 가는 또 하나의 중요한 수단이다. 갈등이 정치적으로 조직화될 수만 있다면 이익을 줄 수 있다는 마키아벨리적 발상이 바로 레닌의 민주집중제에도 존재하고 있는 것이다.

루카치
물화 – 물질적 관계가 인간적 관계를 대체한다

루카치의 '물화(reification)' 개념은 마르크스가 말하는 상품의 물신숭배(fetishism)에서 출발한다. 루카치는 자본주의의 형성 이후, 인간의 사회적 관계가 주관적으로나 객관적으로나 상품관계로 전환되었다고 본다. 이런 인간적인 관계가 물질적 관계로 대체되는 현상이 물화인데, 이것은 소외의 다른 이름이라고 할 수 있다.

여기에서 우리는 인간이 만들어낸 물질세계가 인간이 추구하는 관계와 상관없이 그 자체로 독립하여 작용하는 것으로 보이는 객관적 법칙을 통해 인간을 지배한다는 사실을 이해할 필요가 있다. 좀더 쉽게 말하자면, 인간이 물질적 세계를 구축하고자 했던 원래 의도란 인간의 삶의 질과 편의를 향상시키기 위한 것이었지만, 실제로 나타난 현상은 물질적 세계를 유지하기 위해 인간성 자체가 희생되고 있다는 것이다.

예를 들어 2002년 월드컵에서 사용된, 피버노바라는 과학으로 만들

루카치 György Lukàcs 1885~1971
헝가리 출생으로 20세기의 대표적인 마르크스주의적 문예이론가로 문사철에 두루 능통한 전방위적 지식인이다. 지멜과 베버에게 사사받았으나 그 후 사상적 전환기를 겪어 공산당에 입당했다. 경제학이론에 집중해 마르크스를 해석하던 기존의 마르크스 이론에 도전하여 마르크스 초기 이론인 소외 개념을 되살렸으며, 실천가가 아닌 철학자로서의 마르크스를 조명했다. 주요 저서에 『역사와 계급의식』 『부룸 테제』 『젊은 헤겔』 『이성의 파괴』 『역사소설론』 『미적인 것의 고유한 특성』 등이 있다.

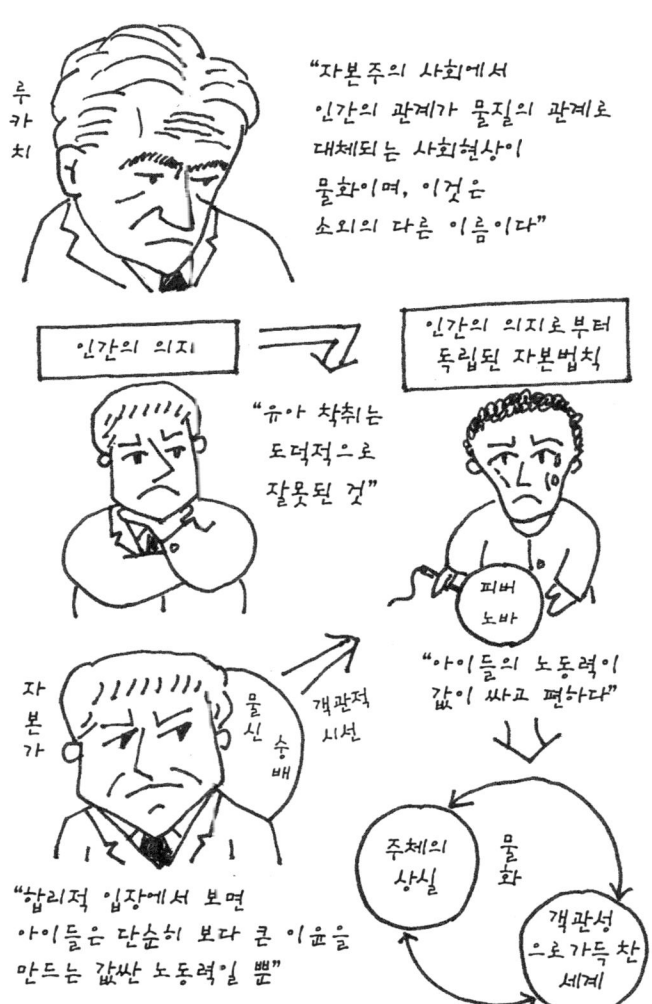

어진 공의 이면에는 제3세계 유아들이 손가락에 피를 흘려가며 공의 조각을 맞추어낸 인간성의 상실이 묻어 있다. 실제 자본주의가 발전하던 시기에 유아노동이 값싼 노동력의 한 부분을 이루고 있었으며, 지금도 여전히 값싼 노동력을 찾아다니는 자본이 유아들의 노동을 착취하고 있다는 것은 잘 알려진 사실이다. 이처럼 물질세계가 인간의 의지와는 독립된 법칙 아래에서 세상을 움직이기 때문에(예를 들어, 인간의 의지는 유아의 착취가 도덕적으로 잘못된 것이라고 믿지만, 자본의 법칙은 도덕의 문제와 상관없이 값싼 노동력이 최상의 노동력이라는 것) 인간은 자신의 삶을 구축하는 과정에 대해 수동적인 방관자 입장을 취하게 된다.

이러한 물화과정은 경제적 노동분업의 개념에서 시작된다. 예를 들어 신발을 만든다고 하자. 신발공장에서 일하는 이들은 자신들이 함께 신발을 만든다고 믿을 것이다. 그러나 구조적으로는 한 사람은 신발의 몸체를 만들고, 한 사람은 신발끈을 만들고, 한 사람은 신발 밑바닥을 만드는 서로 다른 일에 집중하고 있기 때문에, 모두 신발을 만드는 일을 하고 있는 듯 보이지만 실제로는 서로가 별개의 존재로 상관없이 살아가고 있다. 이들이 관계를 맺고 있다는 사실을 서로 확인할 수 있는 길은 신발이란 상품을 통해서이다. 이런 노동분업과 사회의 원자화는 인간과 인간을 둘러싼 관계가 아무런 연관성도 없이 별개의 존재로 움직이고 있음을 의미한다. 작업장에서 상품을 생산하는 이들의 소외는 이처럼 상품을 만드는 과정에서 나타나며, 나아가서는 자신이 만들어낸 상품을 자신들이 구매할 수 없다는 데서도 드러난다. 이런 점에서 물질숭배가 노동자의 소외를 만들어낸다는 것을 쉽사리 이해할 수 있다.

반면 부르주아는 세상을 합리성에 입각해 객관적으로 규정하지 않으면 안 되는데, 그 이유는 너무도 간단하다. 이런 삶의 방식이 부르주아의 생활방식에 있어 본질적이기 때문이다. 부르주아의 사고방식에서 합리성은 자신의 이익 추구에 집중되어 있고, 합리적 자기 이익이란 항상 물질적 관계(상품)를 객관적으로 규정할 때에만 증진될 수 있다. 그러므로 물화과정에서 가장 중심이 되는 추진력은 세상을 객관성으로 가득 채우는 일이다. 객관성으로 가득 찬 물화된 세계에는 주체가 존재하지 않는다. 주체는 반드시 그에 상응하는 의식이라는 것을 필요로 하기 때문이다. 의식이란 것은 항상 나는 세계에서 어떤 존재인가라는 질문을 동반하지만, 물질에 대한 욕구(fetishism)는 물화과정을 거치면서 그 과정에 있는 존재들이 객관적 세계에 자신을 위치 지우며 자기의 의식을 상실하도록 유도한다. 자기 의식을 상실한 존재들은 주체를 상실하게 되며, 존재론적인 인간의 관계는 물질의 관계로 대체되는 것이다.

그람시
헤게모니 – 지배적 이데올로기의 장악이 중요하다

그람시 이전의 마르크스주의자들은 엥겔스 이후 고착화되어온 두 가지 전제를 철저하게 믿고 있었다. 첫째, 발전된 자본주의 사회에서 반드시 공산주의 혁명이 일어날 것이다. 둘째, 경제적 토대와 사회적·정치적 상부구조의 관계에서 경제적 토대가 항상 상부구조를 결정한다. 쉽게 말하자면 사회 내에 존재하는 정치·법·문화·이데올로기 등의 구조는 경제적 관계에 따라 형성된다는 것이다.

하지만 발전된 자본주의 사회에서 공산주의 혁명은 일어나지 않았다. 오히려 봉건주의와 초기 자본주의가 혼재하던 러시아에서 혁명이 일어났다. 발전한 자본주의 국가에서는 자본주의가 더욱 견고해졌고, 자유주의와 민주주의가 결합하여 자유민주주의라는 새로운 정치 형태가 고착화되었다.

그람시는 발전된 자본주의 사회에서 공산주의 혁명이 일어나는 대신 자본주의가 더욱 견고해지는 상황에 대해서 의문을 품었다. 이런

그람시 Antonio Gramsci 1891~1937
1921년 이탈리아 공산당을 창립하여 지도했으며 1926년 파시스트 당국에 체포되어 죽기 직전까지 감옥생활을 계속했다. 경제적 관계가 강조되는 토대에 비해 그 중요성이 상대적으로 무시되었던 상부구조의 이론을 발전시키고, 자본주의가 발달한 시민사회에서 사회혁명이 일어나는 조건인 프롤레타리아트의 헤게모니 논리와 그 실천적 기구에 대해서 참신한 이론을 전개하였다. 그의 저서 『옥중서신』은 11년 간 감옥에서 쓴 편지들이 사후에 출간된 것이다.

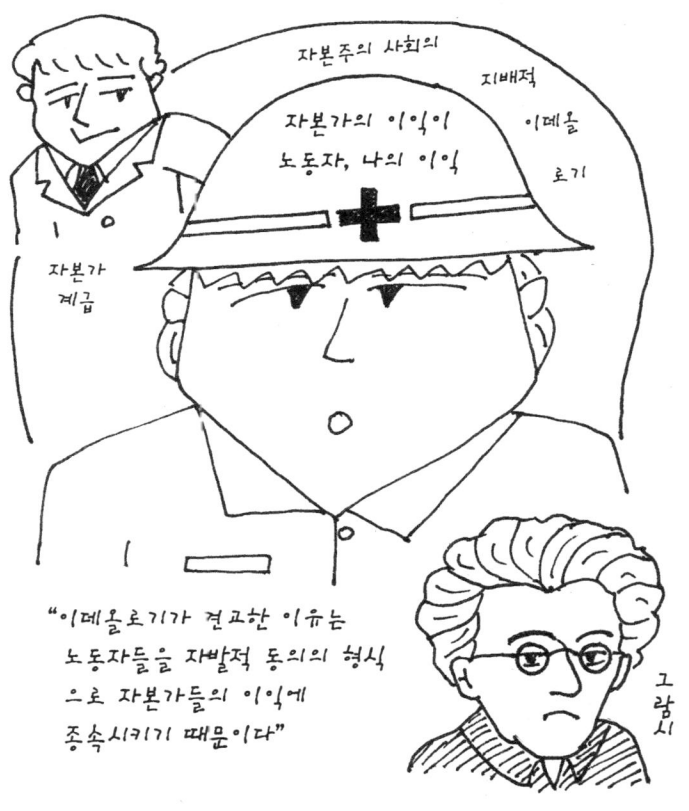

현상이 왜 일어나는지에 대한 그람시의 대답은 자본가들이 사회적 이데올로기를 장악하고 있기 때문이라는 것이다. 쉽게 말하면 이렇다. 현실에서는 자본가들이 노동자들의 이익을 착취하여 부를 축적하고 있다. 하지만 자본가들은 노동자들에게 다음과 같이 설득한다. "자본가들이 이익을 얻지 못하면 노동자들 역시 이익을 얻지 못한다. 회사가 살아야만 여러분에게 돌아가는 몫도 많을 것이다." 자본가들의 설득은 특히 자신이 노동자라는 현실 혹은 노동자로서 착취를 당하고 있다는 현실을 깨닫지 못하는, 계급의식이 없는 대부분의 노동자들에게 매우 설득력이 있다. 노동자들은 이런 설득에 감화하여 자본가의 이익과 자신의 이익을 동일하게 취급한다. 그람시는 이런 이데올로기의 힘을 '이데올로기의 헤게모니'라고 불렀다.

자본가들의 이데올로기 헤게모니가 강력한 이유는 강압이 아닌 동의를 통해 노동자들을 종속시켰기 때문이다. 그람시는 자유민주주의 체제가 견고할 수 있는 이유는, 이 체제가 선거라는 형식을 통해 인민의 동의를 거쳐 형성되었기 때문이라고 말한다. 사람들은 어떤 사람 혹은 체제에 한 번 동의하면, 자신이 동의한 대상이 오류를 저지르고 있다고 믿고 싶어하지 않는 성향이 있다. 그래서 동의한 대상이 실수를 저지르더라도 관대하게 용서하거나 모른 척하고 싶어한다.

이렇듯 사회적 체제를 형성할 때 '동의'가 중요한 이유는 동의를 통해 타자의 책임과 관용을 얻을 수 있기 때문인데, 자본가들의 이데올로기적 헤게모니는 '자본가의 이익이 노동자 자신의 이익'이라는 자발적 동의 형식을 통해 노동자들을 종속시키므로 강한 힘을 얻게 된다. 이런 이유로 자본주의 사회는 견고하게 사회를 유지할 수 있었던 것이다. 그람시의 이러한 분석은 경제적 관계가 사회적·정치적 상부구조를 결정한다던 기존 마르크스주의자들의 믿음을 거부하는 것이다. 그람시의 논리는 오히려 상부구조에 존재하는 이데올로기의 힘이 중요하며, 그로 인해 상부구조는 경제적 토대에 충분히 영향을 줄 수 있을 만큼 강력하다는 것이다. 토대와 상부구조는 토대가 상부구조를 일방적으로 결정하는 관계가 아니라 상호작용하는 관계인 것이다.

  그람시는 이데올로기의 헤게모니가 가장 잘 서식할 수 있는 사회적 공간이 문화라고 보았다. 예를 들어 리바이스 청바지를 떠올려보자. 이 청바지 하나에 미국의 이데올로기가 모두 담겨 있다. 젊음·멋·실용·활력 같은 이미지들이 그 안에 담겨 있고, 세계의 젊은이들은 그 가치에 흠뻑 빠져 있다. 문화적 공간에서 리바이스 청바지는 청바지가 아니라 이데올로기의 헤게모니 역할을 하는 것이다.

그람시
유기적 지식인 – 대항헤게모니를 만드는 사람들이 필요하다

그람시는 자본주의 사회가 견고하게 유지되는 이유를 자본주의가 사회 내 지배적 이데올로기의 헤게모니를 쥐고 있기 때문이라고 보았다. 이런 헤게모니는 어떻게 만들어졌을까? 그람시는 사회 내의 각 계급은 계급의 존재에 대해 의미를 부여하는 지식인 집단을 갖고 있으며, 이 집단이 계급의 이데올로기를 생산한다고 말한다.

인간 개인은 어떠한 형태로든 지식인 활동을 수행한다. 어떤 이는 철학자이며 예술가이고, 혹은 문필가이다. 이런 지식인들은 특정한 개념적 세계에 참여하고 도덕적 행위에 대해 의식적인 관심을 가지며, 그 결과 세계관을 유지하거나 수정하고 새로운 사고 형태를 만들어내는 데 기여한다. 이런 지식인에는 두 가지 유형이 있다.

첫 번째 유형은 역사적 개념에서 나타나는 전통적 지식인으로, 그들 자신을 사회계급과는 아무런 관련이 없는 독자적 집단으로 여긴다. 이들은 사회정치적 변화보다도 역사적 계속성의 구현을 중시하는 지식인인데 작가, 예술가, 철학자, 특히 성직자가 이에 속한다. 이들은 자신들이 만들어내거나 속해 있는 사회의 생산양식이 붕괴해도 살아남을 수 있는데, 그 이유는 사회적 삶이 계급과는 전혀 무관하다는 이상주의적인 이데올로기를 만들어냈기 때문이다. 쉽게 말하자면 누구의 편도 들지 않는 방법으로 살아남는 것이다.

　두 번째 유형은 사회학적 개념에서 나타나는 유기적 지식인으로, 자신들이 속해 있는 조직이나 그 조직이 대표하는 계급 사이에 연계관계를 맺는다. 예를 들어 한 지식인이 노동자조직에 속해 있다고 하자. 이 지식인의 역할은 조직 구성원들이 노동자로서 자신이 속해 있는 조직

과 집합적으로 연계되어 있음을 일깨워준다. 나아가 이 노동자조직이 노동계급이라는 사회적 위치에서 다른 노동자조직들과 강력하게 연계되어 있음을 일깨워주는 역할을 한다. 이처럼 유기적 지식인은 정치·경제·사회 영역에서 자신이 속해 있거나 연계된 계급의 집단의식을 일깨워주고 결집시키는 역할을 한다. 이들이 각 계급의 집단의식을 만들어내기 때문에 각 사회계급은 자신의 내부적 동질성과 사회·정치·경제 영역에서 자신들의 역할과 기능이 무엇인지를 일깨워주는 하나 또는 그 이상의 지식인층을 유기적으로 만들어낸다.

자본가들은 이런 유기적 지식인을 확보하여, 자본가의 이익을 마치 사회 전체의 이익인 것처럼 보이도록 하는 데 성공했다. 노동자들에게도 자신들의 유기적 지식인을 확보하는 것이 성공적 혁명을 위한 필수 전제조건이다. 노동자와 유기적 지식인의 관계는 변증법적인 것(쉽게 이해하자면 상호적인 것)인데, 유기적 지식인은 노동자계급에게 자신들이 착취당하고 있는 노동자라는 사실을 직시할 수 있는 이론적 자각을 불어넣는 동시에, 노동자계급의 경험에서 필요한 자료들을 얻어낸다.

그러나 자본주의 사회에서는 이미 자본가들이 이데올로기의 헤게모니를 장악하고 있기 때문에 노동자들이 자신들의 헤게모니를 제공해줄 유기적 지식인들을 형성하기 어렵다. 만약 노동자와 연계관계를 맺은 한 사람의 지식인이 노동자들의 집단의식을 깨울 필요성을 자각하고 있다고 하더라도, 동의로 맺어진 거대화된 사회에서 한 사람의 노력만으로 그것을 형성하는 것은 불가능에 가깝다. 이런 불가능을 알고 있는 지식인들은 서로 협력하기 위해 당(정당)을 형성한다. 이런 맥락에서 그람시는 정당을 유기적 지식인들의 연대로 여겼다. 지식인들의 연대인 정당은 노동자의 집단의식을 일깨울 헤게모니를 형성시킬 뿐만 아니라 자체 내에서 필요한 유기적 지식인을 만들어내는 역할까지 한다. 마키아벨리의 군주가 이탈리아인들의 집단의식(민족의식이라고도 볼 수 있다)을 형성시키는 역할을 했던 것처럼 정당 역시 노동자들의 집단의식을 형성시킨다는 점에서, 그람시는 정당을 현대의 군주(the modern prince)라고 부른다.

알튀세르
이데올로기적 국가장치 – 억압과 조작, 국가의 두 얼굴

정통 마르크스주의 이론은 국가권력과 그것을 유지하는 국가장치를 구별한다. 그리고 물리적 '억압'이 권력을 유지하는 데 기여하는 국가장치의 근본적인 속성이라고 본다.

이런 정통 마르크스 이론과는 달리, 알튀세르는 국가장치가 반드시 억압적인 것만은 아니라고 말한다. 물론 국가는 억압적 국가장치를 가지고 있다. 그것은 주로 물리적 폭력이라는 전통적인 방식의 억압기제로 유지된다. 억압적 국가장치는 지배계급의 계급투쟁을 효율적으로 수행할 수 있도록 통합된 명령과 집중화된 조직체계로 구성되어 유지된다.

하지만 국가는 억압이라는 기제를 통해서만 국가권력을 유지하지는 않는다. 국가권력의 유지를 위해 조작이라는 다른 방식을 사용한다. 여기서 조작이라는 것은 정신적인 조작을 의미하는 것으로, 이데올로기가 조작의 핵심적 역할을 한다. 이데올로기가 사용될 수 있는 곳이

알튀세르 Louis Althusser 1918~1990
프랑스의 마르크스주의 철학자. 『마르크스를 위하여』와 『자본론 읽기』로 종래의 마르크스 철학을 전복시켰다. '인식론적 단절'과 '프로그래마틱' '중층적 결정' '이데올로기 장치' 등 다양한 개념을 구사하여 종래의 마르크스주의를 일신시키는 한편 반스탈린주의 이후의 마르크스 철학의 가능성을 열었다.

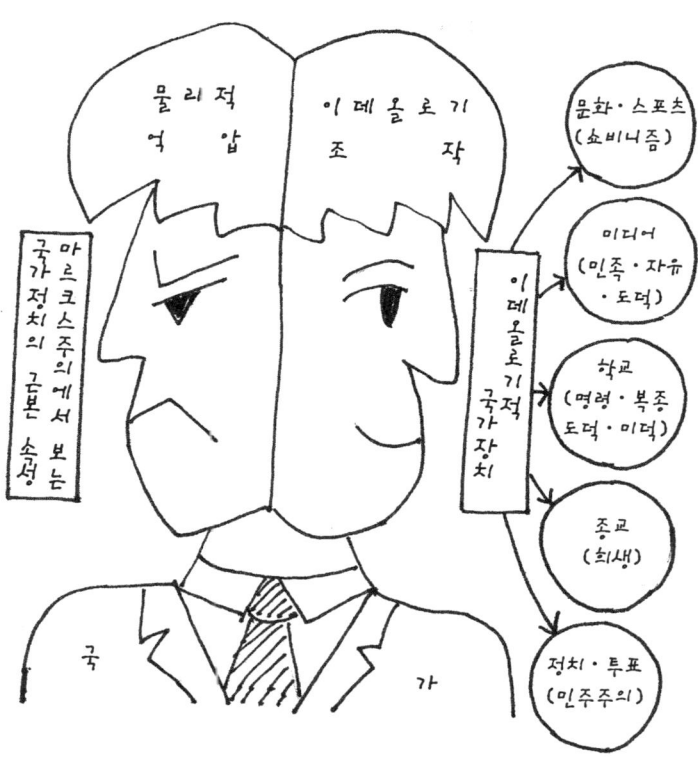

면 어디든지 조작이 가능하기 때문에 국가장치가 반드시 국가의 영역에 속해 있을 필요는 없다. 이데올로기는 정신적 영역에 속하는 것이란 속성상, 매우 광범위하게 걸쳐 있을 뿐만 아니라 그 형태도 아주 다

양하게 나타난다.

　우선 정치 영역에서 이데올로기적 국가장치는 간접적으로는 대표자들을 뽑는 의회민주주의, 직접적으로는 직접 지도자나 법을 정하는 인민투표 등의 방식으로 민주주의 이데올로기에 개인들을 종속시킨다. 커뮤니케이션 영역에서는 잡지·라디오·TV 등을 통해 매일 일정량의 민족주의·자유주의·도덕주의 등을 주입시킨다. 그리고 문화 영역에서는 특히 스포츠를 활용하여 쇼비니즘을 전파한다. 종교 영역에서는 이웃 사랑과 같은 다양한 설교를 통해 이데올로기를 전파하는데, 한쪽 뺨을 맞으면 다른 뺨을 내밀어 희생하는 것이 진정한 사랑임을 강조하는 것이 대표적인 예이다. 희생이 미덕이 되면, 자기에게 필요한 것이 무엇인지를 잊어버리기 때문이다.

　이데올로기적 국가장치의 핵심을 이루는 것은 교육이다. 교육은 자본주의 사회에서 가장 지배적인 위치를 차지하는 국가장치다. 학교가 지배이데올로기를 유지하는, 사회적으로 축적된 모든 방법을 자라나는 세대들에게 가르치고 주입시키기 때문이다. 학교는 다양한 방식을 통해 지배자로서 명령하는 법, 피지배자로서 복종하는 법을 전파할 뿐만 아니라 도덕·미덕·미학 등을 강조하여 의식의 우월성을 확보함으로써 이데올로기의 전문가 역할을 하고 있다.

　여기서 중요한 점은, 교육을 비롯한 정치·커뮤니케이션·문화·종교 영역의 다양한 이데올로기적 국가장치가 목적하는 바는 자신들의 고유한 방식으로 자본주의적 물질적 생산관계의 재생산에 기여하는 것이라는 점이다. 쉽게 말하자면 이데올로기적 국가장치는 착취하고 착취당하는 자본가와 노동자의 관계를 지속적으로 유지하는 정치적 조건들을 형성하는 일을 한다. 결론적으로 이데올로기는 단순히 정신의 영역에 머무는 것이 아니라 사회의 물질적 관계의 재생산에 이미 깊숙이 침투해 있다는 것이다.

알튀세르
우발성의 유물론 – 정치사회적 구조는 우연성의 산물이다

    알튀세르의 우발성의 유물론은 기존에 마르크스주의가 유지해왔던 유물론의 전제조건인 우연성에 대한 필연성의 우위를 거부한다. 유물론적 사고에서 물질은 법칙을 따라 운동하기 때문에, 반드시 거치게 된다고 예견되는 과정과 최종적으로 이르게 되는 목적지가 존재한다. 이런 기존의 유물론에서 우연성은 필연성의 과정에서 발생하는 예외적인 경우에 불과하다. 그러나 알튀세르는 그러한 관점은 한 가지 유형의 유물론에 불과하며 오히려 우연성이 필연을 만들어내는 토대로 이해되어야 한다고 주장한다.

    알튀세르의 이런 주장은 고대 그리스에서 데모크리토스와 에피쿠로스가 주장한 두 가지 상이한 유물론을 비교해보면 쉽게 이해가 간다. 아주 간략하게 이들의 이야기를 써보자면, 세상은 아래위는 있으되 위로도 무한하고 아래로도 무한한 공간에 원자들이 위에서 아래로 떨어지고 있다는 전제로부터 시작한다. 만약 아래위로 열린 공간이 무한하고 원자들의 크기가 같아서 떨어지는 속도가 같다면 이 분자들은 서로 만날 일도 부딪칠 일도 없다. 그 모든 공간은 평화스럽고, 어떤 갈등도 존재하지 않는다. 문제는 이 원자들이 부딪친다는 데 있다.

    데모크리토스는 크기와 무게가 다른 입자의 원자들이 공간으로 낙하하기 때문에 원자들이 부딪치게 되고, 그 부딪침이 다른 원자들의 낙

하에도 영향을 주게 돼서 세계의 갈등이 존재한다고 말했다. 데모크리토스에게 있어서 세상의 갈등은 원자의 입자와 무게가 다르기 때문에 일어나는 필연적인 것이다.

반면 에피쿠로스는 아주 엉뚱하게 원자들의 갈등에 대해 말하기를,

떨어지는 원자들 중에 하나가 정말 아무런 이유도 없이 궤도를 벗어나고, 궤도를 벗어난 원자가 다른 원자들과 부딪치고 부딪친 원자들이 궤도를 이탈하며 또 다른 원자와 부딪쳐서 세상의 갈등이 일어난다고 말했다. 에피쿠로스에게 있어 세상의 갈등은 한 원자의 이탈로 생겨나는 우연함 그 자체인 것이다.

우연한 원자의 이탈이 현실에서는 우연한 마주침으로 나타난다. 대표적인 것은 부르주아와 프롤레타리아의 마주침이다. 어떤 역사적 필연성 때문이 아니라 돈 많은 자본가와 노동력 이외에는 아무것도 가진 것이 없는 노동자의 우연한 마주침이 자본주의의 생산양식이라는 필연적 구조를 만들어낸 것이다. 이것이 알튀세르의 우발성의 유물론이 지녔던 최초의 명칭이 '마주침의 유물론'인 이유이다.

이런 유물론적 인식은 철학사에서 주류로 인정받지 못했다. 우발성의 유물론은 필연성을 가운데 두고 의식과 물질이라는 관념론과 유물론의 대립을 벗어난 것이다. 마주침의 유물론에는 역사의 완성이나 목적지가 존재하지 않는다. 다만 연속적인 우연한 마주침이 있고, 그 마주침이 마주침의 장면에서 필연성의 구조를 만든다. 알튀세르는 이런 마주침의 유물론을 기차에 비유했다. 기차를 타고 가다 이름 모를 역에 내려 모르는 사람과 풍경과 우연히 마주치는 것. 그 우연한 마주침이 나와 세계의 구조적 관계를 맺는 것이다.

제6장
권리중심자유주의

소극적 자유
다원주의
최소국가/소유권리
공정성
차등원칙
정치적인 것
공적 이성
국가 중립성
복지의 평등
발전
문화적 멤버십

6   이 장에서는 자유주의 정체의 핵심이 개인의 권리를 보호하는 데 있다는 권리중심자유주의를 소개한다. 여기에는 가치다원주의라는 자유주의 사회의 현실이 존재한다.

벌린은 모든 가치가 상대화된 현실에서의 자유란 어떤 입장도 타자에게 강요하지 않는 것이라고 말한다. 개인은 상대화된 신념의 현실을 인정하고 자신의 신념을 타자에게 강요하지 않아야 한다. 이런 현실에서 국가의 역할은 개인에게 간섭하지 않는 것이므로 복지 같은 활동은 불가능하다. 대표적인 자유지상주의자인 노직은 자유란 외부의 간섭이 없는 것이란 주장과 동일한 맥락에서 개인의 배타적 소유권을 주장한다.

그러나 롤스의 『정의론』은 합리적 인간들은 사회체계를 만들면서 자신의 안전을 확보하기 위해 사회정의와 사회적 안전망을 구축할 것이라는 논리를 펼쳐 권리중심주의의 전환을 일으킨다. 그는 기본적으로 모든 인간은 자유로울 뿐 아니라 평등하기 때문에 자원의 배분도 평등한 사회를 원할 것이라고 말한다. 그러나 자유주의 사회는 기본적으로 경제적 불평등이 존재하는 사회다. 드워킨 역시 모든 개인은 동등하게 대우받을 권리가 있다는 입장에서 국가의 최고 미덕이 모든 구성원들에게 동등한 관심을 기울이는 것이라고 말한다. 킴리카는 권리중심주의 입장에서 개인의 권리를 철저히 보장하기 위해서는, 한 개인이 특정 문화에 속해 있는 현실을 인정해야 한다고 주장한다.

권리중심자유주의에는 두 조류가 있다. 첫째 국가가 시장의 자원분배에 개입해서는 안 된다는 자유지상주의 입장, 둘째 국가가 시장의 자원분배에 개입할 때 사회 전체적 차원에서 개인의 권리가 더욱 확장된다는 자유적 평등주의가 그것이다. 두 입장이 권리중심주의로 묶일 수 있는 까닭은 어떤 이유로도 개인의 도덕적 삶의 방식에 개입해서는 안 된다는 동일한 전제가 있기 때문이다. 무엇이 좋은 삶인가를 결정하는 것은 오직 개인의 권리라는 것이다.

벌린
소극적 자유 – 자유는 어떤 것도 강제하지 않는다

21근대 자유주의에서 자유란 외부적 간섭의 부재라며 자유를 소극적 입장에서 정의한 사상가는 홉스였다. 홉스는 개인들이 이런 자유 상태를 추구하게 된다면, 어떤 판단이든 자기 마음대로 할 수 있기 때문에 사회적 혼란이 오게 되어 결국 개인들은 사회적 불안정 속에 살아가야 하는 역효과를 낳는다고 보았다. 홉스의 강력한 1인 주권에 대한 옹호는 바로 이런 맥락에서 나왔다.

반면 현대 자유주의에서 자유를 어떤 외부적 강제 혹은 강압의 부재라고 정의하여 근대적 자유의 철학적 기반을 마련한 철학자는 벌린이다. 벌린은 홉스와는 달리 이런 자유가 개인의 삶에 필수적인 것으로 보았다. 그것은 자유만이 개인들이 억압에서 벗어나 자신이 원하는 삶을 추구할 수 있는 유일한 방법이기 때문이다.

벌린은 적극적 자유와 소극적 자유를 구분한다. 그는 적극적 자유를 자기 지배(self-mastery)라고 보았다. 여기서 자기 지배란 자기의 욕망을

벌린 Isaiah Berlin, 1909~1997
영국의 역사가·철학자·정치사상가로, 초기에는 순수 철학에 전념했으나 점차 정치학과 정치이론, 그리고 지성사 등으로 관심의 분야를 옮겨갔다. 개인권리의 철저한 보호를 강조하는 현대 자유주의의 사상적 토대를 마련했다. 주요 저서에 '자유의 두 가지 개념'이 실려 있는 『자유에 관한 에세이 4편』을 비롯하여 『계몽주의 시대』 『비코와 헤르더』 『개념과 카테고리』 등이 있다.

적극적 자유	 루소	 칸트
	"자유롭도록 강제된다" (forced to be free)	"자유란 자기를 지배하는 것" (Self-mastery)

소극적 자유	 홉스	 벌린
	"자유란 외부 간섭의 부재이다" ⇩ 이런 자유는 사회적 혼란의 근원이 되므로 통제되어야 한다	"자유는 어떤 외부적 강제 혹은 강압의 부재를 의미한다" ⇩

적극적 자유는 좋은 의도에서 시작된 것이지만 민족·국가·계급·인종과 같은 강력한 권위와 힘을 가진 상위 개념으로 인해 결국 전체주의에 이르게 된다

억제하는 것, 그리하여 진정한 자기 자신을 실현하는 것을 의미한다. 이런 점에서 본다면 인간이 갖고 있는 욕망이라는 것은 인간이 정복해야만 할 대상이 된다.

벌린은 욕망을 정복하는 대표적인 사상이 칸트의 도덕사상이라고 믿었다. 그는 욕망을 정복하려는 인간의 시도는 인간의 욕망을 이성에 철저하게 복종시키려는 의도를 담게 된다고 믿었다. 이렇게 모든 욕망을 접고 자신의 내부에서 들려오는 이성의 명령에 복종하는 것(자기 법칙 주기)이야말로 자기 지배의 극단적 형태다.

칸트의 자기 법칙 주기의 문제는 개인의 도덕적 행위원칙을 설정하는 단계보다는, 원칙의 보편화과정에 있다. 칸트는 자기 법칙이 다른 사람들의 법칙과 양립할 수 있는지를 확인하는 단계를 필수적으로 요구했다. 그 요구를 채울 때 자기 법칙 주기가 진정으로 완성된다.

그러나 벌린은 자기 법칙이 타자의 법칙과 일치하지 않는 순간에 문제가 발생한다고 본다. 만약 타자로서의 집단이 개인에게 집단의 합리성에 개인의 합리성을 맞추라고 강제하면 어떻게 될 것인가? 과연 이것은 정당한가? 벌린이 "자유롭게 되도록 강제된다(forced to be free)"는 루소의 자유 개념을 전체주의의 시작이라며 강력하게 비판한 것도 동일한 맥락이었다.

벌린은 자유가 강제될 수 있다면 계급·민족·국가·인종과 같은 상위 개념들이 개인을 강제시키는 명목으로 자유를 사용할 것이라 본다. 자기 지배라는 적극적 자유는 좋은 의도에서 시작된 것이지만, 개인보다 훨씬 더 강력한 권위와 힘을 가진 상위 개념들로 인해 적극적 자유는 결국 전체주의에 이르게 되어 차라리 개인을 간섭하지 않는 소극적 자유보다 못한 상황에 이르게 되는 것이다. 만약 인간이 민족이나 계급이 개인보다 훨씬 더 가치 있는 것이란 확신을 가지고 있다면 적극적 자유가 옹호될 수 있을 것이다. 하지만 불행히도 현대의 인간은 그런 확신을 가지고 있지 않다. 이런 변화된 인간형 역시 벌린이 소극적 자유를 옹호하는 이유이다.

벌린
다원주의 — 상대적 가치를 받아들이는 자세가 필요하다

 벌린은 무엇이 좋은 삶인가에 대한 판단이 개인에게 맡겨져 있는 현대 사회가 가치와 관련하여 세 가지 특수한 현실에 직면하고 있다고 본다. 첫째, 가치의 측정 불가능성이다. 어떤 가치가 더 뛰어난 가치인지 알 수 없는 상황에서 개인들은 오로지 대화만을 나눌 수 있다. 둘째, 가치들 자체가 상대적이기 때문에 때로는 양립 불가능한 상황이 있다. 종교적으로 신앙심이 깊은 기독교 신자와 이슬람 신자의 가치를 양립시킨다는 것은 불가능할 수 있다. 셋째, 가치의 측정 불가능성과 양립 불가능성이 가치들 간의 갈등을 일으킨다는 것이다. 다시 말해 현대 사회의 진정한 문제점은 공통의 기준이 없기 때문에 일어나는 것이다.
 그렇다면 가치 혼란상태의 해결책은 무엇일까? 벌린은 그것이 공통의 새로운 기준을 마련하는 것이 아니라 상대방의 가치를 있는 그대로 인정하는 '가치다원주의(value pluralism)'라고 말한다. 종교전쟁과 종교개혁, 그 외 역사의 특수한 경험은 우리가 어떤 하나의 가치를 사회 전체에 전파하려고 할 때, 항상 전체주의로 귀결되는 결과를 보여주기 때문이다. 그러므로 공통의 기준을 마련하기보다는 차라리 공통의 기준이 없다는 사실 그 자체를 인정하고, 다만 공존을 위해 상대방이 가지고 있는 가치와 신념 그 자체를 있는 그대로 받아들이자는 것이다.
 가치다원주의 사회에서 살기 위해서 개인들은 가치에 대해 다음과

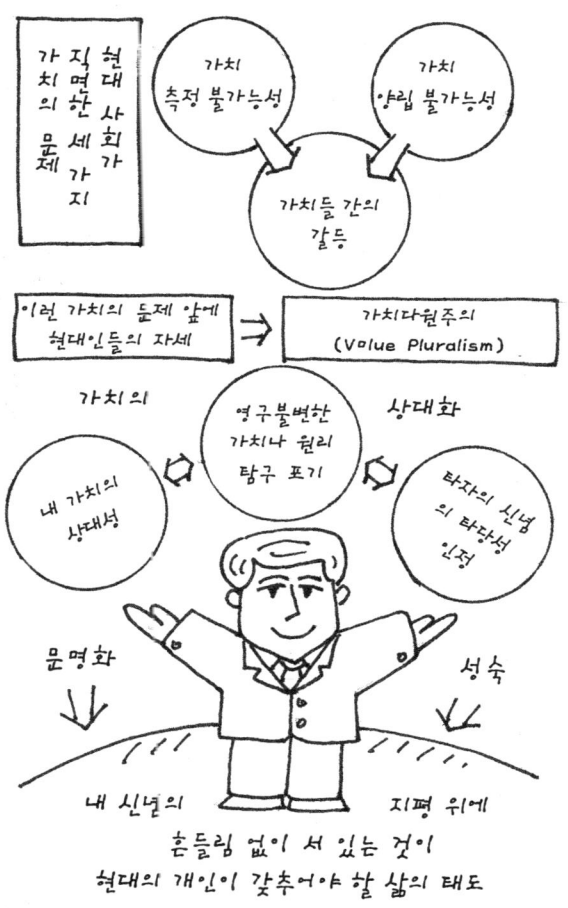

같은 태도를 가져야 한다. 첫째, 진정한 다원주의자라면 자신의 의견도 많은 가치들 중의 하나일 뿐이며 경우에 따라 상대화될 수 있다는 사실을 인정해야 한다. 자기 의견이 진리라는 태도를 버려야 하는 것이다.

둘째, 영원한 가치나 원칙을 찾고자 하는 욕망을 버려야 한다. 영원한 것, 변하지 않는 것에 대한 집착은 타자를 강제하고 진리에 집착하는 태도로 이어지기 때문이다.

셋째, 누군가의 신념이 상대적인 타당성을 가지고 있음을 인식해야 한다. 한 사람이 어떤 신념이나 가치를 가질 때, 그런 신념 뒤에는 나름대로의 타당한 이유가 있을 것이란 사실을 인정해야 한다. 상대방의 신념에 대한 상대적 타당성을 인정하지 않는다면, 상대방의 가치를 진심으로 받아들이기 어려울 것이기 때문이다.

벌린은 현대 사회의 가치다원주의가 개인들이 살아가야 하는 현실적 삶의 조건임을 인정하고 있었다. 이런 삶의 조건 속에서 개인들이 모든 신념이란 상대적일 수밖에 없다는 일종의 패배주의적인 발상을 할 수 있다는 것도 알고 있었다. 자기 신념이 절대적인 것이 아니며 어떤 조건 아래서는 바뀔 수도 있는 상대적인 것이라고 한다면, 인간은 자신의 삶의 절대적인 기준의 부재로 인해 삶의 진정한 의미를 찾는 데 실패할 수도 있을 것이다. 벌린은 현대 사회의 개인들이 문명화된 인간(civilized man), 혹은 성숙한 인간(mature man)인 것은 내 신념이나 확신이 상대적인 것일 수밖에 없음을 알면서도 흔들림 없이 꾸준하게 자신의 신념을 드러낼 수 있기 때문이라고 보았다. 신념의 상대성을 비관하는 것이 아니라 오히려 그 현실을 인정하고 받아들이면서도, 자신의 신념의 상대성이 자신의 신념에 대한 확신을 상쇄시키지 않는 인간, 그것이 바로 현대의 개인이 갖춰야 할 현대적 삶의 태도라는 것이다.

노직
최소국가/소유권리 – 정당한 국가는 개인의 배타적 소유권을 보장한다

자유지상주의자인 노직의 정치적 기획의 목표는 자유롭고 평등한 개인의 권리를 절대적으로 보호하는 것이다. 이런 맥락에서 노직은 개인의 권리를 침해하지 않으면서 발생하는 국가만이 정당하다고 말한다. 만약 국가가 개인의 권리를 침해하면서 발생한다면, 자유롭고 평등한 개인의 권리를 절대적으로 보호한다는 국가의 목적 자체를 거스르는 것이기 때문이다. 노직은 이렇게 개인의 권리를 침해하지 않고 발생하는 국가를 최소국가(minimal state)라고 부른다. 오직 최소국가만이 허용될 수 있는 정당하고 유일한 국가의 형태인데, 이 국가의 정당성은 개인의 배타적 소유권을 보장하는 데서 찾을 수 있다.

노직은 개인이 자신의 소유물에 대해 배타적 권리를 갖는다고 본다. 배타적 권리란 누구도 개인의 허락 없이 자신이 소유하고 있는 재산을 함부로 빼앗거나 나누어 달라고 요구할 수 없다는 의미이다. 타인에 대한 배타적 소유권은 다음 세 가지 정의의 원칙에 근거해 정당화된다.

노직 Robert Nozick, 1938~2002
미국의 자유주의 철학자. 프린스턴대학에서 학위를 받고 30세에 하버드대학 철학과 정교수가 되었다. 대학원 재학 때 소크라테스적 논변으로 기존의 철학적 입장을 논파한 그는 독창적이며 논리적으로 날카로운 철학자로 평가받는다. 젊은 시절 주창했던, 개인의 배타적 소유권을 주장한 자유지상주의는 사상적으로는 그에게 명예를 안겨주었으나, 개인적으로는 평생의 짐이 되었다고 한다. 주요 저서에 『아나키에서 유토피아로』, 『자유주의의 정의론』 등이 있다.

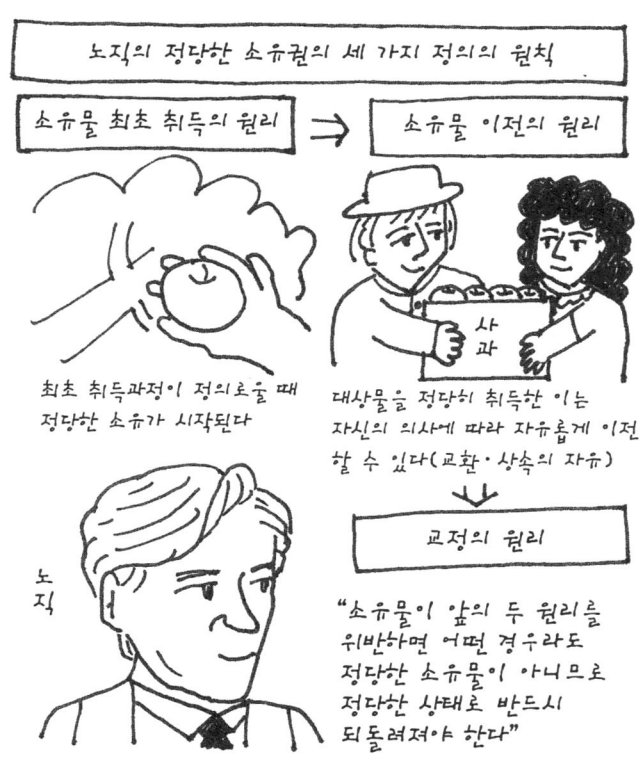

첫째, 소유물의 최초 취득의 원리이다. 우리가 어떤 사물을 소유할 때, 최초로 그 사물을 취득하는 과정이 정의로워야 정당한 배타적 소유가 시작된다는 것이다. 그렇다면 사물을 정의롭게 획득하는 최초의 방법은 무엇일까? 노직은 로크의 이론에 따라 어떤 대상물에 '노동'을 더할 때, 하나님이 모두의 공유물로 주신 이 세상의 자원이 개인의 사적인 소유물로 변한다고 본다. 그러나 이때도 하나의 제한이 있다. 개인이 어떤 사물을 사유화할 때는 다른 이들이 충분히 사용할 수 있는 여유가 있어야 한다. 예를 들어 한 사람이 땔감을 구하기 위해 나무를 구한다면, 다른 사람들이 땔감으로 사용할 나무가 충분히 남아 있어야 한다. 이를 노직은 '로크의 단서'라고 부른다.

둘째, 소유물 이전의 원리이다. 노동을 통해 어떤 대상물이 최초로 취득된다면, 그 대상물을 취득한 사람은 자신의 의사에 따라 다른 사람에게 물건을 팔거나 줄 수 있으며, 자식들에게 물려줄 수도 있다. 정당하게 습득된 것이라면 습득한 자의 의지에 따라 자유롭게 이전될 수 있다는 것으로, 이 원리는 자유주의 시장에서 중요한 교환의 원리를 정당화시킨다. 이전의 자유는 개인들 간의 교환에 국가나 다른 단체 혹은 관련 없는 개인이 전혀 상관할 수 없다는 주장이다. 예를 들어 대부분의 국가에서 상속이나 거래에 대해 세금을 부과하는데, 이 논리에 따르자면 국가는 이들에게 세금을 부과할 명분이 없다. 이들의 거래에서 국가는 아무 일도 하지 않았기 때문이다. 노직은 개인 간의 거래에 국가가 세금을 부과하는 행위는 세금의 크기만큼 개인의 노동을 착취하는 것이라고 말한다.

마지막으로 부정의 교정원리이다. 만약 소유물이 앞의 두 원리를 위반한다면 어떤 경우라도 정당한 소유물이 아니므로, 정당한 상태로 되돌려져야 한다. 부정한 소유물의 취득과 이전은 어떤 경우도 허락될 수 없다. 만약 정당한 노동이 아닌 사기·속임수·위협·강도·살인과 같은 방식으로 재산을 취득 혹은 이전했을 때, 그것은 정당한 것이 아니므로 원래의 정당한 상태로 되돌려져야 한다.

이처럼 노직의 소유권리론은 개인의 배타적 소유권을 강조하기 때문에, 사회적 자원의 재분배에 반대한다. 재분배는 사회적 부를 좀더 부유한 이들한테서 가난한 이들에게로 옮겨놓는 일인데, 노직은 사회적 강자의 권리도 약자의 권리와 동등하게 보호받아야 한다는 점에서 재분배는 정당하지 못하다고 말한다.

롤스
공정성 – 현대 사회의 정의의 원칙은 절차의 공정성에 있다

1950년대 이후 20여 년 이상 효율성과 실효성이란 두 요소가 정치 영역을 지배하여 정치이론 및 철학이 그 유효성을 상실해가고 있을 때, 고대 그리스부터 내려오던 정치적 이상인 '정의'라는 개념을 현대 정치철학의 지형을 바꾸어놓은 명저 『정의론』에서 제시하며 현대 정치철학의 논쟁을 새롭게 되살린 철학자가 바로 롤스이다.

롤스는 "사상체계의 제1덕목이 진리이듯이 사회제도의 제1덕목은 정의"라고 주장했다. 하나의 사상체계가 아무리 앞뒤가 맞고 간결하고 명료하게 제시되었다 할지라도 그것이 진리가 아니라면 배척되거나 수정되어야 하듯, 법이나 제도가 아무리 효율적이고 정연한 것이라도 그것이 정당하지 못하면 개혁되거나 폐기되어야 한다는 것이다.

그가 특히 강조했던 것은, 사회에는 모든 개인들에게 주어진 바꿀 수

롤스 John Rawls 1921~2002
프린스턴 대학에서 철학박사 학위를 받았으며 하버드대학 명예교수를 지냈다. 「공정으로서의 정의」라는 논문을 발표하여 학계의 주목을 받았으며, 『정의론』에서 공리주의를 대신할 실질적인 사회정의원리를 '공정으로서의 정의론'으로 체계 있게 전개하여 규범적 정의론의 복권뿐만 아니라 당시 침체되어 있던 정치철학을 되살리는 데 공헌했다. 그의 '차등원리'는 자유주의 분배 개념을 바꾸어놓았다. 이후 출간한 『정치적 자유주의』와 『만민법』은 격렬한 사상적·철학적 논쟁의 대상이 되었으며, 공동체주의·공화주의·완전주의와 같은 다양한 현대 사상들이 롤스의 사상을 비판하며 형성되었다는 점에서 현대 영미 정치철학에서 가장 영향력 있는 정치철학자라고 할 수 있다.

없는 정치적 권리들이 있기 때문에 소수가 다수의 편협한 의사 때문에 혹은 사회적 약자가 사회적 강자의 권력 때문에 자신들의 권리를 희생당해서는 안 된다는 것이다. 이런 롤스의 주장은 사회의 효율성을 강조하던 공리주의에 대한 반박으로, 사회적 효율성을 증가시킨다는 명분 아래 개인의 권리가 무시되어서는 안 된다는 규범적인 의미를 담고 있다.

롤스는 현대 사회에서 정의의 핵심적 내용은 '절차적 공정성'에 있다고 보았다. 한 사회 내에서 사회 구성원들이 자신의 사회를 운영해 나갈 법과 제도를 합의한다고 할 때, 법과 제도의 정의는 그것이 정해지는 절차가 정의로운가에 달려 있다는 것이다. 예를 들어 롤스가 제시하는 단순절차정의라는 것을 보자. 하나의 파이를 나누려는 여러 사람들이 있다고 하자. 이 파이를 가장 공정하게 나누는 방법은 한 사람에게 파이를 나누게 한 다음, 파이를 나눈 사람이 맨 나중에 자신의 몫을 선택하게 하는 것이다. 파이를 나눈 사람이 합리적이라면, 자신이 맨 나중에 선택해야 한다는 것을 알고 있기 때문에 자신의 몫을 최대한 크게 하는 방법이란 최대한 공정하게 나누는 것이다. 이 방법은 파이를 나누는 절차가 결과의 공정성을 보장한다.

이런 절차적 공정성을 확보하기 위해 롤스는 법과 제도의 토대가 되는 사회 운영원리를 사회 구성원들이 합의하는 '원초적 상황'이라는 독특한 입법원리 마련의 과정을 제시한다(여기서 입법원리 마련이란 헌법이나 법을 만드는 데 근거가 될 수 있는 개괄적인 원리를 합의해서 만든다는 의미이다. 쉽게 말해 헌법이나 법이 이 원리를 기반으로 형성된다는 의미이다). 원초적 상황에는 무지의 장막이라는 특수한 정보 차단장치가 있

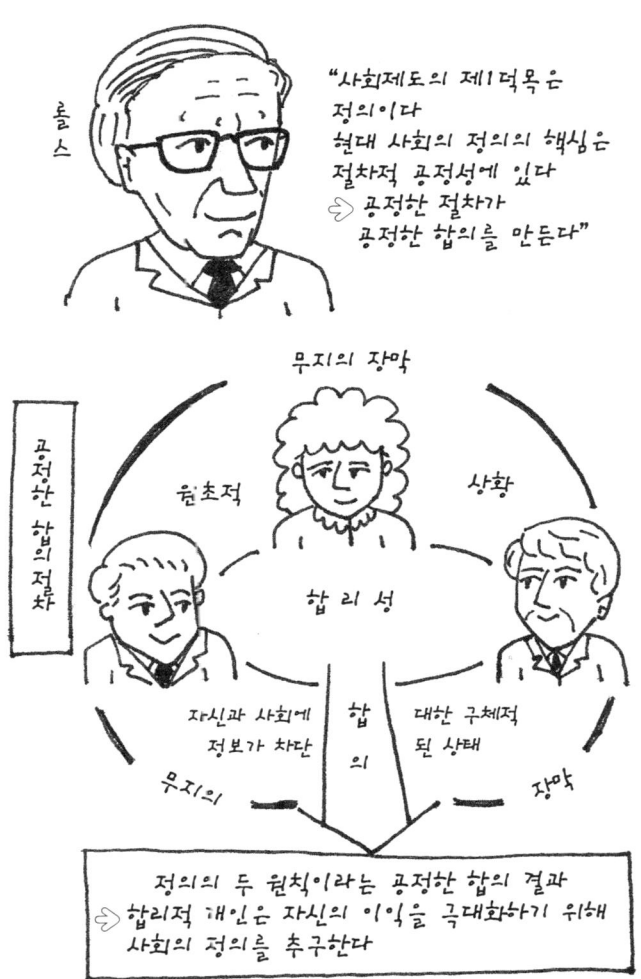

어서, 이 상황에 참여한 참여자들은 자신이 처한 사회적 지위나 자신의 선호에 대한 정보를 알 수 없다. 이때 참여자들이 합리적이라면 자신의 이익을 최대한 개선하기 위하여, 자신이 가장 위험에 처했을 경우를 생각하게 될 것이다. 그러므로 참여자들은 자신의 안전을 확보하기 위하여 자연스럽게 사회적 안전망을 확보하려는 노력을 기울이게 된다. 결론적으로 정보를 차단하는 특수한 절차가 사회적 안전망을 만들어 내는 실질적인 결과를 만들어낸다.

이런 롤스의 주장은 자유주의의 공공선이 '개인 선호의 총합'이라는 기존 자유주의자들의 주장에 대한 반박이다. 원초적 상황에 놓인 개인들은 자신의 선호에 대한 정보가 전혀 없다. 정보가 없는 상태에서 이들은 오로지 합리적으로 자신의 이익을 추구했을 뿐이며, 그 합리적 추구의 결과는 사회적 안전망의 확보라는 실질적인 결과로 나타난다. 이처럼 롤스는 절차의 공정성을 확보함으로써 대부분의 자유주의 이론이 포함하고 있는, 공공선이란 단순히 개인이 자신의 선호에 따라 추구한 이익의 총합이라는 주장을 반박한다. 그는 자유주의적 공공선이란 개인적 이익이나 편견을 배제한 합리적 개인들의 정의로운 절차적 합의의 결과라는 새로운 관점을 제시했다. 이런 논리는 한편 합리적 개인들이 자신의 이익 추구에 집착한다는 자유주의 논리를 반박하여, 오히려 합리적인 개인들은 자신들의 이익을 극대화하기 위하여 정의를 추구한다는 새로운 합리성을 제시하는 결과로 이어졌다.

롤스
차등원칙 – 불평등을 허용하여 평등을 개선한다

 롤스의 차등원칙은 현대 자유주의 이론에서 가장 혁명적인 개념으로 여겨진다. '차등원칙'은 사회적 불평등이 사회의 모든 구성원들에게 이로운 결과를 줄 때는 허용돼도 좋다는 주장이다.

 차등원칙의 핵심은 사회적 자원의 분배에 있다. 『정의론』에서 롤스는 사회가 생산과 분배라는 두 가지 특수한 관계로 맺어져 있다고 본다. 이때 생산을 두고는 사회적 구성원들이 갈등할 이유가 없다. 서로 협력하여 많은 양의 사회적 자원을 생산할수록 자신에게 돌아오는 분배의 몫이 높아질 것이란 기대감과 가능성을 공유하고 있기 때문이다. 그러나 사회적 자원의 분배는 항상 구성원들 사이에 갈등의 근원이 된다. 생산하는 데 많은 노력을 기울인 사람들이 몫을 덜 받고 노력을 거의 하지 않은 사람들이 몫을 더 받는다면, 이런 분배방식에 구성원들은 불만을 품게 될 것이고, 항의·시위·반란·혁명 등의 다양한 방법을 통해 분배방식을 궁극적으로 거부하는 상황에 이르게 될 것이기 때문이다.

 롤스는 사회적 자원의 분배가 기본적으로 평등해야 한다고 믿는다. 그러나 불평등 분배의 최소 몫이 평등 분배의 몫보다 크다면, 불평등을 허용할 수 있다고 본다. 예를 들어 평등 분배의 경우 철수, 영희, 똘이의 평등 분배 몫이 3이고 할 때, 불평등 분배의 경우 철수가 6, 영희가

롤스의 정당한 불평등 ⇨ 차등원칙

나의 이익 추구가
사회 모든 구성원의
이익 분배

"차등원칙은 언제나
구체적인 자원분배의 문제
에만 적용된다
정치적 권리는
어떤 경우에도
불평등하게 분배될
수 없기 때문이다"

롤스

5, 똘이가 4라는 몫을 갖는다면 이런 불평등은 허용되어도 좋다는 것이다. 이것이 불평등 사회가 평등 사회에 대해 정당하다고 할 수 있는 유일한 근거이다.

이런 불평등 분배의 발상이 사회적인 운영원리로 구체화되어 나타난 것이 바로 '차등원칙'이다. 사회에서 보다 많은 부를 가진 사람들이 자신의 이익을 개선하고자 할 때, 그것이 사회의 모든 구성원들, 특히 사회에서 자원의 분배를 가장 적게 받고 있는 최소 수혜자의 몫을 개선하는 데 도움이 된다면 이런 불평등은 허용되어도 좋다는 것이 바로 '차등원칙'이다.

차등원칙은 언제나 사회적 자원의 분배 문제에만 적용된다. 왜냐하면 개인의 권리, 예를 들어 투표권이나 법 앞에서의 평등과 같은 정치적·법적 권리들은 불평등하게 분배될 수 없기 때문이다. 이런 불평등은 어떤 이유로도 허용될 수 없다. 사회가 허용할 수 있는 불평등은 자원 분배의 불평등뿐이다. 그러므로 차등원칙은 기본적으로 사회 구성원들이 얼마나 적정한 수입을 얻고 있는지, 얼마나 많은 부를 가지고 있는지에 그 첫 번째 관심을 기울인다. 롤스는 사회적 삶에서 개인에게 가장 중요한 사회적 기본재는 '사회로부터의 존중'이라고 말한다. 하지만 실천적 입장에서 보자면, 가장 중요하게 다루어지는 기본재는 수입과 부이다. 다만 사회 내에 타자들을 존중하는 정신이 공유되어 있다면, 그 사회는 수입과 부를 평등하게 나누는 데 보다 좋은 환경이 조성될 것이다.

차등원칙에 입각한 정책은 여러 가지가 있을 수 있다. 대표적인 예로 최저임금 수준의 보장이다. 최저임금제도란 시간당 최소한의 노동임금을 정해놓고 이것을 지키도록 보장하는 정책이다. 이것은 한 기업가가 이윤을 추구할 때 노동자들의 노동에 대한 대가로 최소한의 삶의 질을 보장해주는 방법이며, 사회적 자원의 재분배가 아닌 시장에서의 최초의 자원분배 형식을 갖춘다는 점에서 차등원칙을 대표하는 정책이다.

롤스
정치적인 것 – 정치란 다양한 신념 간에 공정한 협동조건을 만드는 것이다

1970년대 이후 현대 자유주의 사회를 특징짓는 말은 바로 가치다원주의이다. 가치다원주의란 저마다 가지고 있는 종교적·철학적·도덕적 입장에 근거해 모든 개인들이 저마다 가치를 지니고 있다는 서구사회의 현실을 지적하는 말이다.

가치다원주의는 서구 사회가 17세기 이후 경험했던 극심한 종교전쟁과 종교개혁의 경험에서 얻어진 것이다. 종교적인 입장의 차이를 인정하지 못하고 자신의 종교적 입장만이 진리라는 신념을 버리지 못했던 당시 사람들은 종교적 신념을 지키기 위해 다른 사람들을 살해하는 극악무도한 행위도 주저하지 않았다. 종교가 빚어낸 살육과 증오의 경험은 서구 사회에 종교적 입장의 차이를 인정하지 않으면 너무나 많은 이들이 죽음을 피할 수 없다는 가르침을 주었고, 이런 종교적 다원주의에서 시작한 가치의 다양성은 철학과 도덕의 영역으로까지 뻗어가 전 사회에서 가치의 다양성을 인정하는 가치다원주의로 확장되었다.

그러나 모든 개인들이 서로 다른 가치를 가지고 있다는 것은 사회적 불안 요소이다. 우선 가치의 다양성 내에는 상대방의 가치를 인정하지 않고 관용하지 않는 가치도 포함되어 있기 때문이다. 그리고 가치의 다양성이라는 명목 아래 자신의 가치만을 중요하게 여기고 다른 사람의 가치를 무시하는 경향이 팽배해진 것이 사실이다. 특히 자기 이익

제6장 권리중심자유주의

추구의 정당화는 사회적 무관심의 근원이 된다.

롤스는 『정치적 자유주의』에서 서구 사회가 안고 있는 가치다원주의의 조건을 어떻게 해결할 것인지를 제시한다. 그 해답은 바로 '정치적인 것'을 형성해내는 것이다. 그는 정치적인 것이란 사회가 협력체계임을 인정하는 데서 시작된다고 말한다. 그러나 자유주의 사회는 여러 가지 신념들이 동시에 존재하고 있다. 사회가 협력체계라면 이러한 신념들이 공존할 수 있는 근거를 마련해야 한다.

롤스는 이런 공존의 첫 번째 조건은 개인들이 종교적·도덕적·철학적 이유로 가지고 있는 자신의 신념을 정치적 장에서는 주장하지 않는 것이라고 말한다. 예를 들어 기독교 신자와 이슬람 신자가 자신의 종교적 정체성에서 나온 신념을 정치적 장에서 행사하려고 한다면 서로 간의 화해는 있을 수 없기 때문이다. 그러므로 정치적 장에서는 개인들이 가지고 있는 삶의 신념들을 배제할 수 있어야 한다.

개인들이 정치적 장에서 해야 할 일은 공존하기 위한 공정한 협력의 조건을 마련하는 것이다. 쉽게 말하자면 사회적 협력을 위해 누구에게도 치우치지 않는 협력조건을 정치적 장에서 합의하고, 그것에 근거해 사회의 헌법과 법률을 정하고 지키는 일이 '정치적인 것'이란 의미이다. 이때 합의는 모든 신념들이 공통적으로 지지할 수 있어야 하는 것이므로 자연스럽게 모든 신념들이 인정할 수 있는 최소의 영역이 되는데, 롤스는 이것을 '중첩적 합의'라고 부른다.

롤스는 이런 합의의 결과로 사람들이 '정의의 두 원리'라는 협력조건을 마련하게 될 것이라고 말한다. 그 첫째 원리는 기본적 자유의 평등이고, 둘째 원리는 기회 균등과 차등원리다. 모든 사람들이 똑같은 기본적 자유를 누리고, 공직이나 보다 높은 사회적 지위에 접근할 기회가 똑같이 주어지며, 기본적인 삶의 질을 유지할 수 있는 안정적 분배를 공정한 협력의 조건으로 정한다는 것이다.

롤스
공적 이성 – 공정한 협동을 원하는 민주시민의 정치적 자세

 롤스의 공적 이성은 민주사회의 시민들이 가져야 하는 이성적 판단의 자세라고 할 수 있다. 공적 이성은 상이하고 다양하며 때로 다른 시민들과 화해할 수 없는 종교적·도덕적·철학적 신념을 소유하고 있는 개인이, 사회가 구성원들 간의 협력을 통해 유지된다는 것을 인정하고 공정한 협력의 조건을 설정하고 유지할 때 그 유효성을 가늠해보는 자유롭고 평등한 민주시민들의 판단 도구라고 할 수 있다. 쉽게 말하자면 정치적 합의를 하고 그것을 유지하며, 나아가 올바르게 수정하고자 하는 시민들이 가져야 할 사회적 협력의 태도이다.

 롤스는 개인에서부터 가족·협회·정치사회에 이르는 모든 것들이 특정한 계획을 수립하고 행동할 수 있는 이유가 이성 때문이라고 본다. 하지만 공적 이성은 정치사회의 자유롭고 평등한 시민의 자격으로서만 사용된 이성을 의미한다. 한 집안의 가장으로서, 어떤 단체의 지도자로서 혹은 일원으로서 사용되는 이성은 공적 이성이 아니다.

 공적 이성이 발현되는 근거는 언제나 한 사회의 시민들 간의 합의다. 이런 점에서 시민들 간의 합의가 법과 제도의 근간이 아닌 사회에는 공적 이성이 존재하지 않는다. 어떤 지도자가 구성원들의 의견을 반영하고 덕에 의한 왕도정치를 잘 실현했다고 할지라도 그것이 국민들의 합의로부터 나온 것이 아니라면 공적 이성의 근거가 될 수 없다.

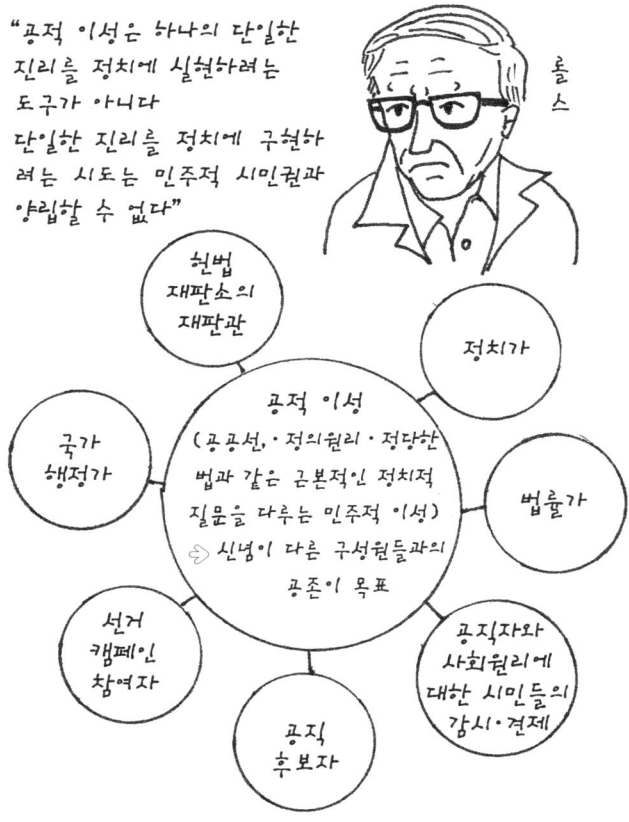

 동일한 맥락으로 민주사회에서 어떤 단체가 민주적 절차를 통해 합의의 산물을 이끌어냈다고 할지라도 그것이 그 단체의 합의에 한정되는 이상 그것은 공적 이성이 아니다. 예를 들어 회사나 학교에서 어떤 사안을 결정하거나 회칙이나 학칙을 만들 때 사용되는 이성은 사적 이성도 아니지만 공적 이성이라고도 할 수 없다. 왜냐하면 결정이나 규칙의 효력이 회사나 학교 내에 그치기 때문이다. 롤스는 이런 이성을 비공적 이성(nonpublic reason)이라고 부른다.

그러므로 공적 이성의 사용자의 범위는 전체 사회 구성원들이다. 민주사회에서는 어떤 특정한 인물이 공적 이성을 소유하는 것이 아니다. 다만 헌법재판소의 재판관, 혹은 법률가, 정치가, 정치 캠페인을 돕는 사람들, 국가행정을 관리하는 사람들에게 공적 이성의 사용이 더욱 요구되는 것은 사실이다. 예를 들어 헌법재판소의 재판관은 하나의 법이 사회가 기초된 정신에 올바르게 상응하고 있는지를 잘 살펴 법의 유효성을 판단해야 하는 막대한 임무를 지니고 있기 때문이다. 이런 임무는 공직에 종사하는 대부분의 사람들에게 요구되는 것이다. 그러나 시민들 역시 공공업무에 종사하는 사람들의 판단에 대해서 끊임없이 살피고, 필요한 사안에 대하여 문제를 제기하여 법과 제도를 더 정비하는 데 기여해야 한다.

결론적으로 공적 이성이 다루는 문제는 공공선과 구성원 간의 공정성 같은 사회의 근본적 문제다. 공적 이성이 다루는 공공선의 문제는 공공선이 어떤 내용을 담고 있어야 하며, 어떤 방식으로 추구되어야 하고, 정치사회에 전반에 걸쳐 그것을 어떻게 분배할 것인가이다. 아주 미시적 차원에서 체육관이나 다리, 도로를 놓는 일은 공적 이성이 다루어야 할 과제가 아니다. 공적 이성이 다루는 공공선의 문제는 정치사회 전반에 걸쳐 무엇이 필요한 공공선인지를 규정하는 것이며, 그것을 어떻게 분배하는 것이 공정한 것인가이다. 그러므로 정치사회 전반에 걸치는 공공선에 관한 규정, 분배의 원리를 정하는 일이 공적 이성이 다루어야 할 과제라고 할 수 있다.

드워킨
국가 중립성 – 국가는 개인의 가치에 중립적이어야 한다

드워킨은 자유주의 내에서 국가는 무엇이 좋은 삶인가라는 윤리적 문제에 대하여 중립적 입장을 유지해야 한다는 '자유주의 중립성'의 토대를 만든 대표적 학자다. 여기에서 국가란 실질적으로 국가를 운영하는 정부를 의미한다. 드워킨은 정부가 시민들이 행하는 사적인 활동에 대해, 어떤 것이 더 좋은 삶이고 어떤 것이 더 나쁜 삶이라는 판단을 해서는 안 된다고 본다.

예를 들어 철수가 당구를 너무 좋아해서 당구장에서 자신의 인생을 보내는 일을 영희가 기업에서 열심히 일하는 것보다 열등한 가치라고 가르쳐서는 안 된다는 것이다. 개인은 각자가 선택한 삶의 방식이 있으므로, 정부가 윤리적 판단을 통해 영희의 삶을 더 가치 있다고 여겨 영희에게 더 많은 혜택을 주거나 철수가 당구장에 자주 가는 것을 비난해서는 안 된다. 정부의 이런 행위는 개인이 선택한 삶의 방식에 대한

드워킨 Ronald Dworkin 1931~
하버드대학과 옥스퍼드대학에서 철학과 법학을 공부하고, 판사 서기, 변호사 등을 거친 후 학계에 진출하여 예일대학과 옥스퍼드대학에서 법학을 가르쳤으며 현재 뉴욕대학 법대 학장으로 재직하고 있다. 자유주의의 개인적인 도덕적 입장에 대한 국가 중립의 토대를 놓았으며, 자유의 본질이 모든 이들을 평등한 존재로 대우하는 것이란 평등관으로 알려져 있다. 현존하는 최고의 영미 법철학자로 평가받는다. 주요 저서에 『권리론』 『법의 제국』 『원칙의 문제』 『생명의 지배』 『자유의 법』 등이 있다.

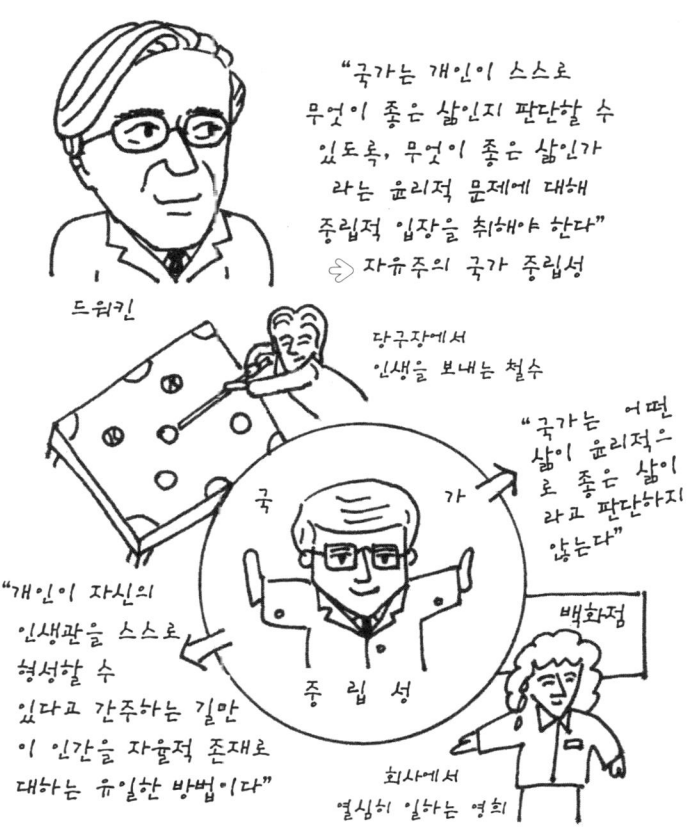

차별이기 때문이다.

무엇보다 드워킨은 개인이 자신의 삶의 방식을 스스로 선택할 수 있는 충분한 능력이 있다고 믿는다. 더구나 자신이 선택한 삶을 살 때 인간은 좋은 삶을 살 수 있다. 물론 현실적으로 무엇이 자신에게 좋은 삶인지를 판단할 수 있는 능력이 결여된 사람이 있다는 것을 부인할 수는 없다. 드워킨은 이런 예외적인 경우는 의도적으로 무시해야 한다고 말한다. 이런 사람들도 자신의 인생관을 스스로 형성할 수 있다고 가정하는 길만이 우리 인간들을 하나의 완성된 자율적 존재로 대하는 유일한 방법이기 때문이다.

그러나 드워킨은 한 사회의 문화를 풍부하게 하는 일에 있어서만큼은 예외를 둔다. 실제 한 사회에서 문화를 풍부하게 하기 위해서는 예술행위를 하는 이들에 대한 지원이 필요하다. 이때 만약 사기업이 아닌 국가가 예술가에게 지원금을 준다면 그것은 국가가 예술가라는 특정한 삶의 방식을 선택한 이의 가치를 더 나은 것으로 판단했다고 말할 수 있는 근거가 된다.

이에 대해 드워킨은 돈이 되는 것만을 선택하는 시장이 돈이 되지 않는 문화를 사멸시킬 수 있기 때문에, 국가는 시장으로부터 문화를 보호하기 위해 공공자금을 사용할 수 있다고 말한다. 게다가 문화는 시민들이 가치 있다고 여기는 다양한 미술·공연·소설 등을 제공할 뿐만 아니라 사회 내에 미적 가치를 풍부하게 만드는 데 기여한다. 그리고 현 세대는 이런 풍요로운 문화를 잘 보존하여 미래 세대에게 물려줄 의무가 있다. 드워킨은 풍요로운 문화를 선호하는 이유는 빈곤한 문화보다는 풍요로운 문화 속에서 잘살 수 있을 것이라는 사회 전체의 공유된 믿음 때문이라고 말한다.

무엇보다 드워킨이 풍요로운 문화를 중시했던 것은 이 문화가 어떤 특정한 양식의 삶을 사는 일부 구성원에게 도움이 되는 것이 아니라 사회 내에 존재하는 다양한 삶의 방식을 향상시킨다는 현실적인 근거 때문이다.

드워킨
복지의 평등 – 정치는 모든 사람을 평등하게 대우해야 한다

자유주의 이론가 중 평등이라는 개념을 가장 열정적으로 추구한 학자가 바로 드워킨이다. 그는 현대 사회의 모든 정치이론의 심장은 기본적으로 평등이라고 말한다. 현대 사회에는 정치적으로 다양한 이론이 존재한다. 자유주의·사회주의·공산주의 같은 이론들이 최근에는 여성주의·소수자권리이론 같은 다양한 정치적 입장으로 확장되고 있다. 다양한 정치이론 중에서 정당한 것으로 받아들여지는 것들은 모두 '평등'이라는 가치를 내포하고 있다.

그러나 드워킨의 평등은 자원을 모두가 똑같이 분배하자는 의미의 평등이 아니다. 예를 들어 공산주의에서는 자원의 동등한 분배가 평등의 핵심이다. 드워킨은 이를 '자원의 평등(equality of resources)'이라고 부른다. 이 경우는 자원의 분배가 정치의 권리문제와 전혀 분리되지 않는다. 반면 자유주의에서는 권리의 동등한 분배가 핵심이다. 이런 입장에서 보자면 20세기 정치이론은 평등과 자유의 대립이 아니라 자원의 분배 평등이 더 중요한 것이냐 아니면 권리의 분배 평등이 더 중요한 것인가가 정치적 대립의 핵심이다. 드워킨은 이런 대립을 포괄할 수 있는 평등의 개념을 제시하는데, 현대 정치이론이 공유하고 있는 평등의 개념이란 '모든 인간을 평등한 존재로서 대우하는 것(treating people as equals)'이라그 말한다. 이것이 드워킨이 제시하는 '복지의 평

등(equality of welfare)'이다.

과거에는 권리의 분배 평등(전통적 개념의 자유)과 자원의 분배 평등(전통적 개념의 평등)을 둘러싸고 우파와 좌파로 정치적 입장을 나눌 수 있었다. 그러나 20세기 후반부터 본격적으로 전개된 여성주의나 소수자권리이론들은 좌파나 우파의 이름으로 분류할 수 없다. 이들의 입장을 적절하게 표현할 수 있는 유일한 방법은 한 인간을 동등한 존재로서 대우하라는 것뿐이다.

예를 들어 여성주의는 여성이 특별한 존재이기 때문에 더 우대해야 한다는 것이 아니라 한 인간으로서 동등한 존재로 대우하라는 것이 핵심이고, 소수자권리이론 역시 소수자들이 동등한 하나의 인간 존재로서 다수자들이 누리는 권리를 똑같이 누릴 자격이 있다는 것이 그 핵심이다.

이렇게 본다면 평등은 정당한 현대 정치이론의 심장일 수밖에 없으며, 실천적인 입장에서 정부의 가장 중요한 행위의 기준은 모든 국민들을 평등한 존재로서 대우하는 것이다. 드워킨은 국민에 대한 동등한 관심이 정부가 베풀 수 있는 '최상의 덕'이라고 부른다.

드워킨은 평등이라는 것이 자원분배나 권리분배 어느 한쪽에 치우치는 것이 아님을 보여주었다. 정부가 권리를 동등하게 분배하는 것은 정치적 삶의 기본적 조건이라는 점에서 당연한 일이다. 더불어 정부는 경제적으로도 모든 인간이 동등하게 기본적인 삶의 질을 유지할 수 있도록 자원의 분배에도 관심을 기울여야 한다. 드워킨은 신자유주의나 제3의 길이 모든 국민들에게 평등한 관심을 보여야 할 의무를 포기한 타협의 산물이라고 비난한다.

센
발전 – 발전의 의미는 실질적 자유의 확장이다

우리가 발전이라는 단어를 사용할 때, 대개의 경우 경제적 발전을 의미한다. 경제적 관점에서 발전을 이해하는 경향은 국가의 경제 발전이 중요시되었던 후발국가에서 특히 강하게 나타난다. 이들에게 발전은 항상 규모의 경제 속에서 총체적으로 드러나는 것이다. 이런 성향은 국가가 우선적으로 해야 하는 일이 경제발전이라는 믿음으로 이어져 개인의 삶의 질에 대해서는 무관심해지는 경향이 발생한다.

센은 『자유로서의 발전 *development as Freedom*』에서 발전이 의미하는 것은 경제적 입장에서 총체적인 부를 향상시키는 것이 아니라 실질적 자유를 확장하는 것이라고 본다. 쉽게 말하자면 이성에 따라 자신의 행위를 스스로 선택할 수 있는 상황을 마련해주거나 빈곤·기아·극심한 인권침해 같은 여러 유형의 부자유를 제거하는 것이 발전이라는 것이다.

이를 테면 GNP의 상승이나 경제성장이 발전이 아니라는 것이다. 오

센 Amartya Sen 1933~
인도 출생으로, 1998년 노벨경제학상을 수상했다. 케임브리지대학에서 박사학위를 받고, 코넬대학, 옥스퍼드대학, 하버드대학 교수직을 차례로 역임한 후 1998년부터 트리니티대학 학장직을 맡고 있다. 사회적 선택이론과 후생 및 빈곤 지표, 기아문제에 대한 실존분석연구 등을 통해 기아와 빈곤문제에 초점을 맞춘 경제학의 틀을 확립하는 데 공헌했으며, 1974년의 방글라데시 기근을 비롯하여 인도와 사하라 지역 국가들의 기아문제를 연구했다.

히려 발전이란 사람들이 좋은 교육 기회·사회보장·의료보험의 혜택 등을 통해 자아를 실현할 수 있도록 하는 것이다. 이런 것이 보장되지 않으면 사람들은 권리 박탈과 궁핍, 그리고 억압이라는 부자유한 현실에 놓이게 된다. 그는 실제로 세계인구의 3분의 1 이상이 아주 심각한 부자유의 현실에 처해 있다는 객관적인 자료를 제시한다. 센은 이러한 현실이 실질적인 자유가 확산될 때 극복될 수 있다고 본다.

실질적 자유의 확장이 진정한 발전이라는 센의 주장은 기아와 민주주의의 상관관계에 관한 그의 연구에서 드러난다. 민주주의가 강력하게 뿌리내린 나라일수록 기아가 줄어드는 '상관관계'가 있다는 것이다(이것을 민주주의가 기아를 제거하는 원인으로 이해해서는 안 된다. 상관관계는 단지 양자 간에 관련성이 있다는 것을 의미하는 말이다). 이것은 국가에 대한 국민의 감시와 견제 능력과 연관이 있는 것으로, 국민이 권력관계의 변화에 영향을 줄 수 있을 때, 국가는 국민의 호감을 얻기 위해 국민을 위하는 일을 하게 된다는 것이다. 민주주의는 국가권력에 대한 국민의 견제가 선거를 통해 일상화되어 있을 뿐만 아니라, 의회에서 국민의 이익을 대변할 수 있는 체제를 갖추고 있기 때문에 국민이 겪고 있는 부자유의 현실을 다루는 데 적극적이라는 것이 센의 논리이다.

킴리카
문화적 멤버십 – 개인은 문화공동체에 속할 정치적 권리가 있다

 전통적으로 자유주의는 모든 이들을 똑같은 존엄성을 가진 개인으로서 동등하게 대우해야 한다는 원칙을 유지해왔다. 그러나 이런 전통적 자유주의에 반대하는 이들은 사회적 현실이 개인과 개인의 관계로만 성립되는 것이 아니라 개인과 집단, 혹은 집단과 집단으로 이루어진다는 점에서 개인을 여전히 권리의 주체로 강조하는 현대 권리중심자유주의를 비판해왔다. 특히 개인이 특정한 집단에서 자라나는 이상, 특정 집단의 문화를 자신의 정체성의 일부로 지닐 수밖에 없다는 점에서 억압받는 소수자문화를 보호하지 못한다는 비판을 받아왔다. 그렇다면 자유주의는 문화에 적대적인가?

 킴리카는 문화적 멤버십이 개인의 권리의 일부라는 주장으로, 기존 자유주의의 약점을 보완하고 외부로부터의 비판에 대해 방어한다. 문화적 멤버십이란 모든 개인들이 자신의 선택에 따라 어떤 특정한 문화적 공동체에 속할 수 있는 권리가 있으며, 이런 권리는 사회 내에서 가

킴리카 Will Kymlicka 196?~
캐나다 출생 정치철학자로 다문화주의, 소수자권리 이론의 철학적 토대를 닦았다. 개인의 권리를 강조하는 자유주의 이론과 집단의 권리를 강조하는 문화이론을 자유주의 입장에서 충돌 없이 철학적으로 접목시켰다고 평가받고 있다. 주요저서에는 『현대 정치철학 입문』, 『자유주의, 공동체, 그리고 문화』, 『다문화 시민권』 등이 있다.

장 필수적이며 기본적인 개인의 권리 중 하나라는 것이다.

우선 자유주의가 개인의 권리를 보호할 의무가 있다는 철학적인 의무론의 차원에서 문화적 멤버십은 중요하다. 개인이 정치공동체의 한 구성원이듯, 특정한 문화공동체의 구성원임도 부정할 수 없다. 개인이 자신의 발전을 모색할 때, 자신을 둘러싸고 있는 문화적 구조는 인생을 계획하는 데 지대한 영향을 준다. 예를 들어 우리 사회에서 부모님 없이 동생을 여럿 돌보고 있는 소년 소녀 가장을 보자. 무의식적으로 사회는 소년 소녀 가장에게 가족 구성원 중에서 제일 나이가 많다는 이유로 성년이 되지 않은 아이에게 동생들을 돌봐야 한다는 의무를 지운다. 이런 문화적 환경에 영향을 받은 아이들은 쉽사리 자기 자신만의 인생을 위한 계획을 설계하지 못할 것이다. 이렇듯 문화적 환경은 개인의 인생계획에 지대한 영향을 끼치기 때문에 개인이 문화적 공동체의 구성원이 되는 권리는 기본적 권리이다.

둘째 현실적으로 소수자문화공동체의 구성원들은 그 문화가 선호하는 선의 관념 때문에 자신의 인생을 자신의 의지대로 유지하지 못할 정도로 불이익을 받고 있다. 이것은 사회적 이익과 부담이 인간적인 삶을 누릴 수 있도록 분배되어야 한다는 자유주의적 정의관과 충돌하는 것이다. 이런 현실은 개인이 사회적으로 불이익을 얻고 있는 특정한 문화적 공동체의 구성원이 되는 데 장애가 된다. 개인의 선택을 제한하는 것이 되므로, 사회 내 정의 차원에서라도 문화적 멤버십은 보호되어야 한다.

킴리카는 현대 자유주의가, 개인이 인생계획을 세울 때 앞선 세대의 삶의 모형과 방식을 살핀다는 것, 그리고 그것이 하나의 문화적 구조를 형성하고 있다는 것을 인정한다고 주장한다. 더불어 앞선 세대로부터 이어받은 문화적 구조를 후세대에 더욱 풍성하게 남길 의무가 있다고 말한다. 이런 점에서 문화적 멤버십은 사회 내 어떤 구성원들도 남보다 적게 가지고 싶어하지 않는 사회적 기본재 중의 하나이다. 그러나 여기서 유의해야 할 것은 어떤 문화적 공동체에 속할 것인가는 개인의 선택의 문제라는 점이다. 내가 기독교 공동체에 태어났다고 해서 기독교 공동체에 속할 수밖에 없는 것은 아니다. 개인은 자신의 선택에 따라 어떤 공동체에 속할 것인가를 선택할 자유가 있다. 이 점에서 킴리카는 여전히 자유주의자이다.

제7장

완전주의 · 공동체주의 · 공화주의 — 권리중심자유주의 비판

참된 정치
수용소
공적 영역
권리를 가질 권리
덕의 실행
영역의 정의
상호 인정의 정치
애국심
맥락주의
종속

7 완전주의, 공동체주의, 공화주의라는 다양한 입장의 정치사상적 조류를 소개한다. 이들 사상을 하나로 정확하게 묶을 수 있는 코드는 없다. 다만 6장에 소개된 권리중심자유주의에 대한 반박 중에 본격적인 사상적 조류로 형성된 것이라는 공통점이 있을 뿐이다.

철학적으로 이 조류들은 분명 인간에게 좋은 삶이라는 것이 존재하며, 정치체제는 인간이 좋은 삶을 살아가는 데 중요한 역할을 한다고 주장한다. 특히 정체 혹은 국가가 개인의 좋은 삶(인간의 덕)을 실현하는 데 주도적인 역할을 해야 한다고 보는 입장이 완전주의다. 현대의 완전주의자는 라즈, 헐카 등이 있지만 이 장에서는 정치사상사에서 이런 입장을 구축하는 데 기여한 스트라우스를 소개한다. 스트라우스는 정치철학의 중요한 주제가 인간이 덕 있는 삶을 추구하며 살 수 있는 정체를 찾는 것이라고 말한다.

공동체주의는 권리중심자유주의에 철학적으로 도전했던 사상적 조류다. 공동체주의는 권리중심자유주의가 옹호하는 개인의 자아가 자신이 살아가는 공동체에는 무관심하고 오로지 자신의 이익만을 추구하는 자아라고 비판한다. 이들은 자아는 스스로 형성되는 것이 아니라 전통과 문화 등을 포함한 사회적 관계 속에서 형성된다고 말한다. 왈쩌, 테일러 등의 초기 사상적 입장이 이에 속한다. 그러나 특별한 정치적 대안을 내놓지는 못했다.

공화주의는 스키너나 피티트가 이해하듯 자유의 개념을 권리라기보다는 타자에게 종속되지 않는 것으로 정의하며, 개인의 자유를 실현하는 자유로운 공동체의 직접적 건설을 목적으로 한다는 점에서 공동체주의와 구별된다. 아렌트는 인간의 권리란 공동체에서 주는 시민의 권리 없이는 보장될 수 없다고 보는데, 그것 없이는 어디에서도 정치적 목소리를 낼 수 없기 때문이다. 아렌트는 정치적 목소리가 없는 인간은 보이지 않는 인간일 뿐이라고 말한다. 테일러는 공화주의 정체를 강화하는 데 애국심이 기여하는데, 이 애국심 안에는 차이에 대한 상호인정이 내재해 있다고 본다.

스트라우스
참된 정치 – 정치는 구성원들이 가치 있는 삶을 사는 데 기여해야 한다

 스트라우스는 정치란 도덕률에 대한 존경을 표시하지 못하고는 한 걸음도 나갈 수 없다는 칸트의 '참된 정치(true politics)'라는 개념을 받아들였다. 한 예로 스트라우스는 참된 정치에 자신의 모든 정치철학을 걸었다고 쓴다.

 참된 정치라는 개념에 스트라우스가 관심을 기울이게 된 것은 슈미트에 대한 연구 때문이었다. 스트라우스는 슈미트를 연구하며 슈미트가 진정한 정치철학자로 평가했던 홉스의 사상에 관심을 기울였다. 슈미트는 모든 정치적 투쟁을 화해라는 이름 아래 제거하는 자유주의에 반대하여 홉스가 가정한 자연상태, 만인 대 만인의 투쟁의 상태가 진정한 정치가 시작되는 지점으로 이해했다. 자연상태에서 인간은 모두가 저마다의 판단에 따라 행동하기 때문에, 어디에서 무슨 일을 할지 모르는 그 자체로 위험한 존재이다. 이런 위험한 존재를 통제할 수 있는 방법은 권위적인 힘 아래 모두를 복종시키는 것이라는 게 홉스의 발상이었다.

스트라우스 Leo Strauss 1899~1973
유대계 독일인으로, 1932년 독일을 떠나 프랑스와 영국에서 체류하다가 1938년 미국으로 이주하여 뉴스쿨과 시카고대학 교수로 재직하면서 정치철학 분야에 중요한 저서들을 남겼다. 네오콘이라고 불리는 미국의 보수주의 정치세력의 사상적 아버지로 유명하다. 주요 저서에 『스피노자의 종교비판』『홉스의 정치철학』『박해와 저술기법』『정치철학이란 무엇인가?』『소크라테스와 아리스토파네스』『플라톤의 정치철학연구』등이 있다.

슈미트는 기본적으로 인간은 위험한 존재라는 홉스의 발상을 인정했다. 그러므로 인간은 반드시 지배되어야 한다는, 쉽게 말하자면 반

드시 권력의 통제 아래 있어야만 한다는 점에서 '악한' 존재라는 권위주의적 신념을 지지했다. 더불어 홉스의 자연상태에서의 투쟁이 정치적인 것이라고 보았던 슈미트는 모든 사회와 문화에 내재해 있는 자연상태를 이끌어내는 방법으로 정치적인 것(the political)이란 '적과 동지의 구분' 이라는 개념을 내놓는다.

스트라우스는 인간 존재 내에 숨어 있는 악한 본성을 통제하고 관리할 필요성이 있다는 슈미트의 발상에 기본적으로 동조했다. 더불어 슈미트가 자유주의에 반대하여 인간 본성을 통제하는 한 방법으로 지도자가 적과 동지를 구분해주는 것이 정치적인 것이라고 본 것도 이해했다. 하지만 스트라우스의 선택은 슈미트와는 정반대로 나타났다. 스트라우스는 앞서 말한 '참된 정치' 라는 입장을 선택한 것이다.

스트라우스는 참된 정치는 인간의 도덕적 덕을 실현하는 데 기여하는 것이라고 본다. 이런 측면에서 스트라우스는 도덕적 덕을 실현하는 정치의 핵심으로 정체(regime)를 탐구했다. 시민들이 도덕적 덕을 실현하도록 돕는 정체를 형성하는 것이야말로 정치가 해야 할 핵심적인 일 중의 하나인 것이다. 스트라우스의 정치에 대한 이런 관점은 고대 그리스의 폴리스에서 철학자들이 했던 질문인 '어떤 정체가 시민의 덕을 실현하는 데 가장 적합한 정체인가' 와 연관을 맺고 있었다.

스트라우스는 현대 자유주의가 진정 특수한 이념을 뛰어넘어 하나의 지평이 되고자 한다면, 가장 먼저 회복해야 할 것이―고대 정치에서 볼 수 있듯―바로 정치적 삶에 있어 도덕적 의무의 우선성을 인정하는 것이라고 본다. 그것은 스트라우스에게 있어 고대의 정치적 삶에서 법의 중요성을 인정하는 것과 일맥상통하는 것이었다.

도덕적 의무는 법의 중요성을 인정하는 것이라는 스트라우스의 발상은 아리스토텔레스의 정치적 탐구에서 영향을 받았다고 해도 좋을 것이다. 아리스토텔레스는 시민의 덕의 달성이 폴리스의 정체와 연관이 있다고 믿었다. 그는 어떤 정체가 좋은 정체인지 탐구하기 위하여 각 폴리스의 헌법을 탐구했는데, '아테네 헌법'은 지금까지 전해지고 있다. 좋은 헌법을 갖춘 도시야말로 시민들이 덕을 달성하기 좋은 환경을 갖춘 것이라고 믿었던 아리스토텔레스처럼, 스트라우스도 도덕적 덕과 한 국가의 헌법이 서로 밀접한 관련을 맺을 수밖에 없다고 생각했던 것이다.

아렌트
수용소 – 전체주의는 인간의 자발성을 박탈한다

아렌트는 나치식의 국가사회주의 모델과 스탈린식의 공산주의 모델을 전체주의의 대표적인 두 유형으로 간주한다. 그녀가 두 모델을 전체주의의 전형적인 모형으로 본 이유는 두 체제가 모두 '수용소(concentration camps)'라는 극단적인 주민 통제방식을 공유하고 있었기 때문이다.

아렌트는 인간의 마음에는 어느 누구도 제거할 수 없는 강력한 자발성이라는 성향이 존재한다고 여겼다. 자발성이란 스스로 판단하고 자신의 판단에 따라 행위하고자 하는 성향으로 인간이라면 누구나 어떤 상황에서든지 이런 성향을 지니고 있다. 그러나 이런 믿음은 전체주의 통제기구의 절정이었던 수용소로 인해 무너지고 만다. 수용소가 인간의 자발성을 제거해버렸던 것이다.

아렌트 Hanna Arendt 1906~1975
독일에서 출생한 유대인으로 하이델베르크대학 등에서 야스퍼스, 하이데거에게 사사했다. 나치의 박해를 피해 1941년 미국으로 망명, 전후 나치즘과 스탈리니즘의 전체주의 체제의 기반을 심리적으로 분석한 『전체주의의 기원』으로 세계적인 명성을 얻었다. 정치적 목소리가 없는 인간은 실질적으로 보호받을 어떤 권리도 없는 자라고 규정하며 정치참여의 중요성을 강조했으며, 폭력에 반대하고 토론과 논쟁으로 일군 혁명이야말로 진정한 혁명이라는 독특한 혁명관으로도 유명하다. 뉴스쿨과 시카고대학 교수로 재직했으며, 주요 저서로는 『인간의 조건』, 『혁명에 대해서』 등이 있다.

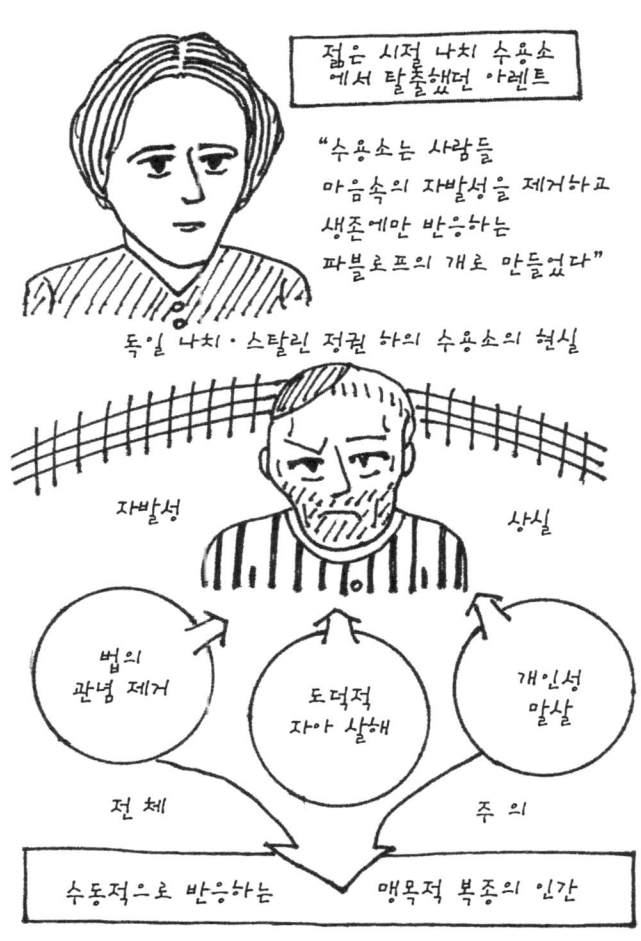

아렌트는 수용소에 수용되었던 사람들은 마음의 자발성을 잃어버린 채 생존에만 반응하는 파블로프의 개가 되었다고 서술한다. 종이 울릴

때마다 먹이를 기다리며 침을 흘리는 개처럼 인간은 수용소 안에서 죽음에 대한 조건반사, 즉 살아남기 위한 본능만을 지니게 되었던 것이다. 아무런 삶의 의미도 의도도 없이 오로지 생존이라는 목적에 반응하는 사람들의 집단으로 전락한 것이다.

수용소는 크게 세 가지 방식으로 인간의 자발성을 제거했다. 첫째, 인간에게 내재한 법의 관념을 제거했다. 수용소 안의 삶은 이미 삶과 죽음의 경계에 서 있는 것이기 때문에, 무엇이 정의로운 것이며 정의롭지 않은 것이냐는 아무런 의미가 없는 것이었다. 수용소에서 권력자들에게 아부를 해서라도 살아남는 것이 정의인지, 아니면 그곳에서 죽음을 맞는 것이 정의인지 판단할 수 없게 되어버린 것이다.

둘째, 인간의 도덕적 자아를 살해했다. 수용소에서 살아남을 수 있는 방법을 생각해보자. 우선 수용소로 가지 않는 것이 최선의 방법이므로, 사람들은 가족과 친구를 고발하고 속여 수용소로 보내는 짓을 주저하지 않았다. 수용소로 간 사람들은 대개의 경우 양심을 지키던 사람들이었으며 도덕적인 사람들이었다. 그리고 수용된 이후에 수용소에서 살아남을 수 있었던 자는 그 내부에서 동료를 고발하고 권력자에게 협력한 비양심적이며 가장 부도덕한 사람들이었다.

셋째, 개인성을 말살시켰다. 개인성 말살은 수용소로 수용되는 과정에서 시작된다. 한 량의 열차 안에 열차가 수용할 수 있는 인원 이상을 한꺼번에 몰아넣는 것이다. 이들은 앉지도 서지도 못한 채 서로 살과 살을 맞대고 빛도 제대로 들어오지 않는 컨테이너에 실려 며칠 동안 어디인지 모를 곳으로 수송된다. 이 과정에서 수용자들은 자신들을 겹겹이 쌓여있는 고깃덩어리로 여기게 되며, 자신이 인간이란 사실 자체를 잊어간다. 나치는 이러한 수송과정을 계획적으로 이행했다. 이를 통해 개인은 자신의 정체성을 상실해갔고, 수용소에 수용된 이들은 단지 살아 있는 몸 이상의 것이 아니었다.

    정의와 도덕의 관념을 잃고 자신이 개인이란 사실조차 잊어버린 수용소의 인간들은 단지 살아남기 위해 반응하는 파블로프의 개가 된다. 아침이 되면 작업장으로 가고, 조금씩 주어지는 음식을 먹고, 저녁이 되면 잠이 들고, 아침이 되면 다시 작업장으로 간다. 이런 박탈과정에서 수용소는 전체주의 국가가 얼마나 인간의 몸을 철저하게 통제할 수 있으며, 그것을 통해 인간을 얼마만큼 규율에 복종시킬 수 있는지를 극단적으로 보여준다. 결국 수용소는 전체주의가 가장 수동적인 인간의 맹목적 복종을 원하는 근대적 체제임을 보여주고 있다.

아렌트
공적 영역 – 정치적인 것이란 소통하는 것이다

　정치적인 것은 무엇인가? 이에 대해 아렌트는 인간들 사이의 언어를 통한 소통이라고 말한다. 인간에게 주어진 능력 중에는 말할 수 있는 능력이 있다. 말할 수 있다는 것은 어떤 언어를 사용할 수 있는 능력이 있다는 것 이상을 의미한다. 그것은 인간에게 자신만의 고유한 목소리가 있다는 것을 의미하는데, 이 목소리는 바로 '견해'이다.

　사람들은 각자의 견해를 가지고 있으며, 견해의 고유성이 인간 하나하나의 고유성을 드러낸다. 한 인간은 어느 누구와도 똑같은 삶을 살지 않는다. 한 가족 내의 아버지와 아들이 닮았다고 하더라도, 이들의 삶은 전혀 다르다. 가까운 친구 두 사람이 서로 비슷한 일을 하고 있다 하더라도 두 사람의 삶은 본질적으로 각자의 것이며 서로 다른 것이다. 이렇게 사람들의 삶의 수는 사람들의 숫자만큼 존재하며, 누구나 삶의 고유성을 지닌다. 이런 자신만의 고유성을 타자에게 보여줄 수 있을 때, 한 인간은 자신의 진정한 고유성을 찾게 된다. 왜냐하면 모든 인간은 관계 속에서 살아가는데, 그러한 인간으로서 자신의 고유성은 타자와의 교류 혹은 인정 속에서 생겨나기 때문이다. 교류와 인정은 항상 자신 안에 들어 있는 자신의 고유한 견해를 말로 표현할 때 시작된다.

　하여 진정한 인간의 활동은 이 견해를 다른 사람들에게 이야기하는

것이다. 그런 점에서 사람들은 근본적으로 이야기꾼들이다. 이런 이야기꾼들의 가장 중요한 주제는 객관적인 세계로, 모든 사람들이 듣고 공감할 수 있는 주제로 이야기한다. 그러므로 주제는 당연히 사회의 공적인 일들이 된다. 아렌트는 정치적인 장에 나와서 다른 사람들에게 사회의 공적인 일들에 대한 자신의 의견을 들려주는 것을 인간이 할 수 있는 최고의 활동으로 여겼다. 아렌트는 이렇게 사람들이 공공의 일에 대해서 이야기할 수 있는 곳을 공적 영역이라고 부른다. 공적 영역의 장은 근본적으로 정치적 장이며, 말이 중심이 된다는 점에서 의회가 공적 영역의 중심이 된다.

이런 까닭에 아렌트에게 인간의 활동 중 가장 의미 있는 활동은 정치활동이다. 그러나 우리가 알고 있는 모든 정치체제가 진정한 정치체제는 아니라고 아렌트는 믿었다. 그녀는 말이 시작되는 곳에서 정치가 시작되고, 말이 끝나는 곳에서 정치가 끝난다고 생각했다. 말할 수 있는 공간이 있어야 한다는 점에서 아렌트의 정치체제는 기본적으로 '의회'가 반드시 있어야 한다는 전제가 있다. '의회'가 있어야 할 뿐만 아니라 의회 내에서는 어떠한 말이라도 할 수 있어야 한다. 이런 공간에서 정치에 참가하는 이들은 서로 각자의 의견을 허심탄회하게 제시하고 서로 간에 경쟁한다. 경쟁을 통해 보다 나은 견해, 혹은 보다 설득력 있는 견해가 사람들에게 받아들여질 때, 의견을 제시한 사람은 자신의 견해의 탁월성(excellence)을 드러낼 뿐만 아니라 타자로부터 자신의 탁월성을 인정받게 된다.

이런 입장에서 보면, 말할 수 있는 자유가 제한되는 체제는 진정한 정치체제가 아니다. 아렌트는 말할 수 있는 자유가 제한되는 체제, 일방적으로 명령이 전달되고 구성원들이 그것에 대해 아무런 이의 제기 없이 복종하는 체제를 전체주의라고 보았다. 결론적으로 아렌트에게 전체주의란 정치적 장에서의 말이 끝난 체제, 혹은 그것을 제거하려는 체제라고 할 수 있다.

아렌트
권리를 가질 권리 – 하나의 공동체에 속할 때 인간성이 보전된다

2차 세계대전이 끝나고 나치의 유대인 학살이 문제가 되었을 때, 인간은 진정 인간성을 가지고 있는가라는 문제가 제기되었다. 이와 더불어 인간의 상상을 넘어선 학살을 저지른 나치에 대한 비난이 쏟아졌다. 전범재판이 열리고 수많은 전쟁범죄자들이 처형당하는 동안 유대인들은 자신들이 당했던 참혹한 상황을 법정에서 증언했고, 이런 증언들은 나치에 대한 지독한 비판뿐만 아니라 유대인에 대한 끝없는 동정과 연민을 불러일으켰다.

하지만 자신 역시 유대인이었던 아렌트는 오히려 유대인 책임론을 들고 나와 유대인 스스로를 비판했다. 아렌트는 유대인이 수천 년 동안 자신들의 안전을 타인에게 의지하며 그 와중에 축적해온 경제적 부에 만족하고, 정치공동체를 만들지 못한 점을 지적한다. 수천 년의 역사 동안 유대인은 국가를 잃은 혹은 국가를 결성하지 못한 사람들이었던 것이다.

민족국가가 생기기 이전, 유대인들은 여러 국가에 흩어져 그 나라의 재정을 관리하거나 충당하는 역할을 하고 그 대가로 권력의 보호를 받았다. 그러다 민족국가가 결성되자 유대인들은 사회적 역할을 잃었고, 사람들은 유대인을 사회에 아무런 기여도 하지 않으면서 돈만 탐내는 수전노로 인식하고 미워하기 시작했다. 유대인의 실수는 이런 미움 속

에서도 자신들을 보호할 수 있는 국가를 결성할 생각이나 시도를 하지 못한 데 있다. 만약 유대인들이 그것을 깨닫고 국가를 결성했더라면, 그렇게 참혹한 학살을 당하지는 않았을 것이다.

아렌트는 인간이 자신의 인간성을 보전할 수 있는 최선의 길은 하나의 공동체 속하는 것이라고 말한다. 공동체에 속할 때만이 한 사람의 시민으로서 권리를 보장받을 수 있기 때문이다. 국가는 권리를 가진 시민들을 보호해야 할 의무가 있다. 그러므로 사람들은 국가의 보호를 받을 수 있는 '권리를 가질 권리'가 있다. 이것이 아렌트의 유명한 권리를 가질 권리인데, 개인은 자신의 인간성 보전을 위해 특정한 정치공동체에 속할 권리가 있으며 그 권리는 시민권으로 나타난다.

아렌트가 시민권을 강조했던 이유는 시민의 권리 안에 투표나 공직에 지원할 권리 같은 정치적 권리가 있기 때문이다. 이런 권리들은 특정한 정부 없이는 생겨날 수 없다. 아렌트 주장의 핵심은 시민의 권리 없이는 인간의 권리도 없다는 것이다. 아렌트는 인간의 참된 활동이 정치적 장에서 자신의 견해를 펼치는 것이라 보았는데, 정치에 참여할 수 있는 권리가 없다면 인간의 참된 활동을 할 수 있는 기회를 상실한다는 점에서 진정으로 인간성을 보전하는 것이 아니기 때문이다.

한 사람이 어떤 특정한 정치공동체에 속하지 못하고 그 바깥에서 살아가거나 어떤 정부에 속해 있더라도 그 정부의 활동이 전혀 없다면, 인간의 삶은 아무런 보호도 받지 못한다. 보호막 없는 삶은 현재 지구 곳곳에 존재하고 있다. 전쟁으로 인한 수많은 난민들이 어떤 국가에도 들어가지 못한 채 수용소에서 그들의 삶을 보내고 있으며, 국가의 가난과 질병에 대한 무관심 속에 방치된 채 죽어가고 있는 사람들도 많다.

지구 전역에 수많은 유아들이 여전히 생계를 위해 노동을 하고 있고, 오로지 생계를 위해 이주한 수많은 불법 취업자들이 아무런 보호도 받지 못한 채 착취와 사기에 그대로 노출되어 있다. 이런 현실에서 다음의 아렌트의 말은 기억해둘 만하다.

"'보이지 않는 정부'가 어둠의 시대를 사는 사람들을 만들어낸다."

매킨타이어
덕의 실행 – 좋은 삶은 가치를 공유한 공동체의 전통 속에서 완성된다

 매킨타이어는 개인들이 공동체 내에서 공유된 가치와는 상관없이 자신의 가치 실현에만 집착하는 현대 자유주의적 개인들에 반대하며, 진정한 좋은 삶이란 공동체 안에서 자신의 역할을 다할 때 완성된다고 주장한다. 그는 이런 좋은 삶의 본보기를 아리스토텔레스의 도덕윤리가 등장한 호메로스 시대에서 찾는다.

 호메로스 시대의 고대 그리스 사람들은 전체적인 사회구조 속에서 각자가 처한 입장에 따라 고정된 역할을 맡고 있었다. 예를 들어 시민권을 가진 성인 남자는 도시국가의 방어와 정치참여, 여성은 오이코스라고 부르는 가사 영역, 노예들은 사회의 경제적 생산활동을 맡고 있었다. 그 밖에도 가족 내에서의 위치, 사회계급 내에서의 위치, 정치체제 내 관직의 위치에 따라 분명하게 사회적·정치적 역할이 정해져 있었고, 이 역할을 이해하고 수행하며 자신이 누구인지를 이해할 수 있었다. 요약하자면 한 사람의 사회적 역할이 그 사람의 정체성을 형성시켰던 것이다.

매킨타이어 Alasdair Mcintyre 1929~
하버마스와 함께 현대의 대표적 도덕철학자로서 공동체의 전통이 주도가 되는 통합적 공동체주의 대표자로 일컬어진다. 현재 노트르담대학 교수로 있으며, 주요 저서에 『덕의 상실』 『윤리의 역사』 『도덕의 이론』 등이 있다.

이처럼 고대 그리스인들이 한 사람의 정체성을 형성하는 사회적 역할에 관심을 두었던 이유는 '한 인간으로서 '좋은 삶'을 어떻게 살 수 있는가'라는 질문에 오랫동안 관심을 두었기 때문이었다. 예를 들어 아리스토텔레스는 좋은 삶이란 인간이 가진 덕을 실현하는 것이라고 말했는데, 그 덕이란 단순히 좋은 성품이 아니라 한 인간이 가진 능력을 최대한 발휘하는 것을 의미했다. 아리스토텔레스에게 최대한의 능력 발휘란 정치적 장에서 자신의 탁월함을 드러내는 것이었다. 공동체를 이루고 살 수밖에 없는 정치적 동물로서 모든 사람들의 공적인 업무를 관장하는 정치에서 능력을 보이는 것이야말로 진정한 덕의 실현이기 때문이다. 그러므로 아리스토텔레스의 입장에서 개인과 정치공동체는 불가분의 관계에 있다.

매킨타이어는 개인이 주관적인 입장에서 판단하는 좋은 삶과 객관적으로 좋은 삶은 구분된다고 보았다. 그리고 인간은 기본적으로 타자와 연관을 맺고 살아가는 존재이므로, 도덕과 정치 영역에서 객관적으로, 나아가 합리적으로 좋은 삶이 무엇인지를 분명하게 제시할 수 있어야 한다고 믿었다. 매킨타이어는 한 공동체 안에서 살아가는 개인에게는 다음과 같은 세 가지가 필요하다고 말한다.

첫째, 사회적 선을 실현하는 데 개인들이 적극적으로 참여하는 실행의 덕을 보여야 한다. 둘째, 모든 행위는 역사적 성격을 갖기 때문에 우리는 어떤 행위가 어떤 의도에서 이루어졌는지, 이런 행위들이 좋은 삶에 가까운 것인지 끊임없이 살펴보고 질문해야 한다. 이런 과정을 통해 우리의 도덕적 행위는 (내가 어떻게 좋은 삶을 추구해왔는지에 대한 이야기구조로서) 하나의 서사적 통일성을 갖게 된다.

셋째, 전통을 이해해야 한다. 전통이란 한 공동체 내에 축적되어온 서사적인 덕의 실천이기 때문이다. 그렇다고 고정된 전통을 그대로 받아들이라는 의미는 아니다. 전통은 언제나 끊임없는 논쟁의 대상이다. 그것은 무엇이 더 좋은 삶인지가 논쟁의 대상인 것과 같다. 이런 논쟁을 통해 전통은 새로운 이야기를 그 내부에 축적해갈 것이며, 앞의 전통과 연속성을 유지하며 새로운 전통을 형성하여 미래 세대에게 물려줄 것이다.

왈쩌
영역의 정의 – 사회 영역마다 각각 정의의 원칙이 있다

왈쩌는 사회에 물질적 자원이 평등하게 분배될 수 있는지에 의심을 품었다. 예를 들어 모든 물질적 자원을 동등하게 똑같이 모든 사람에게 나누어 준다고 해도(왈쩌는 이것을 단순평등이라고 부른다), 사람들이 시장에서 교환활동을 하는 동안, 혹은 상속 등을 통해서 더 많은 재산을 갖게 되는 이들이 존재하는 한 사회는 금방 불평등해지고 말 것이기 때문이다. 그러면 사회는 구성원들 간의 자원이 불평등해질 때마다 자원을 다시 똑같이 나누어야 하는 불편을 겪어야 한다. 왈쩌는 자원의 단순한 평등 분배는 금방 불평등해진다는 점을 강조하며, 사회적 가치 간의 평등 문제에 초점을 맞춘다.

왈쩌는 사회가 정치·경제·교육·예술 등과 같은 다양한 영역으로 이루어져 있으며, 각각의 영역에는 그 영역에 맞는 정의의 가치가 있다고 말한다. 예를 들어 정치는 권력, 경제는 돈으로 상징되는 부, 교육은 명예, 예술은 창조성과 같은 각자의 영역에 어울리는 정의의 가치가 있

왈쩌 Michael Walzer 1935~
프린스턴대학, 하버드대학 교수를 역임한 이후 현재 프린스턴 소재 고등과학원의 사회과학부 종신 석좌교수로 재직하고 있다. 정치평론지 『디센트』의 공동편집자이며, 시사평론지 『뉴 리퍼블릭』의 편집인이기도 하다. 대중적 글쓰기와 학문적 글쓰기를 구별하여 대중에게 쉽고 간결한 글로 접근한 것으로도 잘 알려져 있다. 주요 저서에 『자유주의를 넘어서』 『정의와 다원적 평등』 『관용에 대하여』 등이 있다.

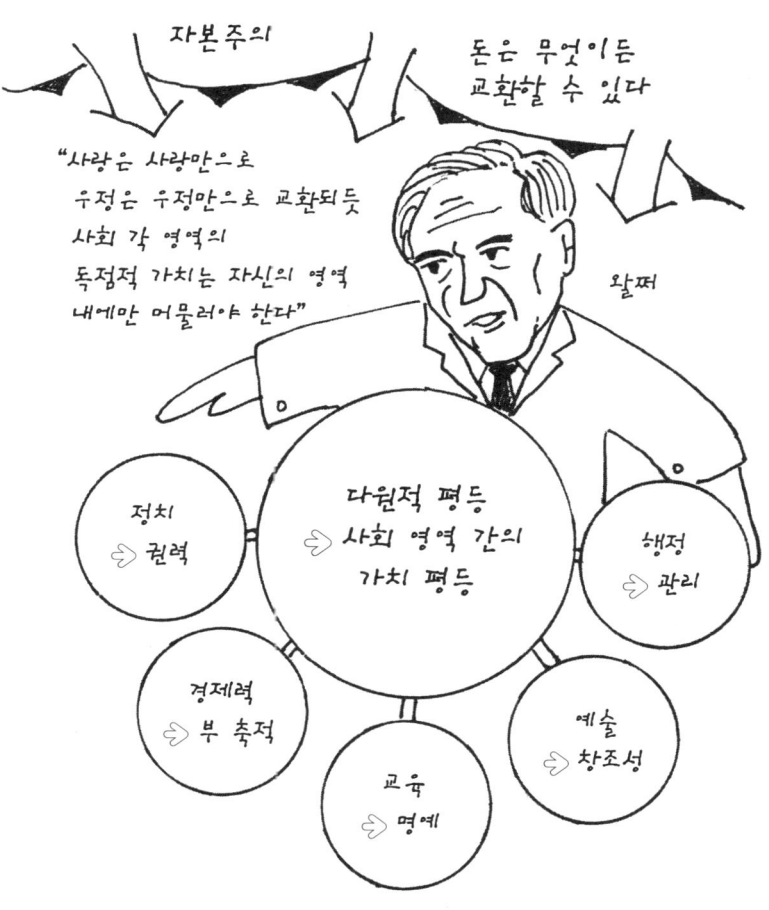

다는 것이다. 이때 경제 영역에서 탁월한 장사수완을 가진 사람이 시장에서 형성된 법과 규칙을 준수하며 부를 무한하게 축적한다면, 그것은 정의의 원칙에 어긋나는 행위가 아니다. 개인이 시장에서 어떤 절차를 지키며 부를 축적했다는 것은 돈을 벌 수 있는 능력이 있고, 그 능력에 대한 대가를 받은 것이기 때문이다. 사회적 불평등과 부정의는 경제 영역에서 부를 가진 사람이 돈을 이용해 정치 영역에 들어와 권력을 사들이고, 교육 영역에 뛰어들어 명예를 사들일 때 발생하는 것이다.

경제 영역의 고유 가치인 부는 경제 영역에, 정치 영역의 고유 가치인 권력은 정치 영역에 머물 때 사회적 평등이 이루어진다고 왈쩌는 말한다. 영역과 영역 사이에 높은 담장이 있어 하나의 가치가 그 영역 안에만 머무를 때 사회적 정의가 실현된다는 것이다. 그는 이것을 '다원적 평등'이라고 부른다.

왈쩌는 한 영역의 가치가 다른 영역에 침투해서 침투한 영역의 가치를 왜곡시키거나 무너뜨리는 일을 전제라고 부른다. 전제는 하나의 특정한 수단을 통해 그 수단이 아닌 다른 수단으로만 얻을 수 있는 것을 얻고자 하는 시도이다. 예를 들어 어떤 학생이 잘 생겼다는 이유만으로 선생님의 사랑을 더 받고자 하는 것은 정당하지 않다. 학교는 잘생긴 배우나 연예인을 기르는 곳이 아니기 때문이다. 잘생겼다는 이유로 다른 사람의 사랑을 요구하고, 물리적인 힘이 세다는 이유로 다른 사람에게 권력을 요구할 때 전제는 시작되는 것이다.

왈쩌에게 있어 사회에서 가장 심각한 문제는 경제 영역에 머물러야 할 돈이 다른 모든 영역에 침투하는 현상이다. 왈쩌는 마르크스를 인용하며 사랑은 사랑으로 교환되고, 우정은 우정으로만 교환되는 것이 정당한 교환의 원리라고 말한다. 하지만 자본주의가 만연하면서 돈은 사랑도 사고, 우정도 살 수 있는 존재가 되었다. 그러나 사랑이나 우정은 돈으로 살 수 없는 것이다. 이와 동일하게 돈이 정치 영역에 침투해 권력을 사거나 교육 영역에 침투해 명예를 사들이면 안 된다. 돈이 모든 사회적 가치를 살 수 있게 되면, 사회적 가치의 다양성은 소멸될 수밖에 없기 때문이다.

테일러
상호 인정의 정치 – 개인의 집단적 문화 정체성에 대한 인정이 필요하다

현대 자유주의 사회는 모든 사람들이 동등하게 존중받을 권리가 있다는 관점에서 모든 이들을 차별 없이 대우해야 한다고 주장한다. 이런 권리에는 모든 인간에게 똑같은 존엄성이 내재해 있다는 발상이 존재한다. 그러나 현대 정치의 현실에서는 인간을 동등하게 존중한다는 자유주의적 권리 개념이 진정 인간의 권리를 보호할 수 있는지에 대해 의문이 제기되고 있다.

그 의문의 실제는 바로 개인의 정체성에서 온다. 예를 들어 여성이라는 정체성은 남성이라는 정체성과 구별된다. 좀더 구체적으로 예를 들어본다면, 한 회사에서 여성과 남성이 똑같다는 명목 아래 임신한 여성에게 똑같이 근무할 것을 요구한다고 하자. 실제 회사에서는 임신한 여성이 휴가를 신청하는 일을 업무장애로 취급한다. 그리고 남자와 평등하다고 생각하면 똑같이 근무하라고 말한다. 인간의 권리에 대한 동등한 존중을 어리석게 해석한 대표적인 예이지만, 이러한 일들이 실제

테일러 Charles Taylor 1931~
헤겔 철학을 통해 현대 공동체주의의 철학적 기반을 확고히 한 캐나다인 철학자·정치사상가이다. 특히 프랑스어를 쓰는 캐나다인이라는 자신의 정체성의 문제를 기반으로 하여 개인의 정체성 형성에 있어 언어공동체의 중요성을 강조했으며, 실제로 퀘백 지역의 프랑스어를 쓰는 캐나다인의 자치권을 옹호했다. 주요 저서로는 「헤겔」 「자아의 원천」 「자아진실성의 윤리」 등이 있다.

사회적 다수자
집단의 억압·
멸시·고립

이슬람 문화집단

원시부족 문화집단

아랍 계열의 소수민족

마오리족과 같은 소수인종·부족

정체성의 왜곡

한 개인의 정체성은 특수한 집단에 속하면서 생성되기 때문에, 사회적 소수집단에 대한 차별과 멸시는 집단에 속한 소유자 개인의 정체성을 경멸하는 것

"소수자 문화집단에 대한
타자의 인정이
개인의 건강한 정체성
형성에 필수적이다"
⇨ 상호 인정의 정치

테일러

사회에서 허다하게 일어나고 있다. 여성이라는 정체성 자체가 문제가 되는 것이다.

정체성의 문제가 더욱 심화되는 것은 한 개인이 어떤 특정한 집단에 속할 때이다. 예를 들어 서구 사회에서는 19세기 제국주의의 확장과 20세기 초반 세계대전 등의 이유로 인구이동이 잦아지면서, 한 국가가 다민족·다인종·다문화 사회가 되어가고 있다. 이런 현실 속에서 특히 한 사회 내에서 소수문화집단에 속한 이들의 정체성이 문제가 되고 있다.

테일러는 이런 정체성과 관련해 정치에서 가장 중요한 요소가 바로 '상호 인정(recognition)'이라고 말한다. 서로의 차이에 대한 정확한 인정이 필요하다는 것이다. 상호 인정은 몇 가지 중요한 의미를 지닌다. 첫째, 한 개인의 정체성이 상이하다는 것을 인정하는 일은, 한 개인의 정체성이 어떤 특정한 집단에 속하면서 생성된다는 점에서 상이한 집단의 문화를 인정한다는 의미이다. 테일러는 한 개인의 정체성은 혼자서 독립적으로 형성될 수 없으며, 반드시 타자와의 대화적 과정 속에서 형성된다고 말한다.

둘째, 상호 인정의 실체는 소수자의 문화에 대한 다수자의 인정이라는 점이다. 타자의 인정이 자신의 삶의 내용에 영향을 미치는 사람들은 항상 소수자이다. 사회적 다수자는 소수자들이 인정하지 않더라도 다수의 힘을 사용해 자신의 정체성을 실현할 수 있지만, 사회적 소수자는 타자의 인정이 없는 한 삶의 내용이 나아지기 어렵다. 타자들의 인정을 얻는지 못 얻는지, 혹은 타자들의 인정이 옳은지 그른지에 따라 한 개인이나 특정 집단의 사람들은 자신들의 삶에 직접적인 충격을 받거나 왜곡을 경험하기 때문이다.

예를 들어 이슬람 근본주의자들이 저지른 9·11 테러 이후, 미국 사회에서 이슬람 근본주의의 급진성과는 전혀 관련이 없는 이슬람 신자들이나 아랍인들이 자신의 정체성 때문에 사회적 차별과 멸시의 대상이 되고 있다. 이런 사회적 현상은 잘못된 타자로부터의 인정이 한 개인의 정체성과 삶의 내용에 얼마나 큰 영향을 미치는가를 명확하게 보여준다. 이처럼 사회가 특정 집단을 경멸하거나 천하게 대하거나 혹은 사회에서 고립시킨다면, 그 집단에 속한 사람들은 자신의 정체성을 스스로 경멸하고 천한 것으로 생각하여 왜곡시킬 수 있다.

그러므로 타자에 대한 불인정 혹은 잘못된 인정은 특정한 사람을 잘못되고 왜곡된 환원적인 존재로 취급하게 된다. 쉽게 말하자면 아무리 그 사람의 인성이 뛰어나다 하더라도 특정한 집단에 속한다는 이유로 결국은 똑같이 경멸스런 존재로 취급하여, 잘못된 인간 존재의 양식 안에 가두는 억압방식이 될 수 있다는 것이다.

특히 테일러는 정치에서 타자로부터의 인정, 특히 다수집단이 소수집단의 특정한 삶의 방식을 인정하는 핵심은 공적 기구를 인정하는 것에 있다고 본다. 테일러는 소수자의 문화를 지속적으로 건강하게 인정하는 것은 타자를 존중으로 대하는 것 이상의 행위로, 인간에게 가장 필요한 것이라고 주장한다.

테일러
애국심 – 사회적 연대의 핵심은 동포들에 대한 헌신이다

테일러는 공화주의 시각에서 시민을 이렇게 정의한다. 시민이란 자치적 시민공동체의 구성원으로서 특정한 보편적 정의원칙에 동의한 집단이 아니라, 보다 강력한 연대의 힘으로 뭉친 사람들이다. 여기에서 보다 강력한 연대의 힘의 근원은 바로 동포이다.

공화국의 시민으로서 갖는 동포들과의 연대의 고리는 그들과 같은 운명을 공유하고 있다는 발상이다. 공화국의 시민들에겐 동일한 운명의 공유 그 자체가 그들이 헌신하는 가치가 된다. 테일러는 자신이 좋아하는 곡을 집에서 혼자 레코드로 듣는 것과 콘서트홀에 직접 가서 그 곡을 좋아하는 타자들과 함께 듣는 것은 전혀 다른 감동을 준다는 예를 제시한다. 노래 하나도 혼자 듣는 것과 그 곡을 좋아하는 이들과 함께 들으며 정서를 공유하는 것 사이에는 커다란 차이가 있다는 것이다.

이처럼 같은 관심, 그것도 운명이란 같은 관심을 공유하고 있다는 점에서 동포는 내가 연대를 맺을 수 있는 가장 적합한 상대이며, 이들 안에서 활동할 때 나는 더 큰 자유를 느낄 수 있다. 그러므로 누군가와 운명을 공유했다는 그 사실이 시민들에게는 그 자체로 가치가 된다.

운명이라는 공유된 가치를 더욱 단단히 하고자 할 때 무엇보다 중요한 요소가 바로 애국심이다. 애국심은 동포들이 계속해온 일련의 실행과 제도에 대한 변함없는 헌신을 의미한다. 테일러는 현대 민주국가는

> 콘서트장에서 음악을 공유하는 사람과 어울리는 기쁨과 운명을 공유한 동포들과 어울릴 때의 기쁨은 같은 맥락

(그림: 애국심 → 구성원 간의 통합 → 애국주의적 동일화 / 우리는 같은 / 운명을 공유한 동포들)

일반적인 수준에서 인간성을 중심으로 하는 것보다 동포들에 대한 헌신을 통해 더욱 위대한 차원의 연대를 요구한다고 말한다.

애국심은 두 가지 독특한 의미를 담고 있다. 첫째, 그것은 우정과 가족의 감정 사이에 존재하는 것이다. 둘째, 한편으로 애국심은 일종의

이타적 헌신이다. 그렇다면 애국심이란 차이나 개인이란 관념을 버리고 모든 것을 동질화시키는 기제인가? 테일러는 우정이 자신과 다른 친구들을 인정하는 것이듯, 애국심도 차이라는 개념과 양립할 수 있다고 본다. 한 집단에서 오랜 역사를 통해 서로 차이를 지닌 이들과의 상호 교류는 그들 집단의 독특한 정체성을 형성할 것이다. 차이를 인정한다는 점에서 시민들은 동질적인 집단이 아니다. 다만 그들은 특정한 하나의 정체성을 공유하고 있을 뿐이다.

이처럼 테일러는 애국심으로 공유된 가치를 가지고 있는 통합된 공동체가 개인의 자유를 실현하는 데 가장 적합한 장소라고 본다. 그러므로 공화주의에서 법과 제도는 시민의 필수적인 덕과 정체성을 고양하고 길러내는 역할을 해야 한다. 테일러는 그것을 시민들에게 공동체적 삶의 방식에 대한 동기를 제공하는 '애국주의적 동일화(patriotic identification)'라고 부른다.

스키너
맥락주의 – 정치사상은 자신의 시대적 고민에 참여하는 정치행위이다

    스키너는 정치사상을 연구하는 새롭고 획기적 방법을 만들어낸 것으로 유명한데, 그것은 바로 맥락주의(contextualism)이다. 예를 들어 하나의 고전 텍스트를 읽는다고 할 때, 그 고전이 가지고 있는 맥락을 이해하는 것이 중요하다는 것이다. 그러므로 정치사상의 연구에서 '역사적인 것'이 중요해진다. 하지만 스키너의 역사적인 것은 텍스트가 놓여 있는 역사적 맥락이 아니다. 정작 중요한 것은 텍스트를 쓴 저자의 지적 역사의 맥락을 이해하는 것이다. 아주 단순히 말하자면, 스키너의 맥락주의는 텍스트를 쓴 저자의 개인적인 지적 역사, 즉 그의 말들과 그 말들이 빚어낸 일들을 텍스트를 이해하는 데 활용하는 것이다.

    스키너의 맥락주의는 그 자신의 정치사상연구에 대한 독특한 신념에 근거해 있다. 스키너는 정치사상 연구가 정치 영역에 적용될 사상을 분석하는 것이 아니라 정치적 양식에서 사고하는 것이라고 보았다. 쉽게 말하자면 정치적 활동의 한 측면으로 정치적으로 사고하는 것이다. 정

스키너 Quentin Skinner
영국의 정치역사철학자로서 정치, 역사, 철학을 접목시킨 것으로 유명하다. (정치) 고전 텍스트는 고전을 쓴 개인의 지적 역사의 입장에서 파악해야 하는데, 말이 행위라는 철학적 입장에서 고전 그 자체가 저자의 정치적 행동이라는 독특한 텍스트 접근방법(맥락주의)을 만들어 냈다. 『마키아벨리』 『자유주의 이전의 자유』 『근대정치사상의 토대 1, 2』 『정치의 비전 1, 2, 3』 등이 있다.

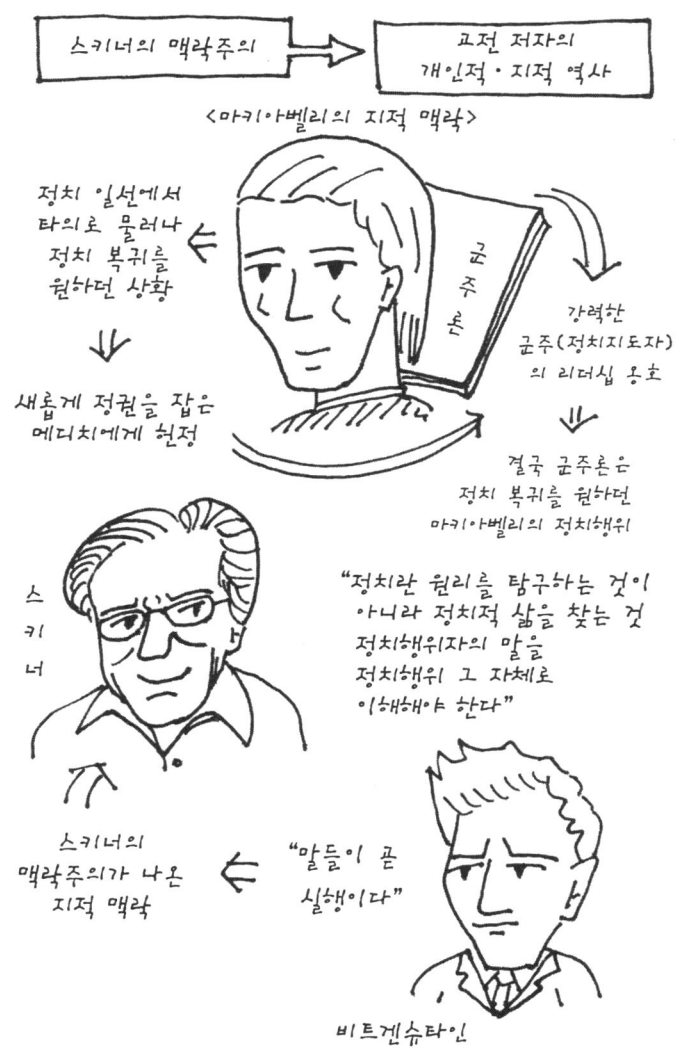

치사상이란 정치적 삶을 정치적으로 사고하는 활동이란 의미이다.

하지만 19세기 이후 정치사상의 역사를 보면, 여전히 정치는 옳고 그름을 명확하게 할 수 있는 철학적 원리가 적용될 때에만 나아질 수 있는 더러운 주제라는 인식이 팽배해 있다. 반면 스키너는 정치란 어떤 특정한 원리를 찾는 일이 아니라 정치적 삶 그 자체를 탐구하는 것이라고 본다. 스키너처럼 정치적 삶 그 자체를 정치사상연구의 출발점으로 삼는 것은 정치사상연구가 오랫동안 다루지 않았던 정치행위자를 복원시킨다. 그 이유는 정치행위자를 구성하는 것은 어떤 철학적 원칙의 소유나 대표가 아니라 그들의 살아 있는 생생한 말과 그들이 실제로 한 일들이기 때문이다.

스키너는 학자들이 가장 우선적으로 해석해야 할 대상은 정치행위자들의 말과 실행이라고 본다. 정치의 이론화는 정치행위자들에게 초점을 맞추면서 그들 행위의 성격과 중요성을 분명히 하고 반영해야 한다.

만약 우리가 정치 텍스트를 쓴 저자들을 정치행위자들로 간주할 수 있다면, 텍스트 밑바닥에 놓여 있는 정치적 행위자로서 저자들의 정치적 삶을, 정치적 사고로 이해해야 한다. 그러므로 개인들의 지적 역사를 정치적으로 사고하는 일은 실제 역사에 더욱 가깝게 다가가는 일이다.

스키너의 이런 발상은 말들이 사물을 만들 수 있다는 오스틴과 말들이 곧 실행이라는 비트겐슈타인의 영향에서 비롯되었다. 만약 진정으로 말하는 것이 어떤 행위의 실행이라면, 말의 사용, 예를 들어 레토릭은 정치적 현실을 이루는 부분이 될 것이며 이에 대한 연구가 곧 정치사상이 되는 것이다.

이렇게 고전을 쓴 저자들의 지적 역사를 탐구할 때 유의해야 할 것은 과거의 사상가로부터 너무 많은 것을 기대하는 것이다. 과거의 사상가들이 위대한 교리, 주장의 일관성, 시대를 뛰어넘는 예측, 특정 이슈에 대한 끊임없는 집착을 가지고 있을 것이라고 기대하는 것이 대표적인 예이다. 이 중 가장 나쁜 것이 시대를 뛰어넘는 예측적 통찰력을 기대하는 것인데, 그것은 과거로부터의 배움이 오늘날의 문제를 해결할 수 있을 것이란 막연한 기대에서 나오는 것이다.

스키너는 고전을 쓴 이들이 정치적 행위자라면, 그들이 살던 시대의 특정한 문제에 대한 논쟁에 참여했을 것이라 말한다. 예를 들어 마키아벨리는 이탈리아 상업도시국가의 분열과 위기라는 특정한 문제에 관여하고 있는 것이지 오늘날에 발생한 특정한 문제에 관여하고 있는 것이 아니다.

스키너는 정치적 고전을 통해 얻을 수 있는 것은 과거와 오늘날의 본질적 동일성이 아니라, 텍스트 안에 내재되어 있는 개인과 그 개인이 놓여 있는 지적 맥락에 따라 본질적으로 다양한 도덕적 가정과 정치적 헌신의 모습이 있다는 사실이라고 말한다. 이 사실에서 우리가 얻을 수 있는 명확한 것이 있다면, 우리 역시 우리 시대에 맞는 우리를 위한 우리의 생각을 하는 법을 배워야 한다는 것이다.

스키너
종속 – 자유의 반대 개념은 종속이다

스키너는 자유의 개념이 특정하게 고정되어 있는 것이라고 보지 않았다. 왜냐하면 같은 단어의 의미, 예를 들어 자유의 의미가 어떤 영속성을 지니고 시대와 시대를 넘어온 것이 아니라 불연속적으로 우연히 시대나 저자들의 특성에 따라 변화해온 것이기 때문이다.

예를 들어 현대의 자유에 대한 논의를 보자. 스키너는 자유의 개념에 관한 현대 논의에서 가장 영향력 있는 세 개의 논의를 예로 든다. 첫째는 벌린의 자유의 두 개념, 둘째는 롤스의 정의론, 셋째는 페티트의 공화주의에 제시된 자유 개념이다.

벌린은 소극적 자유와 적극적 자유를 명확하게 구분했는데, 진정한 자유란 강제적인 간섭이 제한되는 것 이상이 아닌 소극적 자유라고 말한다. 여기서 혼동하지 말아야 할 것은 자유란 자신의 의지대로 하는 것이 아니라, 단지 외부의 강제적인 간섭이 없는 상태일 뿐이라는 점이다. 자유는 평등도 독립도 아니다.

둘째 롤스의 자유 개념은 벌린의 주장과 유사하게 외부로부터의 강제적인 간섭의 배제를 담고 있지만, 거기서 더 나아가 기본적 자유는 반드시 전체 사회구조의 체계 속에서 평가되어야 한다고 본다. 이것은 사회체계가 완전한 자유의 체계를 평등한 시민들에게 제시할 수 있어야 한다는 의미인데, 이는 자유의 제한을 위한 것이 아니라 개인의 자

자유의 개념들

권리중심주의

벌린

외부의 강제적 간섭이
최대한 제한되는 것
⇨ 소극적 자유

롤스

강제적 간섭의 배제
+
사회 기본 구조가 기본적
자유를 체계화하고 있을 것

공화주의

페티트

내 삶을 타자의 의지나
결정에 맡기지 않은 것
⇨ 비지배로서의 자유

스키너

자유란 조속의 반대 개념
'종속'이란 타자에게
의지할 수밖에 없는 상태

⇩

그러나 비지배라는 틀 속에 공화주의 자유 개념을 넣는 것은 부정
끊임없이 변화하는 자유의 개념을
비지배라는 고정적·정치적 이상에 가두어선 안 된다

제7장 완전주의·공동체주의·공화주의

유의 확장을 위한 것이다. 예를 들어 체계에 각인된 자유를 제한하는 명확한 이유를 제시하지 않는다면, 개인의 자유에 대한 정부의 간섭을 허락하지 않겠다는 의미이다.

셋째 스키너의 입장과 가장 유사한 페티트의 공화주의에 제시된 자유는 현재 공화주의의 핵심이라 할 수 있는 비지배(non-domination)로서의 자유이다. 이는 자유란 외부적 간섭의 부재 이상의 것이 아니란 홉스의 자유 개념이 제시되기 전의 자유 개념에 상당 부분 내재되어 있던 개념인데, 자기의 삶을 타자의 의지나 결정에 맡겨야 하는 노예상태에 대한 반대의 개념으로 자유를 이해하는 것이다.

정치 개념을 철학적 개념이 아니라 정치활동의 일부분으로 이해하는 스키너는 벌린이나 를스보다는 페티트의 공화주의 자유 개념을 수용한다. 자유란 노예상태에 반대하는 실질적 개념이라는 것이다. 그러나 스키너는 공화주의 자유를 비지배란 특정한 틀 안에 넣는 것을 거부한다. 역사가의 입장에서 보자면, 끊임없이 변화하는 하나의 개념을 비지배라는 고정된 정치적 이상이란 틀 안에 넣는 것만큼 비정치적인 행위가 없기 때문이다.

이런 점에서 스키너는 종속(dependence)을 자유의 반대 개념으로 이해한다. 종속이란 '타자들에게 의지할 수밖에 없는 상태'를 의미하는 것이라 보면 되는데, 아리스토텔레스 이후 대부분의 공화주의자들은 공동체를 이루고 사는 이상 인간들은 서로 의지할 수밖에 없는 상태에 있다는 전제를 당연한 것으로 여긴다. 인간이 공동체를 이룬다는 것은 어쩔 수 없이 타자들에게 의지하는 상태란 삶의 조건을 만들어내는 행위이다. 스키너는 부자유(unfreedom)는 외부로부터의 간섭 혹은 종속

둘 중의 하나가 만들어내는 것이 아니라고 말한다. 그것은 양자 모두에 의해 생겨날 수 있는 것이다. 스키너는 공화주의적 자유가 무엇이라고 단언하지 않는데, 자유 개념에 대한 스키너의 모호한 태도는 주어진 개념에 대한 어떤 중립적인 분석도 가능하지 않다는 역사적 입장에서 비롯된다.

제8장
비판이론 및 후기 근대 비판이론

계몽
폭력
체계와 생활세계
공론장
입헌적 애국주의
사적/공적 자율성
지식/권력
계보학
판옵티콘
정의
공포
우리-의식

8

이 장에서는 넓은 의미에서 비판이론을 소개하고 있는데, 제목이 비판이론 및 후기 근대 비판이론인 이유가 여기에 있다.

하버마스는 비판이 철학과 과학 사이에 있다고 말한다. 비판의 작업적 토대는 철학이되 실제적인 과학적 사회연구를 결합시켜야 한다는 것이다. 비판이 하는 일은 (좁은 의미에서 말하면) 우리가 진리라고 받아들이는 것들을 의심하는 것이다. 호르크하이머와 아도르노는 계몽이 '신화로부터의 해방'이라는 당연하던 전제를 의심했고, 벤야민과 데리다는 법은 정의와 일치한다는 상식을 의심했다. 좀더 학문적으로 데리다는 벤야민의 법제정적 폭력과 법수호적 폭력은 대립한다는 구분을 의심했다. 하버마스는 물질적 관계의 위기가 근대 사회의 위기의 실체라는 마르크스의 확고한 전제를 의심했다. 푸코는 개인의 자율성이 자유로운 인간 이성의 결과라는 전제를 의심했다. 이들은 계몽이 새로운 신화이고(호르크하이머와 아도르노), 폭력 없이 유지될 수 있는 법은 없으며(벤야민과 데리다), 근대 사회의 위기의 실체는 도덕적·규범적인 데 있다고 했으며(하버마스), 개인의 자율성이란 근대적 감시의 규율이 만들어낸 결과물이라고 말했다(푸코).

의심은 영미권의 정치철학에서도 계속되었다. 슈클라는 권리가 이성의 기획으로 만들어지는 것이라는 로크 이후 자유주의의 확고한 전제를 의심하고 오히려 권리란 인간이 잔인함을 경멸하는 본성에서 비롯된다고 했으며, 로티 역시 권리는 보편적인 것이 아니라 고통의 감수성을 공유하여 그 권리를 우리가 의도적으로 필요한 것으로 만들 때에 비로소 작동하는 것이라고 말한다.

비판의 기능은 기존의 것을 거부하는 것이 아니다. 오히려 좀더 진실에 가까이 가자는 것이다. 그러기 위해서는 우리가 당연히 받아들이는 것들을 의심해보는 시선에 열린 태도를 가져야 한다.

아도르노 · 호르크하이머
계몽 – 이성은 해방이 아니라 새로운 신화(억압)이다

아도르노와 호르크하이머는 『계몽의 변증법』이란 책을 공동으로 저술했는데, 이 책에서 두 사람은 근대의 계몽이란 관념이 안고 있는 자기 모순을 지적한다.

근대의 계몽은 원래 신화라는 주술로부터 탈출하려는 시도로 그 중심에는 이성과 과학이 있다. 이성과 과학에 대한 신뢰는 신과 자연, 그리고 다른 인간으로부터의 해방을 가져다줄 것으로 믿었다. 그러나 두 차례의 세계대전은 인간이 신뢰하던 이성과 과학이 전면전과 대학살로 상징되는, 인간성 자체를 총체적으로 파괴하는 결과를 낳았다. 이 과정에 생겨난 파시즘과 스탈린주의는 인간성이라는 것이 존재하는가라는 근본적인 질문으로 이어졌다. 새로운 야만으로 귀결한 것이다.

아도르노 Theodor Wiesengrund Adorno 1903~1969
프랑크푸르트학파의 지도적 존재. 젊은 시절에는 베르크나 쇤베르크 같은 작곡가들과 친교가 있었고, 스스로도 작곡가가 되려 했다. 프랑크푸르트대학에서 호르크하이머와 더불어 근대 이성비판을 전개했다. 주저인 『부정변증법』에서는 헤겔의 체계적인 완결성을 비판하고 새로운 사고의 유형을 모색했다. 예술·문화에 관한 저작도 다수 있다.

호르크하이머 Max Horkheimer 1895~1973
프랑크푸르트학파의 리더. 1931년에 프랑크푸르트대학 사회연구소의 소장이 되었으나 나치의 정권 장악 후에 미국으로 망명했다. 전후에는 다시 프랑크푸르트대학에 돌아와 학장이 되었다. 아도르노와의 공저인 『계몽의 변증법』에서 계몽적 이성의 붕괴를 논하고, 이성의 본래적 능력의 복권을 설파해서 서독의 지식인들에게 큰 영향을 주었다.

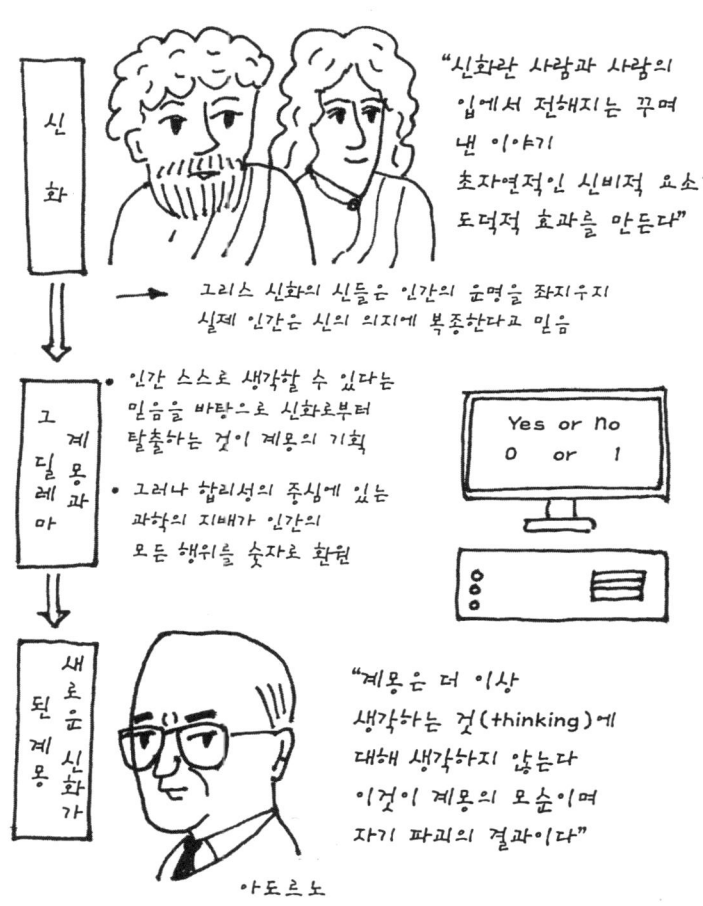

왜 이런 야만으로 귀결할 수밖에 없었을까? 두 사람의 대답은 계몽의 자기 모순이 빚어낸 자기 파괴라는 것이다.

아도르노와 호르크하이머는 계몽의 기획(계몽이 이루고자 하는 원래의 목적)이 탈주술화라고 말한다. 이 주술의 중심에 바로 신화가 존재한다. 두 사람의 말에 따르면 "계몽은 신화를 해소하고 지식을 통해 공상을 깨뜨리는 것"이다. 그렇다면 신화란 무엇인가? 전통적인 입장에서 보자면 신화란 사람들의 입에서 입으로 전해지는 가상적인 내러티브, 다시 말해 꾸며낸 이야기이다. 신화 안에는 자연적인 혹은 초자연적인 힘과 요소들이 섞여 들어가 있는데, 이런 신비적 요소가 도덕적 효과를 불러일으킨다.

예를 들어 마을 입구 버드나무에 특정한 날에 제사를 지내는데, 제사를 지내기 수십 일 전부터 몸을 정갈하게 하고 행실을 바르게 해야만 마을에 불행이 닥치지 않는다는 전통적인 믿음을 생각해보자. 미신에 가까운 이런 믿음 때문에 사람들은 실제로 제사를 지내기 전까지 몸을 정갈히 하고 도덕적으로 잘못된 일을 하지 않기 위해 노력한다. 이런 미신적 요소를 가진 믿음이 사회적으로 강력한 힘을 얻을 때 신화가 된다.

계몽은 바로 이런 신화로부터의 탈출이라는 것이다. 계몽은 인간의 행위로부터 완전히 독립되어 있는 듯 보이는 자연세계의 신비와 궁금증을 지식과 이해라는 이름으로 벗겨낸다. 이 과정에서 신의 질서는 논리·합리성·도구적 이성에 굴복한다.

그러나 이 합리화과정은 또 하나의 근대적 신화를 만들어낸다. 합리성의 중심에 있는 과학 자체가 신화적인 형태를 가지게 되기 때문이다. 기호의 체계는 자연을 수학적 계산에 복종시킨다. 자연에서 일어나는 모든 일은 숫자로 표시될 수 있으며, 인간의 행위 역시 숫자로 환원되어 표시될 수 있다. 아도르노와 호르크하이머가 수학을 '생각의 종교적 의식'이라고 부르는 이유가 바로 그것이다. 그 결과 생각이라는 것은 자연의 지배를 위한 하나의 도구로 전락하게 된다. 자유롭고 열린 발상 대신, 숫자가 중심에 있게 된다. 다시 말해 계몽이란 어떤 것이든 하나의 합리적 체계를 만들어내는 새로운 전체주의인 것이다. 그리하여 계몽은 더 이상 '생각(thinking)'에 대해서 사고하지 않고 하나의 과정으로 전락한다. 생각하지 않는 과정으로서의 과학은 더 이상 무엇이 도덕적인 것인지, 어떤 것이 진정 아름다운 것인지, 무엇이 선이고 진실인지에 대해 묻지 않는다. 이것이 계몽의 자기 모순이며 자기 파괴의 결과이다.

비판이론
비판이론은 좁은 의미에서는 호르크하이머, 아도르노, 마르쿠제, 하버마스 등이 중심이 된 프랑크푸르트 학파와 객원활동을 했던 벤야민의 이론 정도를 이르는 말이다. 그러나 넓은 의미에서는 프랑스 후기 구조주의 학파 등을 포함하며 아주 확장된 의미로는 영미 정치철학에서 제기되는 일부 이성중심주의 비판 조류와 일부 페미니즘을 아우르는 말이다.

벤야민
폭력 – 법과 정의는 폭력을 내재하고 있다

대중적인 공적 담론에서 법·정의·폭력의 관계에 대한 인식을 보면, 법은 폭력을 금지하고 멀리하며 사회적 정의를 실현하는 수단이라는 것이다. 그러나 벤야민은 도덕의 영역이라 볼 수 있는 법과 정의는 근본적으로 폭력이란 수단 없이 유지될 수 없는 것이라고 본다.

도덕의 영역과 관련될 때, 언제나 폭력은 그 자체가 목적이라기보다는 수단으로 이해된다. 폭력이 도덕의 수단이 될 때, 대개의 경우 우리는 폭력이 올바른 목적을 위해 사용되었는가를 살피게 된다. 폭력이 상황에 맞게 적용되었는가를 보는 것이다. 이때 우리가 놓치는 질문이 있다. 폭력이 하나의 원리로서 정당하냐는 것이다. 만약 폭력이 하나의 원리로서 정당하지 않다면, 그 자체로 정당화될 수 없는 수단이 정당한 목적을 위해 사용되는 모순을 낳기 때문이다.

하나의 원리로서 폭력의 정당성을 찾기 위해 벤야민은 법을 자연법과 실정법으로 나눈다. 자연법사상에서 폭력은 자연의 산물로 그 자체

벤야민 Walter Benjamin 1892~1940
프랑크푸르트학파의 아도르노 등과 깊은 관계가 있었지만, 그들과는 다른 독자적인 사상을 전개했다. 그 중에서도 독자적인 마르크스 독해를 통한 역사이해를 바탕으로 특유의 문화·예술이론을 구축했다. 그 사상의 핵심을 이루는 '알레고리론'에서 벤야민 특유의 메시아니즘을 전개했다. 나치 정권을 피해 망명하던 중 자살했다.

법·정의·폭력에 대한 일반적인 생각

법은

폭력

정의

폭력을 거부하고
정의를 추구한다

벤야민 → 역사적으로 정당화 되어온 폭력이 법에 내재해 있다

정당화 되어온

두 가지 폭력

법제정적 폭력

법수호적 폭력

벤야민

"법제정적 폭력은 법의 기초를 놓고 설립하는 데 사용되는 수단이고 법 수호적 폭력은 시민들을 법에 종속시키는 데 사용되는 수단이다 정당한 폭력은 둘 중 하나를 주장해야 유효성을 유지할 수 있다"

로 정당한 것이다. 어떤 목적을 위해 자신의 신체를 마음대로 사용할 수 있듯이 정당한 목적을 위해 폭력을 사용하는 것에 아무런 장애가 없다. 예를 들어 자유・평등・박애라는 정당한 목적이 있었던 프랑스 대혁명에서 사용된 무자비한 폭력은 자연법사상에 근거하면 그 자체로 정당화될 수 있다.

반면 실정법은 철학적 입장의 자연법사상과는 달리 폭력을 역사의 산물로 이해한다. 실정법은 오랜 역사적 과정에서 무엇이 정당한 폭력인지 아니면 정당하지 않은 폭력인지를 판별하는 작업을 해왔다. 쉽게 말하자면, 폭력이 사용된 경우가 정당했느냐를 따지는 것이 아니라, 폭력 그 자체에 대해 허용될 수 있는 폭력과 허용될 수 없는 폭력을 역사적으로 인지해왔다는 것이다. 개인이 개인에게 복수를 할 수 있는 폭력을 금지하고 오로지 국가가 개인에게 어떤 과정을 거쳐 허용하는 폭력만 정당화된다는 것이 그 예가 될 수 있을 것이다. 폭력이 역사적으로 인지된다고 해서 합법적 폭력과 불법적 폭력에 대한 판단이 즉각적으로 가능한 것은 아니다. 이런 판단은 시간이 소요되는 작업이다.

벤야민은 수단으로서의 정당한 폭력은 법제정적이거나 법수호적인 두 가지 성격 중 하나를 가진다고 말한다. 법제정적 폭력은 법의 기초를 놓고 설립하는 데 사용되는 폭력이다. 반면 법수호적 폭력은 그 자체로는 법을 설립할 수 없으며 시민들을 법에 종속시키는 데 사용되는 수단이다. 정당한 폭력은 둘 중의 하나를 주장하지 않으면 그 유효성을 상실한다. 두 가지 폭력은 서로 조화로운 관계가 아닌데, 그 이유는 새로운 법을 제정하려는 폭력은 대개의 경우 기존의 법을 유지하려는 법수호적 폭력과 대립하기 때문이다.

벤야민은 이처럼 법 그 자체가 폭력이란 수단 없이는 유지될 수 없다는 것을 보여준다. 그렇다면 법에서 폭력을 배제하고 평화롭게 사회적 갈등을 해결하는 방법은 없을까? 벤야민은 비폭력적인 갈등 해결은 결코 법적 계약관계를 낳지 않는다는 점을 잊지 말아야 한다고 말한다. 우리가 약속을 통해 계약을 하는 순간부터 모든 관계는 법적 관계로 이어진다. 폭력을 계약에 직접 명시하지 않는 평화로운 계약에도 계약이 파기될 경우 파기한 당사자에게 책임을 물을 수 있는 강제적 힘이라는 폭력적 수단이 이미 철저하게 내재되어 있다. 계약의 기원과 결과 모두에 폭력이란 강제적 수단이 개입되지 않고는 계약이 유지될 수 없는 것이다. 벤야민은 만약 대중들이 계약에 어떤 강제적인 폭력의 힘도 없다는 것을 깨닫게 된다면 굳이 계약을 지키려들지 않을 것이라고 말한다. 잠재적으로 법적 제도 내에 존재하고 있는 폭력에 대한 대중적 인식이 사라지면, 법과 제도는 그 유효성을 잃고 쇠퇴하는 것이다.

하버마스
체계와 생활세계 – 행위자는 소통을 통해 구조에 저항해야 한다

하버마스의 초기 이론은 사회·문화이론이라 볼 수 있다. 근대 국가권력의 팽창 속에서 시민사회를 중심으로 사회와 문화에 내재된 합리적 능력을 모색하는 것이 하버마스의 작업이었다. 하버마스의 이론을 보다 잘 이해하기 위해서는 '담론'(discourse)과 '의사소통적 합리성'(communicative rationality)이라는 두 가지 개념을 알아두면 좋다.

담론이란 말을 간략하게 정리해보자면, 상호 이해를 목표를 비판적으로 의견을 교환하여 공유하는 행위다. 일상에서 사람들은 대개 언어를 무비판적으로 교환한다. 하지만 담론에서는 어떤 주장을 할 경우, 그것이 과연 어떤 중요한 의미 혹은 효력이 있는 것인지를 증명하려는 노력이 필요하다. 이런 점에서 담론은 자신의 주장에 대한 진지한 반성과 성숙한 성찰이 요구되는 대화과정 혹은 대화 그 자체를 말한다. 여기서 중요한 것은 어떤 주장의 의미나 효력을 증명하려는 것은 다른 이들과 가치나 규범을 공유하려는 것이 그 목적이라는 것이다.

하버마스 Jürgen Habermas 1929~
프랑크푸르트학파의 제2세대에 속하며, 프랑크푸르트 사회연구소 소장으로 근무했다. 호르크하이머와 아도르노 등 제1세대의 근대 이성비판을 비판적으로 계승해서 일상적 의사소통이 함축한 합리성에 대한 가능성을 모색하고, 비판적 사회이론을 구축했다. 포스트모더니즘의 이성관을 비판했으며 어디까지나 의사소통적 합리성의 회복을 지향했다. 주요저서로는 『공론장의 구조적 변동』『탈형이상학적 사고』『의사소통이론』『사실성과 타당성』 등이 있다.

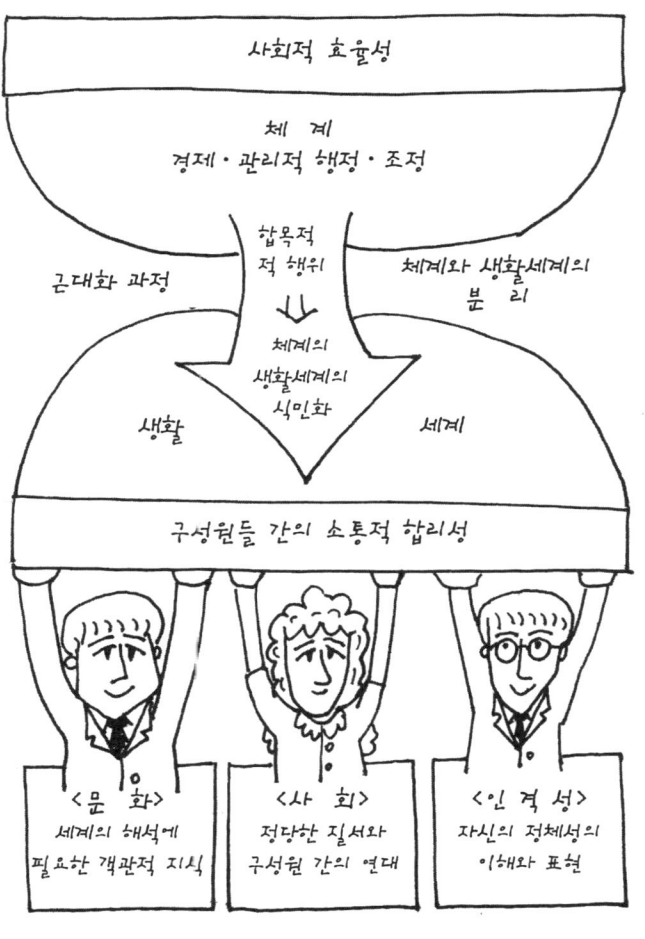

하버마스는 이렇게 담론의 형성을 통하여 타자들과 가치나 규범을 교환하고 공유할 수 있는 능력을 의사소통적 합리성이라고 말한다. 사

람들은 일반적으로 일상에서 많은 의사를 교환하고 있는 듯 보이지만 대개 자신의 필요나 생존을 위해 어쩔 수 없이 의사를 교환하는 경우가 대부분이다. 하버마스는 이런 의사소통을 전략적 의사소통이라고 말한다. 하지만 그는 사람들은 순수하게 서로를 이해하기 위해 토론이나 대화를 통해 의사를 교환하기도 한다고 보며, 이런 행위를 '의사소통적 행위'라고 부른다.

하버마스는 의사소통적 합리성을 실현할 수 있는 구조가 제거돼가고 있는 것이 현대 사회의 문제라고 본다. 의사소통구조의 제거는 구성원들 간의 규범과 가치의 공유를 차단하기 때문이다. 이런 하버마스의 문제의식은 체계와 생활세계라는 개념을 통해 볼 수 있다. 그가 의미하는 체계란 한 사회의 복합적 구조를 의미하는 것으로, 주로 경제나 관료적 행정으로 통합되는 사회 부분이다. 체계가 담당하는 것은 주로 특수한 조정기제를 통하여 사회를 통합시키는 일이다. 그러므로 체계의 목표는 모든 것이 복잡해지고 있는 사회적 환경에서 관리와 행정을 통해 사회 내의 행위자를 사회적 관점에서 합목적적인 행위에 이르게 하는 것이다. 결국 체계는 사회적 효율성이 우선시되는 사회세계이다.

반면 생활세계란 언어를 사용하는 행위자들이 연계되는 사회적 그물망으로 삶의 소통적 영역을 의미한다. 생활세계에서 중요한 것은 소통에 참여하는 이들 간의 공유된 가치인데, 이것이 소통의 바탕이 되기 때문이다. 생활세계에서 소통에 참여하는 이들은 서로를 이해시키는 주장을 펼치며 사회적 동일성을 확인한다. 이렇게 본다면 생활세계란 효율성보다는 소통을 통해 공유된 가치를 더 중요시하는 소통적 합리성이 강조되는 사회세계이다.

하버마스는 생활세계가 문화·사회·인격성이라는 세 부분으로 이루어져 있다고 말한다. 문화는 소통에 참여하는 이들이 세계를 해석하는 데 필요한 객관적 지식을 담고 있는 곳이다. 이 지식은 타자와 공유할 수 있는 소통을 위해 반드시 필요하다. 한편 사회는 정당한 질서와 구성원들 간의 연대를 비우는 곳이다. 구성원들은 다양한 집단에 속하여 멤버십을 공유하는 과정에서 다른 구성원들과의 연대를 배운다. 인격성은 하나의 주체가 자신의 정체성을 이해하고, 이해한 것을 언어로 표현할 수 있는 능력을 의미한다. 이런 과정을 통해 주체는 자신의 사회적 정체성을 확고히 할 수 있다.

하버마스는 근대 사회의 문제가 효율성과 관리를 추구하는 체계가 구성원들 간의 의사소통에 기반하는 생활세계를 침범하는 데 있다고 보았다. 경제적 관심과 관료적 행정이 중요해질수록 체계는 복잡한 소통과정과 소통을 통해 찾아내는 지루한 합리성보다 간결하고 명료한 효율성의 원리를 선호하게 되기 때문에, 체계가 자연스럽게 생활세계의 고유 영역을 인정하지 않고 지배하려는 경향을 보인다. 쉽게 말하자면 체계가 효율성이란 목적을 달성하기 위해 생활세계를 식민화시키는 현상이 나타난다.

그러므로 체계와 생활세계가 상호작용하는 보완관계가 되기 위해서는 생활세계가 체계에 지속적으로 저항해야 한다. 이것은 일방적 명령에 근거한 경제적 조정이나 행정에 대해 생활세계의 구성원들이 상호 의사소통을 통해 문제를 제기하는 데서 시작한다. 이런 소통적 문제 제기는 일방적 명령에 근거한 체계를 견제하며, 나아가 생활세계의 행위자들 간의 유대와 연대를 만들어내는 원천이 된다.

하버마스
공론장 – 민주주의 역동성은 토론적 정치참여에 있다

 의사소통적 합리성을 기반으로 하는 하버마스의 비판이론은 사회구성원들의 정치참여를 증진시키고 의사결정과정을 최대한 민주화시키는 데 관심을 갖는다. 하버마스의 공론장 개념은 이 두 가지 과제를 해결하는 데 중요한 역할을 한다. 그의 '공론장(public sphere)'은 '공적 의견(public opinion)'이 형성될 수 있는 생활세계의 영역을 의미한다. 여기서 공적 의견이란 공식적인 정기적 선거뿐만 아니라 비공식으로 '공적 사안에 관심이 있는 이들(the public)'이 조직적으로 국가권위에 대해 비판하고 통제하는 기능에 대해 이야기하는 것을 뜻한다. 하버마스는 공론장이 원칙적으로 모든 시민들에게 열려 있다고 본다. 공론장에 참여하는 사람들은 직업적이거나 전문적인 사람들이 아니며 단지 공공성을 형성하려는 사람들이다.
 예를 들어 지난 대통령 탄핵을 예로 들어보자. 만약 한 번이라도 공공성을 형성하려는 목적을 가지고 다른 사람들과 탄핵에 대해서 학교·카페·회사 등에서 심각하게 토론을 나누거나 자신의 생각을 사이버 공간에 올려놓았다면, 이미 독자 여러분은 공론장에 참여한 것이다. 공공성을 형성하려는 독자 여러분이 대통령 탄핵에 대해 논의한 학교·카페·회사·사이버 공간 모두가 여러분이 말을 내어놓음으로써 공론장이 되었기 때문이다. 이처럼 공공성을 형성하고자 하는 사람

이라면 누구나 대화와 토론에 참여할 수 있고, 자유롭게 자신의 의견을 표현할 수 있는 곳이 바로 공론장이다. 공론장은 대화와 토론이 공공성을 발견하는 데 최적의 수단임을 보여준다(여기서 주의해야 할 것은 단순히 공적 사안을 말한다고 해서 공론장이 형성되는 것으로 오해해서는 안 된다는 점이다. 공공성을 형성하려는 목적의 중요성을 잊어서는 안 된다). 하지만 지금 제시된 공론장의 형태는 초기 자본주의 사회에서 형성된 부르주아 공론장이다. 오히려 현대 사회의 공론장에서 중요한 역할을 하는 것은 대중매체이다. 대중매체는 공적인 소통수단으로 정치적 공론장을 만들어내는 데 기여한다.

하버마스가 정치참여와 의사결정과정에서 공론장이 중요한 역할을 한다고 본 까닭은 현대 사회에선 정치참여와 의사결정이 단지 공식적인 정치과정에만 있는 것이 아니라고 파악했기 때문이다. 현대의 삶은 정치와 가족이라는 간단한 틀로 형성되어 있던 고대 그리스 시대의 삶과는 달리 경제·법·정치·시민생활·가족생활 등으로 복잡해졌다. 이렇게 복잡한 환경 속에서 사회를 통합할 수 있는 가장 바람직한 방법은 구성원들 간에 언어의 활발한 교환을 통해 의사소통적 합리성을 형성하는 것이라고 보았던 하버마스는 현대 민주주의에서 가장 중요한 과제가 바로 '담론의 의지적 형성(discursive will-formation)'이라고 믿었다. 이런 측면에서 공적 사안에 대한 실제적인 토론의 참여가 중요해지는 것이다.

그렇다면 공론장은 단지 공적인 정치과정 밖에만 존재하는 것일까? 하버마스는 현대 사회에서 공론장은 정치화될 수 있다고 본다. 그 까닭은 사적인 법의 기반에서 조직화된 개인의 자유와 사회·경제 영역의 안전을 정치권위가 보장하는 방법이 입법의 형태로 바뀌었기 때문이다. 쉽게 말하면 정치권위가 개인의 자유와 사회·경제 영역의 안전을 법을 통해 보장해야 하는데, 공론장에서 형성된 다양한 공적 의견은 이런 공적인 입법과정에 영향을 줄 수 있다는 것이다.

하버마스의 공론장의 개념은 두 가지 정도의 측면에서 독특한 함의를 가지고 있다. 첫째, 정치엘리트주의의 거부이다. 공적인 공간이란 엘리트들이 찬사와 불멸의 명예를 얻기 위해 경쟁하는 곳이란 기존의 의식을 거부하고, 민주적 정치란 대중들이 함께 합의를 통해 정치적 의사결정에 참여하는 데 있다는 새로운 민주적 의식을 담론의 의지적 형성에 담아내고 있다. 둘째, 민주적 정치란 과정에 그 의미가 있다는 것이다. 담론을 의지적으로 형성할 때, 그 결론이 무엇인지에 대해서는 누구도 알 수 없다. 그럼에도 될 수 있는 한 많은 시민들이 대화와 토론을 통해 어떤 결정을 내린다면, 그 과정 자체가 최종적으로 내려진 의사결정에 정당성을 부여하는 것이다. 실천적으로는 이런 공론장에서 논의 거쳤다는 사실 자체가 어떤 공적 의사결정의 부담을 덜어주는 역할을 하기도 한다. 예를 들어 어떤 정책이 실패했다고 하더라도 그 정책이 다양한 논의를 통해 구성원들의 의사를 반영하는 과정을 거쳤다면, 구성원들은 정책의 실패에 대한 책임을 일방적으로 묻지 않을 것이다. 이처럼 하버마스의 공론장은 공적 의견의 형성을 통해 민주적 과정에 영향을 줄 뿐 아니라 공적 의사결정의 정당성을 확보하고 그 부담을 줄이는 데도 기여한다.

하버마스
입헌적 애국주의 – 헌법 아래 애국심을 갖는 시민이 필요하다

하버마스의 후기 이론은 법·정치이론이라고 할 수 있다. 특히 하버마스는 인간의 정치적 권리를 법체계 내에 각인시키는 작업을 통해, 규범과 가치를 공유하는 잠재적 의사소통 행위자로서의 개인들의 권리를 보호하려 한다. 하버마스는 이런 개인들의 권리보호를 국내외적으로 보장하려 하는데, 입헌적 애국주의는 한 국가 내에서 이뤄지는 개인의 권리보장을 위한 방법 중의 하나이다.

현재 지구는 세계화의 과정을 겪고 있다. 세계화의 상징은 거대한 인구이동이다. 대개 자본의 흐름을 따라 가난한 나라 사람들이 부유한 나라로 이민·취업 등 다양한 방식을 통해 이동하고 있다. 이런 인구이동은 17세기 이후 형성되어 있던 민족국가라는 개념을 바꾸어놓고 있다. 많은 나라들이 이미 다민족국가였지만, 새로운 인구의 유입으로 인해 이미 형성된 인종이나 민족의 지형이 급격히 바뀌고 있는 실정이다. 하버마스는 7~8% 정도의 새로운 인구유입만으로도 한 나라에 형성되어 있는 정체성이 바뀔 수 있다고 말한다.

그는 이렇게 바뀌어가는 세계의 환경 속에서 어떻게 민주주의를 유지할 수 있는지를 고민한다. 특히 다원주의를 인정하는 민주주의 사회가 유지되기 위해서는 어떤 방식으로든 사회적 통합이 이루어져야 하기 때문이다. 사회적 통합은 대개의 경우 사회 구성원들이 자기들끼리

무엇인가를 공유하고 있다는 정신에서 나온다. 이런 사실을 증명한 것이 프랑스 대혁명이다. 프랑스 대혁명은 민족국가가 애국적 시민을 필요로 한다는 것을 증명했는데, 재산과 기업 같은 경제적 요인에 근거한 유대에서 해방된 시민들이 단결할 수 있었던 것은 자신들이 프랑스의 시민이라는 민족의식 때문이었다.

그러나 20세기 이후 민족이라는 개념은 매우 다르게 변해왔다. 우선 17세기에 민족국가가 형성되었을 때, 대개의 경우 민족과 국가는 서로 일치하는 개념이었다. 하나의 민족이 하나의 국가에서 압도적인 다수를 점하고 있었던 것이다. 그러나 19~20세기에 있었던 제국주의의 확장과 양차 대전으로 일어난 국경의 변화와 거대한 인구이동은 많은 국가들이 다수민족으로 이루어지는 결과를 낳았다. 그뿐만 아니라 이 기간에 새롭게 완성된 미국이나 소련 같은 거대한 국가는 다민족·다인종 국가로 나타났다. 여기에 세계화 현상이 나타나면서 국가의 다민족화는 더 이상 막을 수 없는 전지구적 현상이 되었다.

한 국가에서 여러 언어가 사용되고, 여러 민족이 공존하는 것이다. 그렇다면 이들 간의 연대와 국가에 대한 애정을 어떻게 만들어낼 것인가? 하버마스는 헌법이 그 역할을 대신할 것이라고 말한다. 이들이 국가 내에서 공유하고 있는 가장 중요한 삶의 요소가 헌법이기 때문이다. 헌법을 중심으로 다민족·다인종·다언어의 현실을 극복해서 하나의 정치문화를 이룬 것이 바로 자유주의적 정치문화라고 하버마스는 주장한다. 스위스와 미국이 대표적인 예인데, 서로 다른 인종·언어 속에서 그들이 공유하고 있었던 것은 오로지 헌법뿐이었다.

헌법을 중심으로 형성된 구성원들 간의 유대가 자신의 재산에만 집착하는 부르주아가 아닌, 국가에 대한 신뢰를 갖는 시민들을 형성할 수 있었다는 것이다. 하버마스는 헌법이 사회적 연대의 중심이 되는 현상을 자유주의 정치문화의 독특한 특징으로 꼽았다. 요약하자면, 입헌적 애국주의는 언어나 민족이 아니라 같은 헌법을 공유하고 있다는 의식 아래 연대감을 형성하는 새로운 시민의식의 근거이다. 이런 하버마스의 주장이 더욱 설득력을 얻는 이유는 한 나라의 헌법을 존중하는 사람들이라면 인종이나 언어에 상관없이 시민권을 부여해 시민의 권리를 누리도록 해야 한다는 데 있다.

하버마스
사적/공적 자율성 – 인간의 권리의 근거는 법적 토대에 있다

　세계화가 진행되면서 나타나는 중요한 현상 중의 하나가 개인의 권리와 문화의 권리의 충돌이다. 몇몇 아시아 개발도상국에서 경제개발 중에 일어났던 개인의 인권침해를 해당 국가의 몇몇 정치지도자들이 '아시아적 가치'라는 명목으로 정당화한 것이 이런 충돌의 대표적 사례가 될 것이다. 이들 주장의 핵심적 부분 중 하나는 아시아 국가는 서구 사회와는 다른 문화적 맥락을 가지고 있기 때문에 서구의 가치인 개인의 인권문제를 획일적으로 적용하지 말라는 것이다.

　하버마스는 인권에 대한 부정을 문화적·역사적 맥락에서 정당화시키려는 이런 주장에 대해 인권의 정당화의 근거가 법적인 것에 있다고 주장하며 강력한 인권의 옹호자 역할을 한다. 그렇다면, 하버마스는 왜 인권의 근거를 다른 곳이 아닌 법적인 것에서 찾는 것인가?

　하버마스의 인권의 법적 정당화는, 기존의 민족국가가 세계화의 과정을 겪으면서 탈민족국가의 질서가 형성되어 생겨난 복잡한 요구를 더 이상 적절히 수용할 수 없다는 데서 시작된다. 현대는 기존의 민족국가가 감당할 수 없는 새로운 경향을 낳고 있다. 국가의 경계를 무시하는 다국적 기업이 성장하고, 무역이 증가하며, 인터넷을 통해 정보와 문화의 경계가 무너지면서 세계 자체가 변화를 모색하고 있다. 대표적인 예가 유럽연합(EU)이다. 이 연합은 기존 주권의 경계를 허물고 경제

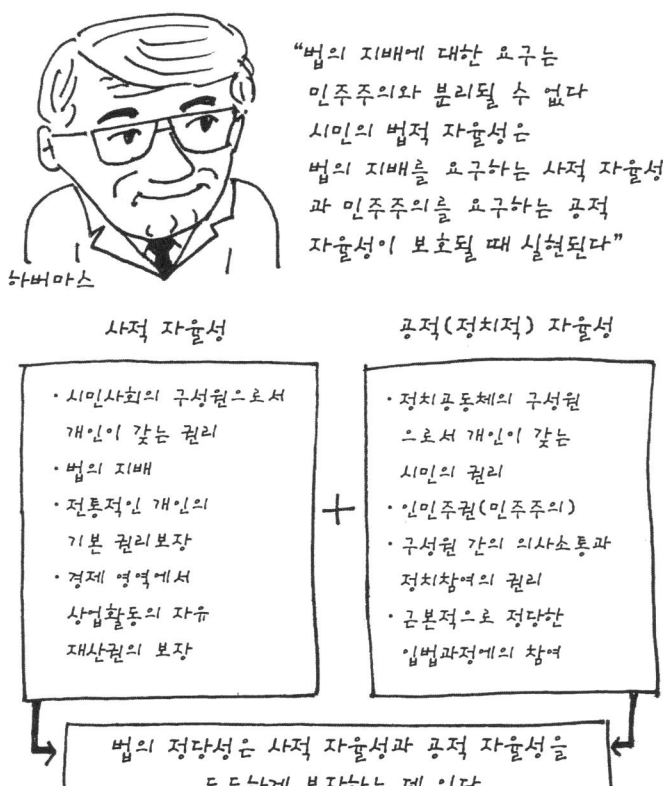

적으로는 이미 화폐를 통합시켜가는 과정에 있으며 정치적으로도 새로운 통합을 시도하고 있다. 이런 상황에서 이들을 통합시킬 수 있는 새로운 정당화의 근거는 역사도 문화도 아닌 법적인 것이다.

유럽연합의 통합과정에서 유럽헌법을 만들려는 노력을 통해 볼 수 있듯이 세계화과정 속에서 국가들은 국가 간의 관계를 법적인 것으로 전환하려고 시도하고 있다. 그렇게 된다면, 인권은 더 이상 도덕적 요구가 아니라 법적인 요구가 된다. 하버마스는 이런 법적인 요구의 토대가 사적 자율성과 공적 자율성의 보장이라고 말한다.

하버마스가 말하는 사적 자율성이란 시민사회의 구성원으로서 개인이 갖는 권리로, 자유주의에서 강조해온 법의 지배라는 전통적인 개인의 기본 권리보장과 연계되어 있다. 구체적으로는 신체·생명·재산권의 보장과 경제 영역에서 상업활동의 자유보장 등과 같은 항목이 이에 속한다. 반면 공적 자율성이란 정치공동체의 구성원으로서 개인이 갖는 시민의 권리로 민주주의에서 강조해온 인민주권의 원리와 연계되어 있다. 구성원들 간의 의사소통과 정치참여의 권리, 근본적으로는 정당한 입법과정에 참여할 수 있는 권리가 공적 자율성을 이룬다. 법적 정당성은 이 두 자율성을 동등하게 보장하는 데 있으며, 두 자율성이 인권의 토대가 된다.

이렇듯 법적 입장에서 인권을 방어하는 것을 세계적 차원으로 확장시키는 데 있어, 하버마스는 보편적인 법적 확실성(legal certainty)을 담지하고 있는 최상의 원천이 시장 시스템이라고 본다. 자본주의 경제 아래 시장 시스템이 세계적으로 확산되고 있는 현실에서, 시장은 현재 대부분의 국가들이 공유하고 있는 최선의 기구이다. 한 사회가 자본주의 시장을 국내적 제도로 받아들이고 세계 자본주의 경제에 참여하려고 하는 한, 그 사회는 자유롭고 신뢰할 수 있는 개인들의 상업활동을 보장하기 위해 경제적 영역에서 개인의 사적 자율성을 보장해야만 한다. 그리고 이를 위해 개인들이 정치과정에 참여할 수 있는 공적 자율성이 동시에 보장되어야 한다. 이 사적 자율성과 공적 자율성의 보장이 개인의 인권의 토대가 된다.

요약하자면, 하버마스는 시장에서 활동하는 개인들의 법적 자율성을 안정적으로 보장하기 위해 자동적으로 민주주의가 필요하다고 보는 것이다. 이처럼 하버마스에게는 법·민주주의(개인의 공적 권리)·시장(개인의 사적 권리)이 상호 연관되어 있으며 분리될 수 없는 것들이다.

푸코
지식/권력 – 지식과 권력은 상호작용한다

　소크라테스와 플라톤에서 시작하는 서양 철학은 고대에서부터 현재에 이르기까지 하나의 명확한 주제를 갖고 있는데, 그것은 철학이 진리를 발견하기 위한 작업이라는 것이다. 예를 들어 플라톤은 진리를 알 수만 있다면, 그것을 본보기로 삼아 질서정연한 국가를 현실세계에 만들 수 있다고 생각했다.

　푸코는 진리를 향한 이런 열망이 참과 거짓이란 대조를 낳았으며, 참이면 좋은 것이기에 반드시 받아들여야만 하고 거짓이면 나쁜 것이기에 반드시 거부해야만 한다는 '배제'라는 사회적 경향을 만들어냈다고 말한다. 그리고 이렇게 참과 거짓을 대비시키는 행위를 니체의 '힘·진리·허무 등으로의 의지'에서 빌려와 '앎으로의 의지' 혹은 '참으로의 의지'라고 부른다. 푸코는 근대 사회가 이렇듯 참된 지식과 거짓된 지식을 나누어, 참이 아닌 다른 형태의 담론을 억압하고 배제하

푸코 Michel Foucault 1926~1984
구조주의의 창시자인 동시에 그 영역을 넘어선 탐색을 진행했던 사상가이자 철학자. 1970년에 콜레주 드 프랑스의 교수에 취임했다. 감옥·광기·동성애 등에 대해서 새로운 개념을 제시하면서 세계적인 명성을 얻었고, 1984년에 에이즈로 사망했다. 국가 위주의 권력 비판에 대해서 반기를 들었으며, 일상이 그물처럼 내재한 권력을 비판하기 위해 니체로부터 내려오는 계보학이라는 새로운 방법론을 그의 철학적 방법으로 채택했다. 저서로는 『광기의 역사』 『말과 사물』 『감옥의 탄생』 『성의 역사』 등이 있다.

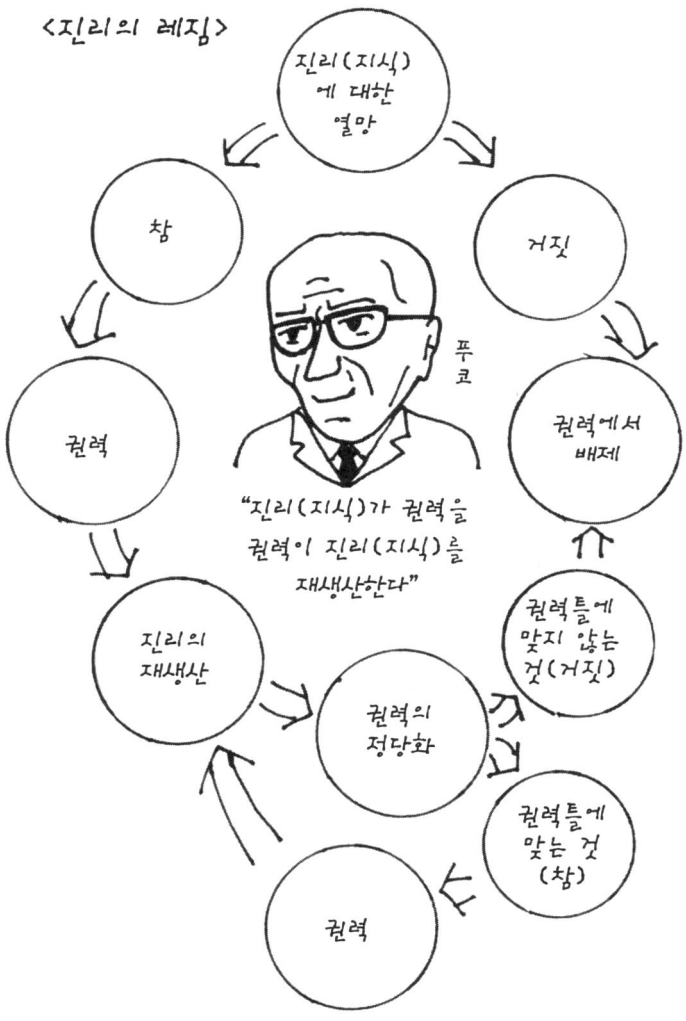

는 결과를 낳았다고 주장한다.

푸코가 배제를 문제 삼은 것은 그것이 권력이 되는 사회적 현상이 일어났기 때문이다. 예를 들면, 권리에 근거를 둔 법률체계가 자신이 진리라고 주장함으로써 다른 형태의 법률체계를 배제하고 억압하는 결과를 낳았다. 이런 배제를 통해 자신이 진리라고 주장하는 지식은 자신의 권위를 확보하는 결과를 낳았고, 또 다른 배제를 더욱 손쉽게 할 수 있는 권력을 얻게 되었다.

그렇다면 이것은 진리가 권력을 만들어냈다는 의미일까? 푸코는 진리와 권력이 서로를 재생산해내는 관계에 있다고 보았다. 진리가 권력을 만들어낼 뿐만 아니라 권력이 지식과 진리를 생산해낸다는 것이다. 예를 들어 하나의 권력은 그 자신의 권위와 정당성을 확보하기 위해 진리라는 명목 아래 자신의 권력을 정당화시키는 지식을 재생산해낸다. 이렇게 재생산된 지식은 다시 권력을 정당화시키는 기능을 하게 된다. 푸코는 이런 지식과 권력의 관계를 진리의 레짐(regime)이라고 부른다.

진리의 레짐에 내제된 문제는 진리라는 이름으로 생산된 권력이 자신의 틀에 맞는 규율들을 만들어낼 때, 그 규율에 맞지 않는 모든 것은 거짓이 되기 때문에, 설령 다른 곳에 진리가 있다고 하더라도 그것을 드러내기보다는 은폐시키려 한다는 점이다. 자신에 반대하는 진리가 드러났을 경우, 자신의 권위를 파괴할 것이 분명하기 때문이다.

그러나 푸코는 지식과 권력의 관계를 부정적으로만 생각하지는 않았다. 가장 중요한 이유는 지식과 권력이 '개인적 주체' 혹은 '자아'를 만들어내는 데 기여하기 때문이다. 푸코는 개인적 자아야말로 지식이 담기는 진정한 그릇이라고 보았다. 비록 사회 전체를 둘러싼 다양한 권력이란 구조적 그물망이 존재하고, 그것이 새로운 지식을 생산해내고 있지만, 그 지식의 진정한 원천은 인간 개인일 수밖에 없다.

예를 들어, 푸코가 자아의 탐구에서 자세히 살폈던 세네카는 철학자의 탐구대상이 진리이며, 진리를 발견한 철학자가 해야 할 일은 진리를 통해 진리를 알지 못하는 세상 사람들의 삶을 바꾸고 개선하는 것이라고 말한다. 한 자아의 진리에 대한 열망이 사회세계의 변혁과 연관되어 있는 것이다. 이 경우처럼 푸코는 참된 지식에 대한 열망이 사회체계의 변화나 변혁에 적극적이고 능동적으로 참여하는 개인을 생산해낼 수 있다고 믿었다.

푸코
계보학 – 일상에 내재된 권력을 비판하는 새로운 방법론이 필요하다

 푸코는 권력과 지식이 서로 연관되어 있으며 진리가 권력을, 권력이 지식을 재생산해내는 관계에 있다고 보았다. 푸코의 권력을 이해할 때 중요한 것 중 하나는 푸코의 권력이 국가권력을 의미하지 않는다는 점이다.

 푸코는 기존의 학문이 권력을 국가의 주권이라는 개념에 집중시켜왔다고 본다. 그리고 개인의 권리라는 개념을 이에 대항하는 축으로 사용해왔다고 말한다. 권력관계를 국가 · 주권 · 권리라는 3요소의 삼각관계로 생각해왔다는 것이다. 쉽게 말하자면, 국가가 주권을 통해 얼마나 효율적으로 개인의 권리를 통제하는가와 권리가 얼마나 이에 적극적으로 저항해왔는가가 권력을 분석하는 전통적인 방법이라는 의미이다. 푸코는 이런 방법을 비판의 집중화(centrality of criticism)라고 부른다.

 푸코는 이런 전통적인 관점이 잘못되었다고 말한다. 그는 권력이 지식과 관련을 맺으며 국가뿐만 아니라 사회 내의 모든 분야와 영역에 구축되어 있다고 본다. 예를 들어, 법률 · 학문 · 사회 · 공장 · 기업 · 학교뿐만 아니라 심지어는 성생활에까지 다 스며들어 있다는 것이다. 그러므로 권력이라는 것을 국가의 관점에서만 파악하는 것은 적절하지 않다. 이렇게 사회의 모든 영역에 침투해 들어와 단단하게 구축되어

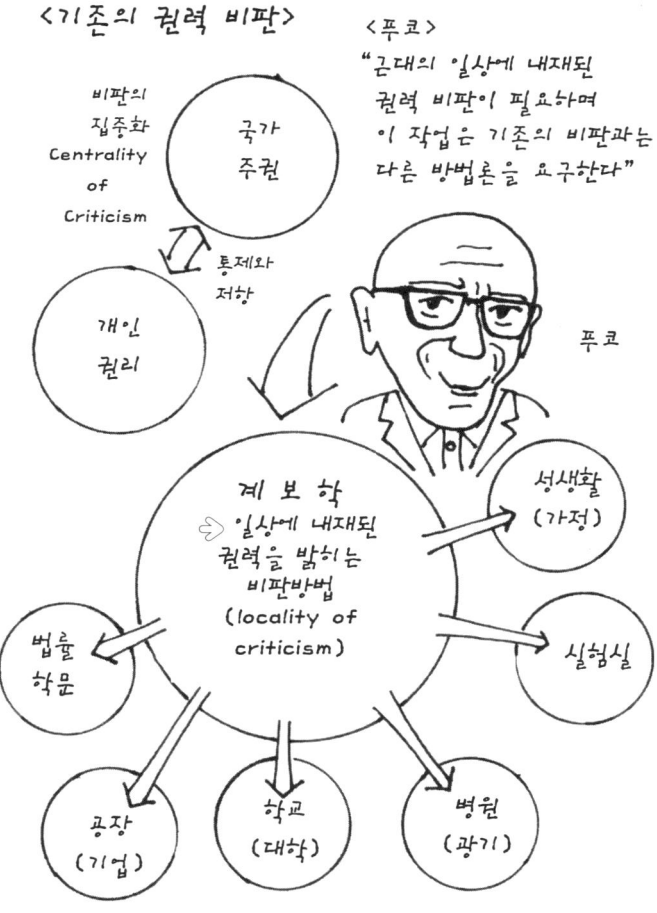

있는 권력을 분석할 때, 국가의 주권 대 개인의 권리라는 기존의 대결 구도는 적절하지 않다. 예를 들어 여러 나라에서 활동하는 다국적 기업의 권력화를 주권 대 개인의 구도에서 설명할 수는 없다.

푸코는 더 이상 권력이 국가 대 개인의 대결 구도로 설명될 수 없기 때문에, 사회 곳곳에 그물망처럼 뻗어 있는 권력을 설명하기 위해서는 새로운 방법론이 필요하다고 본다. 그것이 바로 '계보학'이다. 계보학에서 사용되는 지식은 기존의 전통적인 비판방식을 필요로 하지 않는다. 계보학은 특정한 사회기제, 예를 들어 가정·법원·공장·실험실·대학·병원 등과 같은 다양한 곳에 존재하는 지식을 역사적이고 비판적인 관점에서 탐구하는 태도에서 나오기 때문이다. 푸코는 이런 방법론을 '비판의 지역성(locality of criticism)'이라고 부른다.

여기에서 '지역성'의 의미는 비판의 세부화 혹은 미시화로 이해해야 한다. 하나의 권력은 어떤 영역이나 기관 내에서 자신의 독특한 방식으로 권력을 구축하므로, 독특한 권력을 비판하기 위해선 그 권력의 기원과 전개를 살펴볼 필요가 있기 때문이다.

그러나 푸코는 정직하게 계보학을 통한 권력 비판이 어떤 대안을 만들어낼 수 있는 것은 아니라고 말한다. 계보학은 다만 권력이 지식과의 연계 속에서 얼마나 다양한 방식으로 사회적 그물망 내에 구축되어 왔는가를 찾아내어 획일적인 권력 비판과 대안이 잘못된 것임을 보여주는 일을 할 뿐이다. 결국 계보학의 목적은 비판적 탐구일 뿐, 어떤 새로운 대안의 제시가 아니라는 것이다.

푸코
판옵티콘 – 권력의 가시성이 자율적 인간을 만든다

자유민주주에서 가장 강조하는 개념이 있다면, 그것은 개인의 자율성이다. 개인에게는 스스로 선택하고 판단할 능력이 있다는 것이다. 이런 자발적 선택과 판단 능력의 중심에는 개인의 이성적 능력이 있다. 그러나 푸코의 판옵티콘은 근대적 개인의 자율성이 개인의 이성적 능력에서 나온 것이라기보다는 권력의 가시성, 쉽게 말하자면 권력의 잠재적 감시 능력에서 형성된 것임을 보여주는 대표적인 개념이다.

원래 판옵티콘은 공리주의자인 벤담이 만들어낸 일망 감시체제(하나의 그물처럼 연결된 감시체제로 이해하자)로, 원형 감옥의 형태를 띤다. 판옵티콘의 구성은 다음과 같다. 우선 가운데 커다란 감시탑이 하나 서 있고, 거기서 모두를 볼 수 있도록 둥그런 원형 감옥이 있다. 감옥은 한 사람씩 들어갈 수 있도록 칸칸이 나누어져 있다. 이 감옥의 특징은 안과 밖으로 창문이 나 있는데, 밖에서만 빛이 들어오게 되어 있어 감시탑에서만 죄수를 볼 수 있을 뿐 죄수들은 감시탑 안에 사람이 있는지 없는지 알 수가 없도록 설계되어 있다는 것이다.

이때 감시탑은 권력의 가시성을 상징한다. 이는 감시 가능성만을 의미하는데, 왜냐하면 죄수들은 감시탑의 존재만 볼 수 있을 뿐 감시자가 누구인지는 알 수 없기 때문이다. 권력의 존재는 있으나 누가 권력의 실체인지는 알 수 없다는 의미이다.

 감시하는 권력이 있다는 사실만으로도 죄수들은 항상 자신이 감시당하고 있다는 느낌을 받게 된다. 따라서 죄수들을 스스로를 감시 가능성 안으로 몰아넣기 때문에 자신의 행위를 규율한다. 실제로 감시탑 안에 감시자가 없을지라도, 권력의 외부적 가시성이 감시 효과를 지속시키는 것이다. 그 가능성 아래서 죄수들은 스스로를 규율해간다.

 푸코는 근대 사회의 권력이 바로 이런 감시 형태로 감옥뿐만 아니라 병원·공장 등에 조직되어 있으며, 이런 권력망 속에서 개인은 스스로를 규율하는 소위 자율적 인간이 된다고 말한다. 자율성을 터득한 인간이 이르는 마지막 지점은 누가 감시하지 않아도 스스로를 통제하는 것이다. 바로 자신이 자신의 감시자가 되는 것이다. 스스로를 감시할 수 있는 개인은 경제활동에 성실하게 임하게 되고, 사회의 도덕을 지키고, 법을 지키며, 스스로 건강을 돌보고, 교육의 보급에 힘쓸 것이다. 이것이 근대적인 개인의 자율성의 실체이다.

그렇다면 근대의 권력은 개인을 감시할 수 있지만, 개인은 근대적 권력을 감시할 수 없는 것일까? 푸코는 다시 벤담의 말을 빌려 누구든지 이 감시탑 안으로 들어올 수 있도록 설계되어 있다고 말한다. 누구든 병원·공장·감옥을 방문해서 감시체계가 어떻게 돌아가고 있는지 자기 눈으로 확인할 권리를 갖는다. 이런 감시탑에 드나들 수 있는 권리가 보장된 사회가 바로 민주주의 사회다. 반면 이런 권리가 없는 사회는 전체주의 사회다.

푸코의 이런 주장은 민주주의의 우위를 설명한다기보다는, 근본적으로 전체주의와 민주주의가 똑같은 감시체계로 조직되어 있다는 것을 의미한다. 다만 감시탑 안에 드나들 수 있는 권리가 민주주의 사회와 전체주의 사회를 가르는 기준이 될 뿐이라는 것이다.

데리다
정의 – 진정한 정의≒ 기존의 사회적 질서와 믿음의 해체이다

    데리다는 해체가 진리를 손상시키기 위한 니힐리즘적 시도에 사용되는 방법이 아니라 우리가 아무런 질문도 하지 않고 일반적으로 받아들이는 편견이나 전제에 대한 탐구라고 말한다. 예를 들어 인류는 '법이란 정의로운 것'이라는 일반적인 생각을 공유하고 있다. 정의로운 법은 폭력과는 반대되는 개념으로 폭력을 저지하는 것이라고 받아들인다. 그러므로 법과 정의는 분리될 수 없는 것이다. 법은 정의를 그 자체에 각인하고 있어야 하며 정의는 항상 법을 뒷받침한다. 데리다의 입장에서 본다면, 법이 정의를 그 자체 내에 각인하고 있는지에 대해 탐구하는 것이 바로 해체의 모범적인 예이다.

    해체의 영어식의 표기는 deconstruction인데, 우리말로 하자면 구축된 것을 허문다는 의미이다. 여기서 허문다는 의미는 파괴한다 혹은 제거한다는 의미가 아니라 이미 단단하게 구축되어 있는 것들을 지속적으로 의심하고 비판하는 것을 말한다. 이런 입장에서 본다면 구축된

데리다 Jacques Derrida 1930~2004
알제리에서 출생한 프랑스의 철학자. 리오타르, 들뢰즈, 푸코 등과 더불어 포스트구조주의의 대표적 철학자의 한 사람이다. 하이데거로부터 영감을 얻은, 전통적인 서양 사고를 비판한 독자적인 방법인 '탈구축'은 미국을 시작으로 세계의 철학·사상에 큰 영향을 불러일으켰다. 스스로의 방법을 실천한 독특한 문체는 그 난해함으로 유명하다.

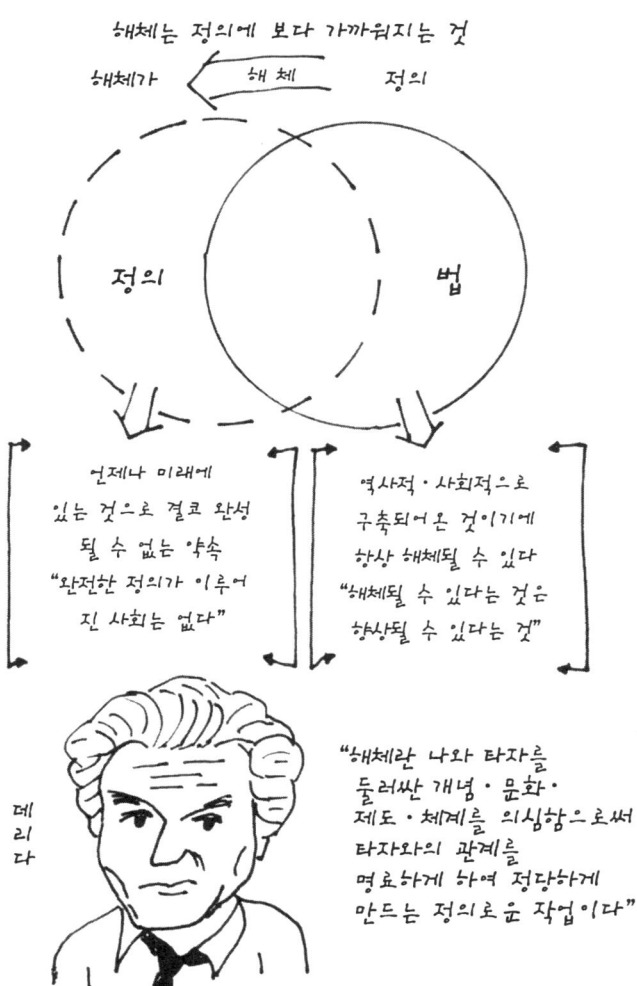

제8장 비판이론 및 후기 근대 비판이론

것은 모두 해체될 수 있는데, 해체란 현존하는 (이미 구축된) 편견이나 전제 뒤에 숨겨진 것들, 다시 말해 숨겨진 사실이나 진실을 찾는 작업이다. 그러므로 해체란 배제되거나 보이지 않는 것들을 눈앞에 다시 드러내고자 하는 '정의'를 행하려는 소망 혹은 열망이 그 행위의 동기가 된다. 데리다에게 이런 '정의'는 우리가 살아가고 있는 현실에 명백하게 적용해야만 하는 어떤 일반적 기준이나 원칙이 아니다. 그는 정의란 우리가 타자와 맺고 있는 관계와 밀접하게 연관되어 있다고 말한다. 해체란 나와 타자를 둘러싼 개념·문화·제도·체계를 의심함으로써 타자와의 관계를 긍극적으로 명료하게 하여 정당하게 만드는 정의로운 작업이다. 그리고 해체에게 실행력과 의미를 주는 것이 정의이다. 이렇듯 정의가 해체에게 의미를 부여할 수 있다면, 해체 역시 정의에게 의미를 주고 있다고 할 수 있을 것이다.

데리다는 법이란 것과 정의가 정말 일치하는 것인지 탐구한다. 실제 법의 강제력(force of law)이란 말의 어원은 독일어의 Gewalt이다. Gewalt가 담고 있는 원래의 의미는 권위·강제·물리적 폭력이다. 그러나 원래적 의미가 폭력이라고 하여 법이 중요하지 않은 것은 아니다. 실제 삶에서 법은 정의를 가능하게 하기 때문에 매우 중요하다. 법이 없으면 세상은 혼돈에 빠지게 될 것이기 때문에, 우리는 세상을 언제나 다시 시작해야만 하는 딜레마에 빠지게 될 것이다.

그러나 법 그 자체가 정의와 동일한 의미는 아니다. 법은 역사적이며 사회적으로 구축되어왔기 때문에 항상 해체될 수 있는 것이다. 해체될 수 있다는 것은 향상될 수 있다는 의미이기 때문에 사실상 좋은 의미이다. 이런 향상은 언제나 정의라는 이름 아래서 일어났다. 법은 이런 구축과 향상 속에, 과거로부터 현재라는 시제 안에 존재하고 있는 것이다.

하지만 정의는 현재 주어져 있는 법적 구조체계에서 법으로 바로 환원될 수 있는 것은 아니다. 정의란 앞으로 찾아올 것, 좀더 정교하게 해야 하는 것으로 '언제나 앞으로 찾아올 것'이란 미래 시제의 의미이기 때문이다. 쉽게 말하자면 정의는 결코 달성될 수 없는 하나의 '약속'이기에 우리는 완전한 정의가 이루어진 세상에서 살고 있는 것이 아니다. 그러나 데리다의 정의는 그것이 달성될 수 없다는 패배주의의 산물이 아니라, 미래에 할 일이 남아 있다는 긍정적인 의미이다. 이런 관점에서 우리가 현재 정의롭다고 생각하는 그 모든 것들이 진정 정의롭게 되기 위해서는, 현재에 정의롭게 보이는 것들이 정의롭지 않을 수도 있다는 가능성을 항상 개방해놓고 있어야 한다.

요약해본다면, 데리다에게 정의란 결코 달성될 수 없는 것이다. 그에게 있어서 결론적으로 이를 마지막 지점이 없다는 것은, 우리의 삶이 언제나 끊임없는 미래를 지향하고 있다는 뜻이다. 데리다의 해체는 그 끊임없는 미래로 가기 위해 현재를 닫힌 개념·문화·제도·법의 체계 안에 가둬두는 것이 아니라 개방해두는 작업이며, 그 작업 자체가 정의라는 것이다.

슈클라
공포 – 공포에 대한 저항이 권리의 원천이다

우리에게는 잘 알려져 있지 않은 슈클라는 학계에서 독일 유대계 여성학자로는 한나 아렌트를 압도할 만큼 탁월한 철학자이다. 슈클라는 정치를 이데올로기로서 파악하거나 과학으로 보는 관점에 비판적이었다. 그녀는 자유의 중요성을 옹호한 대표적인 자유주의자였는데, 정치는 이데올로기의 달성 같은 이상주의적 환상이 아니라 현실임을 강조한다. 이 현실의 중심에 바로 공포의 자유주의(liberalism of fear)라는 개념이 있다. 이 개념은 자유주의가 공포라는 것이 아니라 자유주의가 공포로부터의 해방을 지향한다는 의미를 담고 있다. 슈클라는 자유주의의 목표가 자유의 궁극적인 가치 달성이 아니라 인간을 전쟁·학살·야만과 같은 현실적인 '공포'로부터 해방시키는 것이라고 주장한다.

슈클라의 이런 입장은 어떤 선을 행하는 것이 정치의 목표가 아니라

슈클라 Judith N. Shklar 1928~1992
미국으로 망명한 여성철학자이자 정치학자. 유대인으로서 나치 정권이 휘두른 국가권력의 공포를 체험한 뒤 정치학 공부를 결심했다. 정치사상적으로는 몽테스키외 등의 영향을 받아 권력의 분산을 옹호했으며, 철학적 토대로는 이성이 아닌 공포와 잔인함에 대한 경멸이라는 감성의 중요성을 강조했다. 그녀의 사상은 왈쩌, 롤스 등에게 영향을 주었다. 「미국 시민권」 「일상의 악덕」 「불의론」 등의 저술을 통해 독자적인 정치철학을 전개했으며, 「법치주의」에서는 미국의 법체계를 비판했다.

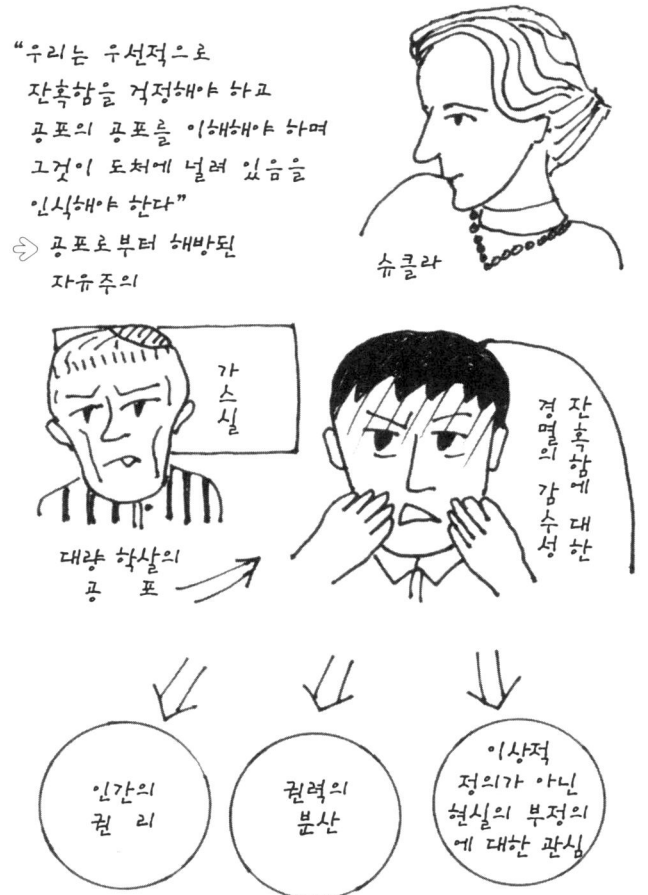

악을 피하는 것이 정치의 목표라는 관점으로 이어진다. 선을 달성하고자 하는 목표는 쉽사리 전제로 귀결되기 때문이다. 사회는 좋은 가치를 달성하는 것이 목적이 아니라 사회적 악을 회피하는 것이 목적이 되어야 한다.

슈클라가 보는 사회적 악의 실체는 인간이 다른 인간에게 의도적으로 가하는 폭력이다. 이런 폭력의 실체는 우리 일상사에서 '잔혹함(cruelty)'으로 드러나는데, 의도적으로 가해지는 폭력은 조건 없이 악으로 간주되어야 한다. 그러므로 악에 대한 경멸은 인간의 의도적 폭력이 빚어내는 잔혹함에 대한 경멸이다. 이런 경멸은 자유주의자들의 연대의 기반이 된다. 잔혹함을 경멸하는 인간들은 다수가 소수에게 가하는 의도적 폭력을 언제나 경멸할 것이기 때문에 자연스럽게 슈클라의 자유주의는 소수자의 자유주의가 된다.

슈클라의 자유주의의 특징은 다음과 같다. 첫째, 인간의 권리의 기반은 철저한 이성의 기획이 아니라 인간의 잔인함에 대한 경멸의 감수성에서 비롯된다는 것이다. 권리는 의도적으로 가해지는 폭력에 대한 저항의 수단으로 마련된 것이지, 흔히 로크 이후의 전통적 자유주의자들이 주장하듯이 이성의 목소리가 반영된 개념이 아니다. 잔혹함을 가장 먼저 고려하는 슈클라의 자유주의는 역사의 진보 혹은 완성을 목표로 하지 않는다. 오히려 어떻게 평화롭게 생존할 것인가가 정치의 핵심이 된다.

그러므로 슈클라에게 자유의 핵심은 개인의 권리 자체에 있다기보다는 개인을 억압할 수 있는 권력기구의 권력을 분산하는 데 있다. 이런 자유는 법의 목적이 인간을 공포의 사슬에서 벗어나게 하는 것이고, 정부가 구성원들에게 테러를 가할 수 없게 하는 것이며, 몽테스키외의 『법의 정신』의 영향을 받은 것이다. 권력의 분산이 자유의 핵심이라는 슈클라의 발상은 필연적으로 억압적 성격과 기제를 내재한 권력의 속성을 반영하고 있다. 그러나 권력의 분산이 최소정부를 의미하는 것은 아니다. 정부의 힘이 너무 약하면 사회가 다룰 수 있는 부정의의 폭이 줄어들기 때문이다. 그러므로 슈클라의 권력분산은 부정의를 견제할 수 있는 적절한 힘을 갖춘 정부가 철저하게 법의 힘 아래 통제되는 것을 의미한다.

둘째, 슈클라가 말한 권력의 폭력은 정치적 권력만을 의미하는 것이 아니라는 점이다. 슈클라는 사회적·경제적 폭력도 사회 내에서 의도된 잔인함이라고 보았다. 공권력으로부터 잔인한 폭력을 예방하는 차원에서 개인의 소유는 반드시 보장되어야 하지만, 모든 부가 특정한 개인·집단·계급에 일방적으로 몰리는 것 역시 경제적 권력이 사회적 일부에 집중되는 것이기 때문에 권력의 분산을 목적으로 하는 슈클라의 자유주의에서는 허용될 수 없다.

슈클라의 악의 회피라는 발상은, 정치가 무엇이 정의인가보다는 무엇이 부정의인가를 다뤄야 한다는 현실적인 입장의 정치관이다. 무엇이 정의이고 무엇이 이상적 체제인가라는 이상주의적 목표보다는 부정의와 고통이 만연한 현실에서 벗어나는 것이 정치의 우선적 과제라는 것이다. 이런 정치관은 다음과 같은 슈클라의 언급이 명확하게 드러난다.

"우리는 잔혹함을 우선적으로 걱정해야 하고, 공포의 공포를 이해해야 하며, 그것들이 도처에 편재해 있음을 인식해야 한다."

로티
우리-의식 – 고통과 굴욕에 대한 감수성이 자유주의 연대를 만든다

로티는 삶의 본질이 우연성에 있으며 이런 우연성을 잡아낼 수 있는 것은 철학이 아니라 언어라고 본다. 삶의 우연성과 나아가 언어의 우연성을 꿰뚫고 끊임없이 우연한 삶을 새로운 언어로 새롭게 기술하는 사람들을 아이러니스트라고 부른다. 아이러니스트는 자기 창조를 중요하게 생각하기 때문에 공적 영역에서의 활동보다는 사적 영역에서의 개인의 삶이 더욱 중요하다고 믿고, 각자의 삶을 보다 활력 있게 만드는 데 관심을 기울인다. 그렇다면 각자의 삶에 치중하는 이들이 어떻게 서로 사회적 연대를 맺게 될까?

로티는 아이러니스트와 나머지 인류를 통합하는 매개체는 공통의 언어가 아니라 고통과 굴욕에 대한 감수성이라고 본다. 이는 짐승들도 느낄 수 있는 종류의 고통이 아니라 인간만이 공유할 수 있는 특별한 종류의 고통인 굴욕에 대한 감수성이다. 그리고 슈클라의 자유주의 사회에 대한 정의를 빌어 '고통과 굴욕을 싫어하는 인간들의 모임'이 바로 자유주의 사회라고 로티는 말한다. 그는 인류의 연대성이 지니고

로티 Richard Rorty 1931~
20세기 후반 세계 사상계의 한 축을 대표하는 실용주의 철학자로 평가받으며, 그의 철학적 입장은 미디어시대의 담론인 사회구성주의, 체계이론, 비판적 합리주의, 구성주의, 포스트모더니즘, 포스트구조주의, 기호학 같은 인접 학문들과도 공존하고 있다. 주요 저서에 『철학 그리고 자연의 거울』 『미국 만들기』 『실용주의의 결과』 등이 있다.

있는 문제는 인간성 혹은 인간의 보편적 권리라는 공통의 진리나 목표를 공유하는 것이 아니라, 공통된 이기적 희망으로 자신의 세계가 파괴되지 않을 거라는 희망을 공유하는 것이라고 주장한다.

로티는 이 연대성을 '우리-의식(we-intentions)'이라고 표현한다. 그것은 어떤 타자가 '우리 인간들 중의 하나'라는 식의 표현으로는 힘을 가질 수 없다. 인간이란 큰 단위의 집단보다는 '함께 회사를 다니는 직장 동료', '같은 교회를 다니는 가톨릭 신자', '같이 조기 축구를 하는 친구'와 같은 미시적 단위에서 '우리-의식'을 더욱 잘 느끼기 때문이다. 이러한 미시적 단위의 우리 의식의 확장이 가능할 때, 아이러니스트 사이에서 진정한 연대성을 이룰 수 있다.

예를 들어 2차 세계대전 당시 유대인들이 수용소로 끌려가 죽음을 당할 때, 유대인들은 벨기에보다는 덴마크나 이탈리아에서 숨을 곳을 찾기가 쉬웠다. 그 이유는 전쟁 이전에 벨기에보다는 덴마크나 이탈리아에서 유대인들에 대한 미시적 재서술이 활발했기 때문이다. 로티는 덴마크나 이탈리아인들이 유대인들을 숨겨준 까닭은 같은 인간이기 때문이 아니라 우리 이웃 사람이기에, 혹은 같은 조합원이거나, 같은 부모 입장이니까 등과 같은 미시적 이유들 때문이었다고 본다.

로티가 '우리-의식'이 미시적 단위에서 형성된다고 본 까닭은 사람들이 자신과 가까운 관계에 있는 사람들이 당하는 고통과 굴욕에 민감하기 때문이다. 인간의 감수성은 내 형제·내 친구·내 자식·내 부모의 고통과 굴욕을 먼 아프리카 땅에서 기아와 가난에 허덕이는 아이들의 고통보다 가깝게 느낀다. 그러므로 우리가 해야 할 일은 우리 주변의 세상을 나와 보다 가깝게 기술하는 일이다. 우리가 보다 가까운 존재라고 느낄수록 우리는 훨씬 더 그 존재들의 고통과 굴욕에 대한 감수성을 잘 공유할 수 있을 것이다. 그러므로 타자들이 '우리들의 중의 한 사람'이 되도록 하는 일이 중요하다.

이처럼 고통과 굴욕의 감수성에 근거해 타자와 연대를 맺고, 타자를 미시적 단위에서 창조적인 언어로 우리 일부분으로 만드는 일을 하는 이들이 바로 자유주의적 아이러니스트이다. 이렇게 보자면 자유주의적 아이러니스트란 한쪽에서는 변화무쌍한 언어로 자신을 가꾸지만 한쪽에서는 인간만이 느끼는 고통과 굴욕이란 감수성을 공유하는 정체성을 가지고 있다. 그리고 자신의 언어를 고통의 감수성과 결합시켜 세상을 서술한다. 이처럼 로티는 자유주의 아이러니스트들의 연대성의 실천방식을 미시적 단위의 '우리-의식'에서 찾았는데, 이들은 주변과 연대할 수 있도록 지속적인 재서술을 계속해 나간다.

그 림 으 로
이 해 하 는
교 양 사 전

이 시리즈는 교양인으로서의 욕구는 지니고 있지만 막상 어떻게 발걸음을 내딛어야 할지 몰라 혼란스러운 대학 새내기와 일반인들을 위한 유용한 안내서이다.

그림으로 이해하는 생태사상
김윤성 지음 | 권재준 그림 | 285쪽

이 책은 생태주의의 관점에서 다양한 생태사상 용어들을 풀이하고 있다. 환경·생태운동 단체들의 활동과 모토, 자연주의 철학, 자연과학 안에서 연구되는 생태학까지 현실의 생태문제를 생태사상과 구체적으로 연결 지어 생각해보도록 독자를 인도한다.

그림으로 이해하는 심리학
고영건·김진영 지음 | 고정선 그림 | 248쪽

오늘날 심리학은 다양한 사회 영역에서 다루어진다. 이 책은 다양한 심리학의 핵심 개념들을 간추려 도해와 함께 설명함으로써 심리학이라는 거대한 영역의 윤곽을 파악할 수 있게 해준다. 프로이트와 융 등 심리학 거장들의 주요 개념부터 마시멜로 테스트 같은 실용적인 부분까지 우리 사회와 머릿속 깊숙이 자리 잡고 있는 심리학 개념들을 만나보자.